생각이 활짝! 창의력 쑥쑥!

창의영재지도사 2급

종이접기 지도서

인젠교육컨텐츠개발원

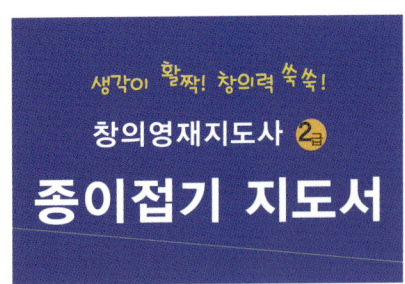

생각이 활짝! 창의력 쑥쑥!
창의영재지도사 2급
종이접기 지도서

2019년 3월 20일 초판 2쇄 발행

저　　자	인젠교육컨텐츠 개발원 연구부
도면제작	오규석
사　　진	아보세
편　　집	오규석
디 자 인	황우정
발 행 인	김재열
발 행 처	도서출판 아는 만큼 보이는 세상
등록번호	제 25100-2016-000078호
주　　소	서울시 은평구 증산로 21길 6, 2층(신사동)
전화번호	02-3273-8486
팩　　스	02-2179-8401
홈페이지	www.ingenedu.com
e-mail	ingenedu@naver.com

이 도서의 국립중앙도서관 출판예정도서목록(CIP)은 서지정보유통지원시스템 홈페이지(http://seoji.nl.go.kr)와 국가자료공동목록시스템(http://www.nl.go.kr/kolisnet)에서 이용하실 수 있습니다.(CIP제어번호: CIP2017003716)

인젠교육컨텐츠개발원의 창의 종이접기란?

종이접기라고 하면 종이를 접어 배나 비행기 등을 만드는 아이들의 놀이를 떠올리게 됩니다. 그러나 요즈음의 종이접기는 아이들의 놀이일 뿐만 아니라 교육, 예술, 과학, 산업에 이르기까지 여러 분야에서 폭넓게 활용되고 있습니다. 인젠교육컨텐츠개발원은 창의력을 키워 주는 주요한 활동 중 하나로 종이접기를 선정하여 소개합니다.

종이접기는 과거로부터 전해지는 전승종이접기, 교육현장에서 활용되는 교육종이접기, 자신만의 스타일로 새로운 작품을 만드는 창작종이접기로 분류됩니다. 인젠교육의 창의종이접기는 교육종이접기에 해당되며, 활동을 통해 다음과 같은 효과를 기대할 수 있습니다.

하나, 상상력과 자신감을 키워줍니다.

네모난 한 장의 종이로 상상 할 수 있는 어떤 것이든 만들 수 있습니다. 특히 아이들의 경우에는 모양을 단순화시켜 특징을 잘 표현해 내는데, 이를 인정하고 격려함으로써 자신감을 키워줄 수 있습니다. 인젠교육 창의종이접기에서는 다양한 변형과 창의적인 디자인 활동을 권장합니다.

둘, 집중력을 키워줍니다.

종이접기는 시작과 끝이 분명하여 각 단계의 접기를 성공적으로 완수할 때마다 성취감을 느낄 수 있고 이는 아이들이 게임을 플레이하면서 느끼는 감정과 유사합니다. 인젠교육 창의종이접기는 게임의 부정적인 효과 없이 긍정적인 몰입감 통해 집중력을 향상시켜 줍니다. 학업성취도가 높은 아이들은 '책상에 앉아있는 시간'보다 '공부에 몰입한 시간'을 더 중요시 한다고 합니다. 집중력이 꼭 필요한 이유이지요.

셋, 손의 소근육을 발달시킵니다.

손과 손가락은 '제 2의 두뇌'로 불리며 두뇌 발달에 큰 영향을 미칩니다. 종이접기를 하게 되면 손의 힘이 강해지고 섬세한 움직임을 통해 두뇌를 자극시킬 수 있습니다. 정확한 조작 활동이 가능할 수록 아이들의 관심과 활동 범위가 넓어집니다.

넷, 즐거움을 줍니다.

아이가 같은 놀이를 반복하는 이유는 그것이 즐겁기 때문입니다. 아무리 교육적 효과가 좋은 놀잇감이라도 노는 과정이 즐겁지 않으면 멀어지기 마련입니다. 아이들은 종이접기를 통해 실패를 극복하고 반복 도전하여 성공하는 즐거움, 접은 작품을 친구들에게 나누어주고 함께 노는 즐거움, 던지고 구기면서 매번 새로운 것을 만드는 즐거움을 맛볼 수 있습니다.

차   례

5장 종이접기 학습 교안 연구

삼각접기 (세모접기)

사각접기 (네모접기)

아이스크림 접기

대문접기 (문접기)

방석접기

안으로 넣어접기

밖으로 뒤집어 접기

물고기접기

기본 접기

생각이 활짝! 창의력 쑥쑥!

창의영재지도사 2급

종이접기 지도서

삼각주머니접기 기본형

사각주머니접기 기본형

물고기접기 기본형

학접기 기본형

꽃접기 기본형

문양접기 기본형

기본형

종이접기 지도서 구성

1장: 기본기호와 약속
기본접기와 기본형

2장:전승 종이접기

보물선 외 23개

3장:교육 종이접

한글 외 62개

기본 접기	기본형
삼각접기(세모접기)	삼각주머니접기 기본형
사각접기(네모접기)	사각주머니접기 기본형
아이스크림접기	물고기접기 기본형
대문접기(문접기)	학접기 기본형
방석접기	꽃접기 기본형
안으로 넣어 접기	문양접기 기본형
밖으로 뒤집어 접기	
물고기접기	
학접기	

지도서 활용 방법

8쪽 종이접기 지도서 활용법을 잘 읽어 보고 시작하세요

종이접기 작품 모음집

9쪽 상상 나무 키워드에 맞춘 '지도서 작품 모음집' 9~31쪽 작품을 참고하세요.

기본 기호와 약속
- 기본 기호와 약속
- 기본의 의미
- 실제 접어 보기

4장:변형과 창작

고추 외28개

5장:종이 접기 학습 교안 연구
- 종이접기학 개론
- 학습교안연구실 1~5

'종이접기학 개론'을 통해 종이접기의 정의, 세계/우리나라 종이접기의 역사, 종이접기의 교육적 가치와 목적 등에 대하여 이론적 체계를 정립하였습니다.

종이접기 지도서 활용법

1. 본 지도서는 종이접기를 처음 배우는 사람을 위해 가장 기초가 되는 **'기본 기호와 약속'**과 **'기본접기와 기본형'**을 익힌 다음 현장에서 활용할 수 있는 **'전승/ 교육/ 창작과 변형 종이접기'**를 배우는 형태로 구성 되어 있습니다.

2. 꼭 기억해야 할 기본 접기와 종이접기 기본형은 아래와 같습니다.

   ※ **물고기접기와 학접기는 기본 접기와 기본형 양쪽에 있다는 것에 유의** 해 주세요.

기본 접기	기본형
삼각접기(세모접기) 사각접기(네모접기) 아이스크림접기 대문접기(문접기) 방석접기 안으로 넣어 접기 밖으로 뒤집어 접기 물고기접기 학접기	삼각주머니접기 기본형 사각주머니접기 기본형 물고기접기 기본형 학접기 기본형 꽃접기 기본형 문양접기 기본형

3. 기본 기호와 약속(33~38)과 종이접기 기본형(39~52)은 종이접기한 것을 실제로 붙여 보관할 수 있도록 꾸몄습니다.

4. 각각의 도면은 기본 기호와 기본형을 이용하여 반복 학습할 수 있도록 제작하였으므로 도면을 이해하기 어렵다면 앞부분을 다시 한번 보면서 차근차근 진행해 보세요.

5. 종이접기 과정을 만들어 붙이고 기호를 그려 넣는 '스크랩'은 앞뒤 과정을 유추하여 종이접기 도면을 그릴 수 있는 기초를 만들어 줍니다. 이 책에는 30개의 스크랩 대상 작품이 있는데, 그 중 20개를 선택하여 스크랩해 보세요.

6. 창의영재지도사 2급 자격증 취득에 대하여는 지도강사가 안내해 드리며, 기타 문의사항은

   인젠교육컨텐츠개발원 홈페이지(www.ingenedu.com)를 이용해 주세요.

종이접기 지도서 '작품 모음집' 활용법

'창의력은 무에서 유를 창조하는 것이 아니라 기존의 요소들을 재결합하여 새롭고 유용한 아이디어를 산출해내는 능력'으로 규정되고 있습니다. 하나의 접는 방법을 익히기보다는 여러가지 모양을 결합하여 다양한 작품으로 응용할 수 있도록 '작품 모음집'을 구성하였습니다.

아래 상상 나무에 매달린 키워드에 맞춰 종이접기로 표현 해 보세요.

도형이다

삼각상자 접는 종이 수를 3장, 4장, 5장, 6장…… 늘려보세요.
3장은 삼각상자, 4장은 사각상자, 5장은 어떤 모양이 될까요?
종이 수를 늘리면서 변화하는 상자 모양을 관찰해요.

삼각상자 A   3장조립

사각상자 A   4장조립

오각상자 A   5장조립

직각 이등변삼각형 B 4장조립

삼각상자 B   3장조립

사각상자 B   4장조립

오각상자 B   5장조립

마름모상자 4장조립

집모양   12장조립

89쪽 삼각상자A와
삼각상자 B

끼워 볼까요?

B_ 층층 상자

끼워 볼까요?

B_층층 상자

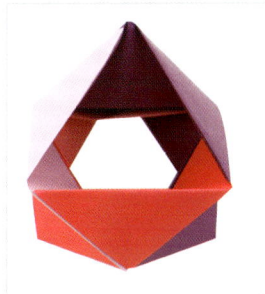

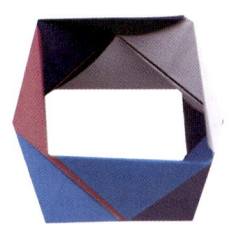

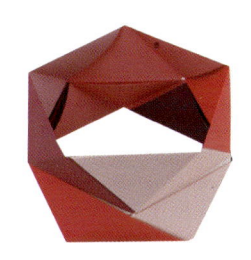

A_ 6장조립　　　　　　A_8장조립　　　　　　A_ 10장조립　　　　바닥과 뚜껑까지 만들어요.

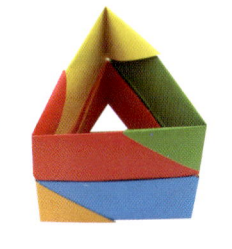

삼각기둥 B　6장조립　　사각기둥 B　8장조립　　오각기둥 B　10장조립　　육각기둥 B 12장조립

뒤집다

발상을 전환 해요. 상자를 머리에 쓸 수도 있네요.

바꾸다

모빌, 빙글 빙글 장난감, 삐에로 인형으로
용도를 바꿔요

빙글빙글모빌

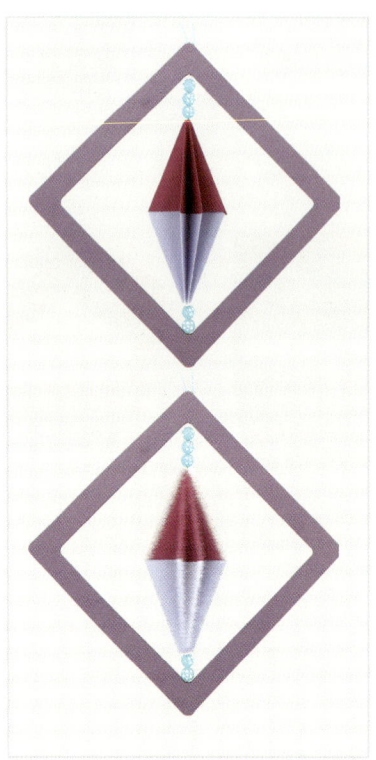

돌아가는 장난감

삐에로 인형

빙글빙글모빌 98

변형하다

같은 접기 다른 느낌!
벽걸이, 인형, 우산으로 변형은 자유!

꽃모빌 74

함께하다 입체 복주머니와 얼굴 접기가 함께해요

모자쓴 아이 80

모자 80

삐에로 얼굴 응용

코끼리 80

입체복주머니 117

입체 복주머니와
얼굴 접기가 함께해요.

수학하다 종이모양을 바꿔보세요. 삼각형. 사각형. 오각형. 육각형 종이로 접은 꽃

정삼각형 94

창포꽃 59

정오각형 95

정육각형 96

테셀레이션하다

틈이나 포개짐 없이 삼각상자와 삼각뿔 종이접기로
평면을 빈틈없이 채우는 테셀레이션해요.

삼각상자 A 89

삼각뿔 127 화분 128

삼각뿔 127

삼각뿔 127

마음을 전하다

감사하는 마음을 전해요

카네이션 99

카네이션 99

패랭이 58

장식하다

느낌대로 상상대로 장식해요

12장 꽃모빌 98

12장 꽃 모빌모빌 98

12장 꽃모빌모빌 장식 98

팽이 장미 90

팽이 장미 90

튤립응용 가방 129

사각뿔 향주머니 141

튤립 129

튤립 129

디자인하다

A4용지를 가로, 세로, 정사각형으로 2장 상자 접어 보세요.
종이크기를 바꿔 다양한 가방을 디자인해요.

A4용지 가로로   A4용지세로로   A4용지정사각형으로   2장 상자 92

52 ×33cm로   2장 상자 92

크다, 작다

1cm씩 차이 나는 종이로 기본 상자와 2장 상자를 접어,
크고 작은 상자 비교해요.

3등분 상자 91 기본상자 91

기본 상자 91

2장 상자 92   2장 상자 92

추억하다

고추 130

선물하다

긴 상자 94 2장 상자 92 기본 상자 91

봉투 93

사용하다

지갑A 135

지갑B 135

담다

가방 1 137

가방 2 137

구성하다

떠오르는 이미지를 그림 그리듯이 작품 구성해요.

동백   57

배, 구름 140, 40

장미문양   43

비둘기, 참새   79

삼각 꽃 127

아이스크림 41 돌고래 125

수국   58

나팔꽃   58

하트 132 메뚜기 79 매미 73

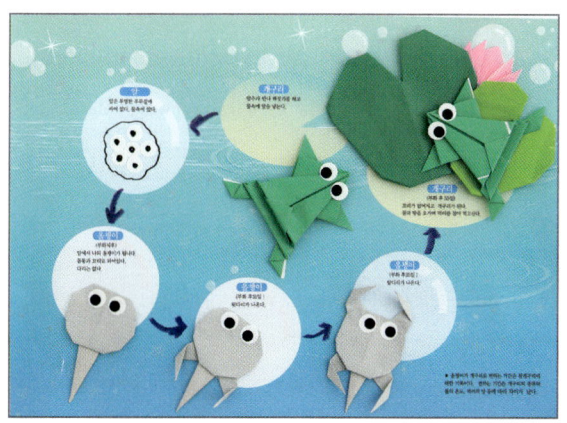

팔짝 뛰는 개구리 63

돌고래 125 열대어 B 133

물새 44

공룡 54

수국, 나팔꽃, 패랭이 58

팔각 액자 82 펭귄 45

감모양 향주머니 134

돌리다

팽이 돌려요.

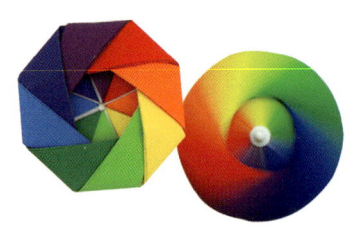

팽이 83

태양 83

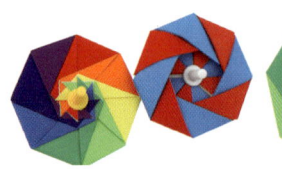

컵받침 팔각문양 81

놀다

재미있게 놀아요

종이총 69

말하는 부리 126

말하는 개구리 120

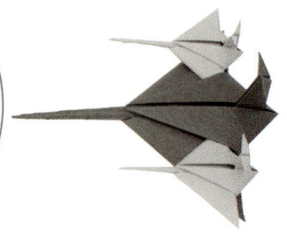

우주 전투기 65

트위스트 **100**

보물선 68

박쥐 비행기 140

열대어 A 133 색 펜으로 줄 무늬 그린 후 , 손으로
찢어 내어 붙이면, 멋진 열대어 무늬가 만들어져요.

까마귀 70

여러가지 모양으로 상상하며 접어요

공 접기 응용 캐릭터 55

공 55

한장 정육면체 55

토끼 55

공접기 응용 체리 55

바구니 B 136

바구니 A 136

응용 바구니 B 136

여우 메모꽂이 93

쥐돌이 상자 139

종 128

5장 입체별 97

앵무새 78

변신하다

모자, 거울, 놀이기구, 상자, 입체도형으로......
딱지의 변신은 무죄!

딱지모자

딱지거울

딱지상자

3장조립

4장조립

5장조립

6장조립

딱지기구

7장조립

8장조립

9장조립

> 고대 그리스의 수학자이자 발명가인 **아르키메데스**는 정다각형 변의 수를 끝없이 늘려가면 원에 가까워진다고 생각했어요. 이 방법으로 원주율의 근사값 계산 방법을 고안했어요.

딱지 66

출두하다

목마 56

팔각문양 82

전통이다

여자 한복 114   남자 한복 115

복주머니 116

공부하다

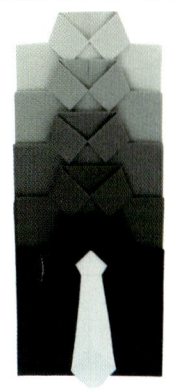

마술셔츠 84

마술셔츠 응용 84

사랑하다

하트가방A 124   하트가방B 124

리본 85   넥타이 85

연꽃 60

교육하다

프로벨종이접기!
여러 가지 모양을 만들어 교육효과를 높여요.

여러 가지 문양 87

여러 가지 문양 87

문양 모빌 88

여러 가지 문양 87

여러 가지 문양 들 87

변화하다

변화하는 마음을 여러가지 문양 기본으로 표현 해 보세요.

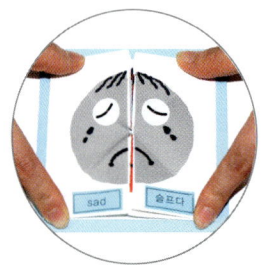

영재놀이하다

과거부터 현재까지 검증된 교구 칠교놀이！
종이접기로 영재 놀이 해요.

칠교놀이 118

기억하다

숫자접기!
수 이야기, 연표, 구구단으로 접으면서 소중한 수를 기억해요.

숫자 106

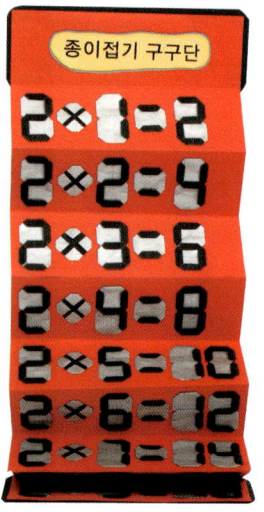

상징하다

우리나라를 상징하는 태극기 접어요.

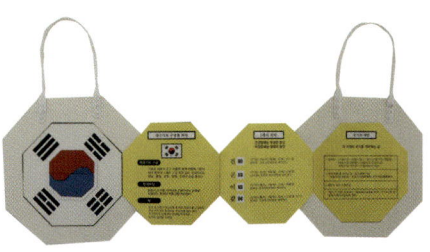

태극 116

확장하다

세계 최고의 문자 한글 !
한글접기를 아름답게 확장해요.

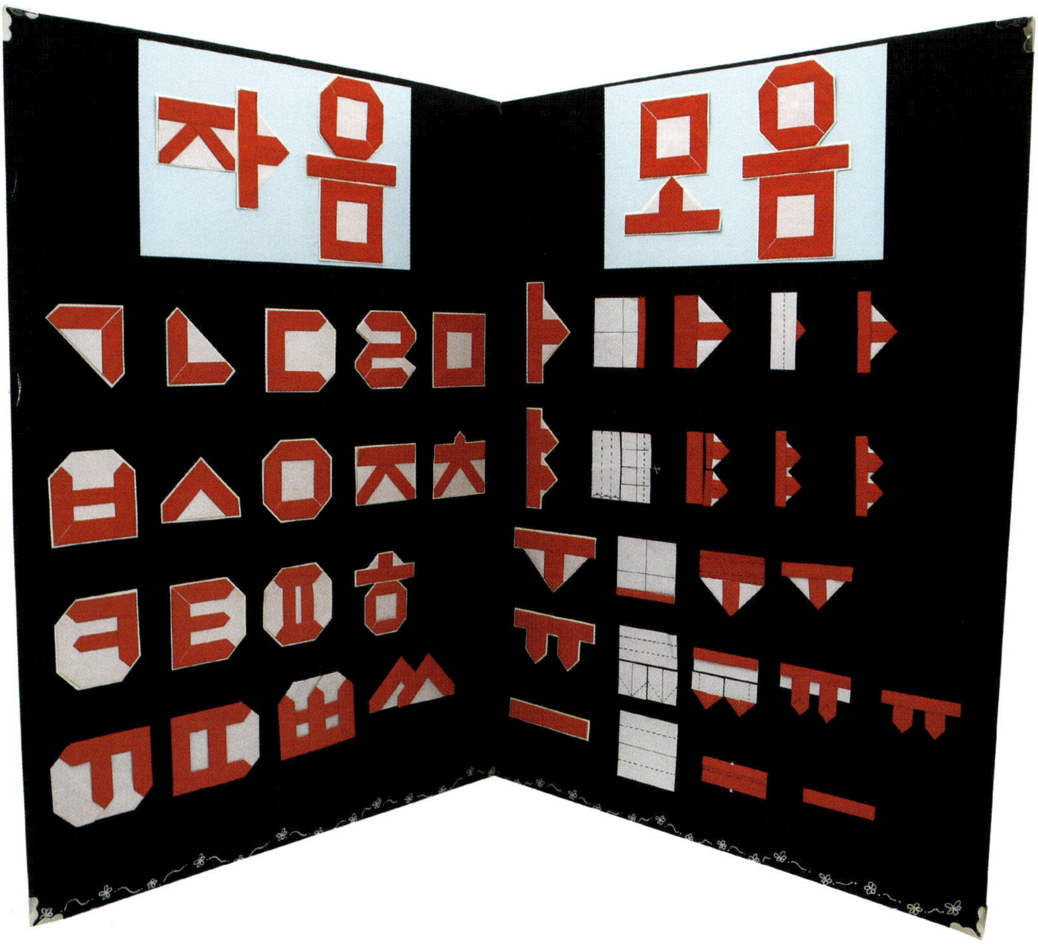

한글 102 당근 131

갑,을,병,정,무,기,경,신,임,계 10천간을 기억하고, 자,축,인,묘,진,사,오,미,신,유,
술,해 12지지를 접어 우리문화 전승해요.

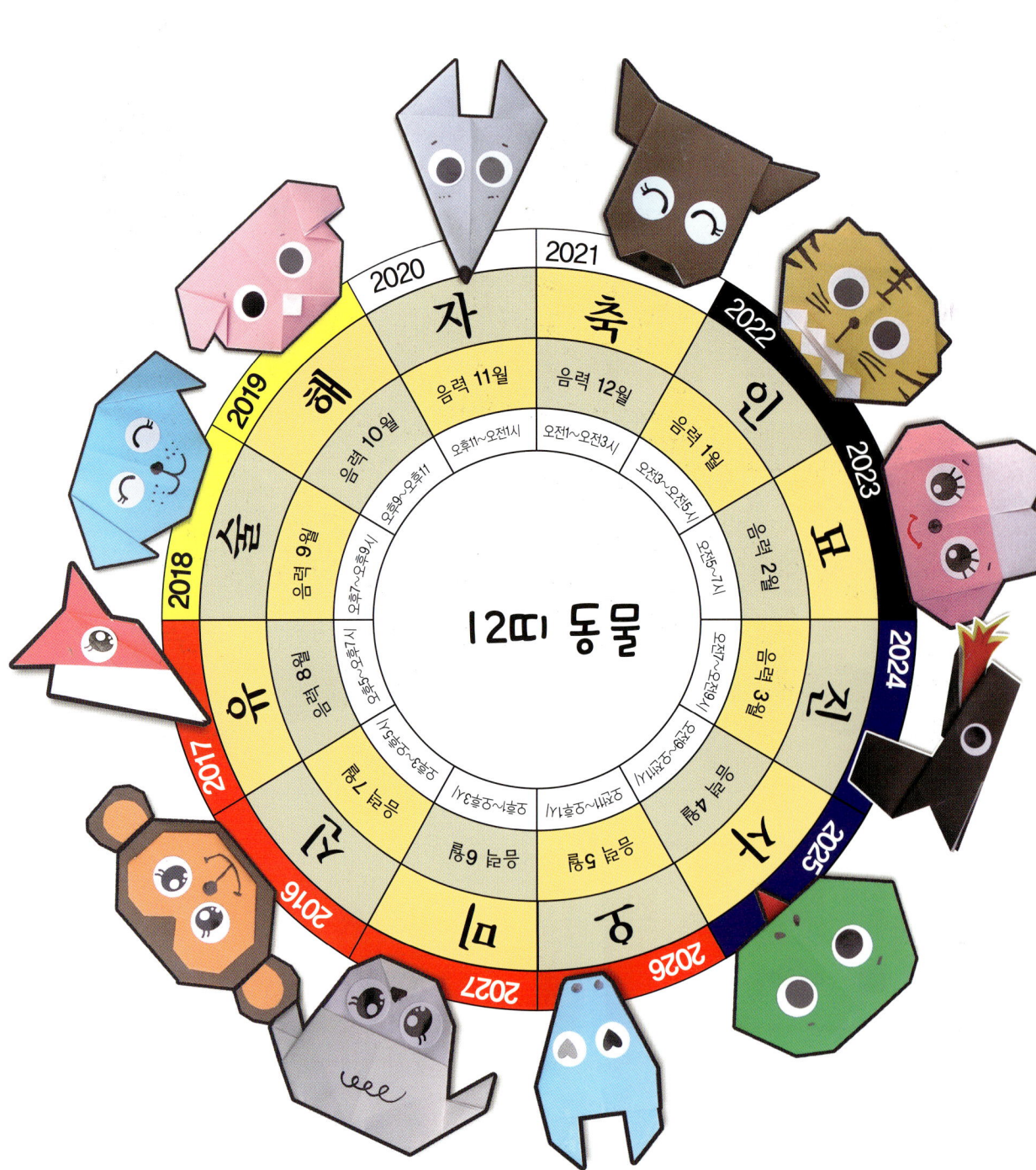

12띠 동물

열 두 띠 동물 108

패턴이다

기본접기와 기본형을 규칙적으로 조합하여 패턴화해요

삼각접기   39

아이스크림접기   41

물고기접기 기본형   48

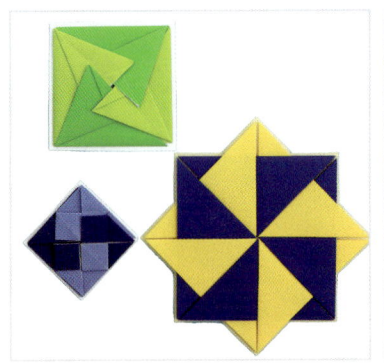

삼각주머니접기 기본형   46

방석접기   43

방석접기   43

삼각접기   39

문양접기 기본형   51

대문접기   42

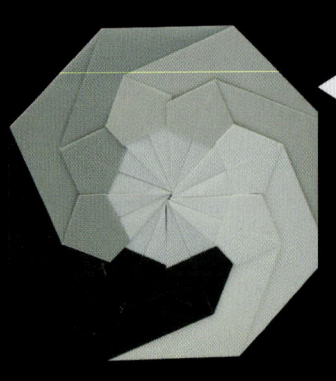

무채색
하양, 회색, 검정 중 색상이나 채도가 없고 명도만 있는 색

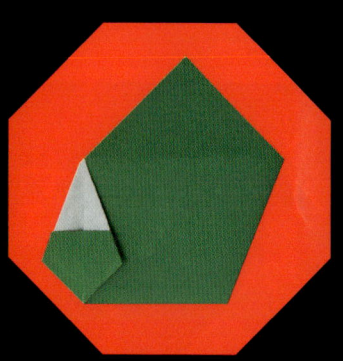

보색대비
본래의 색보다 채도가 서로 높아지고 선명해지며 서로의 색을 강하게 느끼게 한다.

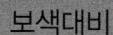

유채색
무채색을 제외한 빨강, 노랑, 파랑과 같은 색

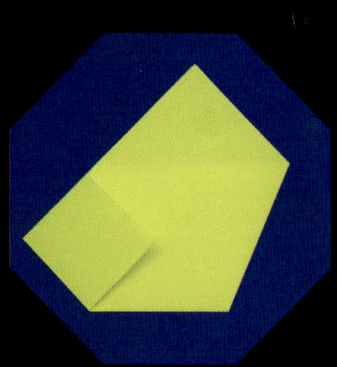

보색대비
색상대비는 보색을 조합했을 경우 가장 대비가 크다.

반대색상(보색) 배색
색상환의 반대 쪽에 있는 색의 배색으로 느낌이 강하고 화려하며 활기 찬 색

색상대비
배경색에 따라 실제 색과 달라 보인다.

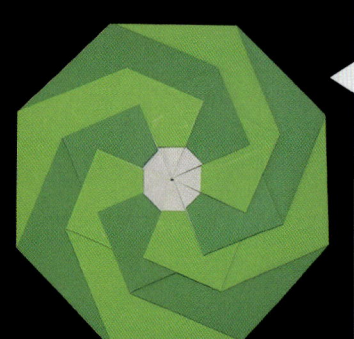

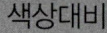

비슷한 색상 배색
색상환의 인접한 색의 배색으로 은은하고 조화로운 배색

색상대비
두 색은 서로 영향을 받아 본래의 색보다 채도가 높아지고 선명해지며 서로의 색을 강하게 보이게 한다

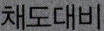

차가운색상 배색

10색상환 중에 파랑, 남색, 청록 등 시원한 느낌을 주는 색 (수축, 후퇴, 긴장감을 준다.)

채도대비

선명한 배경에서의 색은 탁해보이고, 탁한 배경에서는 더 선명해진다. 색을 돋보이게 하고 싶으면 배경 색을 탁하게 하면 된다.

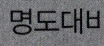

따뜻한 색상 배색

10색상환 중에 빨강, 주황, 노랑 등 따뜻한 느낌을 주는 색 (팽창, 진출성, 느슨한감을 준다.)

채도대비

선명한 배경 색의 영향으로 채도가 낮게 보인다. 서로가 가지고 있는 본래의 채도의 변화가 일어 나는 대비이다.

가벼운 색상 배색

명도가 높은 색은 부드럽고 경쾌감을 주며 흰색, 주황, 연두, 밝은 청색 등이 해당

명도대비

뒷 배경이 밝으면 어둡게 보이고 어두우면 밝게 보인다.

무거운 색상 배색

명도가 낮은 색은 중압감을 주는데 검정, 남색, 갈색, 짙은 초록 등이 해당

명도대비

밝은 색은 어두운 색 속에서 더욱 선명하게 보인다. 서로의 영향으로 명도차가 더 크게 일어 나는 대비이다.

배경지와 인젠 창의 영재 급수 재료 구입안내

지도서에 사용된
배경지를
구입할 수 있어요

인젠 창의 영재 급수 교재

종이접기 도면을 보고
아이들 스스로 만들고
말풍선을 추가하거나
그림을 그리는 등
창의적으로 꾸며보세요!

아보세는 역사북아트전문
쇼핑몰이예요.
다양한 북아트 재료를
구입할 수 있어요.

종이쟁이는 공예부자재
및 종이접기교육자료
전문 쇼핑몰이예요.
수업용 맞춤 셋팅도
가능해요.

종이쟁이

www. 아보세. com
070-4247-8281

www. 종이쟁이. com
031-439-1820

기본 기호와 약속
기본접기와 기본형

Symbols &
Basic forms

기호와 약속은 **종이접기의 언어**로 전 세계에서 공통적으로 사용하고 있어, 이것을 익히면 외국의 종이접기책도 쉽게 이해할 수 있습니다.

기본 접기와 기본형은 일종의 관용어로 기준에 따라 명칭과 분류가 조금씩 다를 수 있습니다.

1

화살표 방향으로 접기

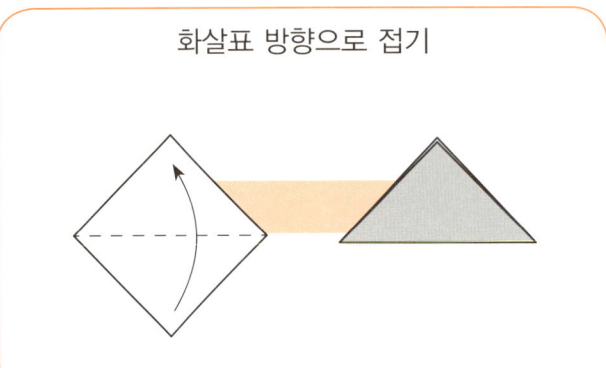

골(짜기)접기

뒤로 접기

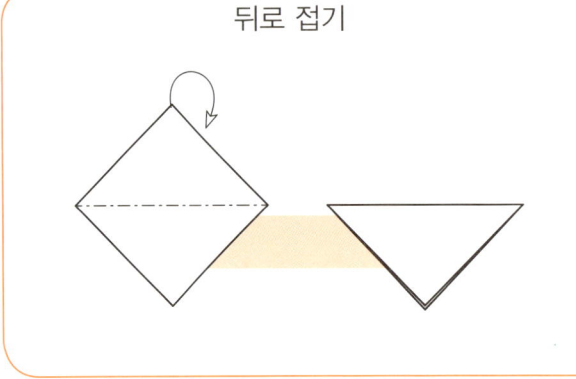

산접기

접었다가 다시 펼치기

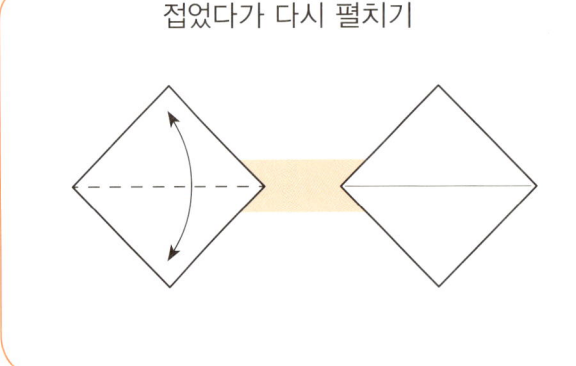

접은 선 만들기

숨은 선 나타내기

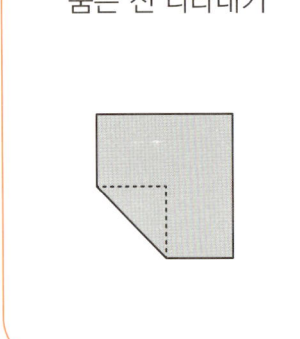

확대

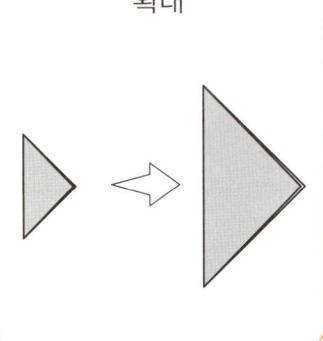

축소

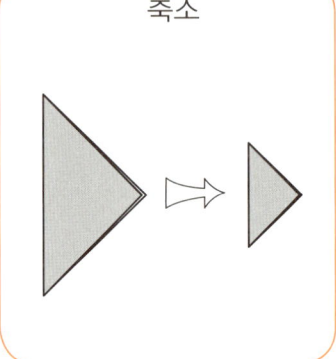

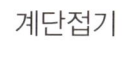

계단 모양으로 접기

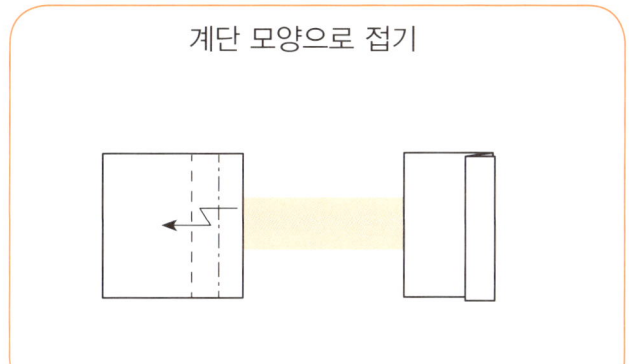

계단접기

방향 돌리기

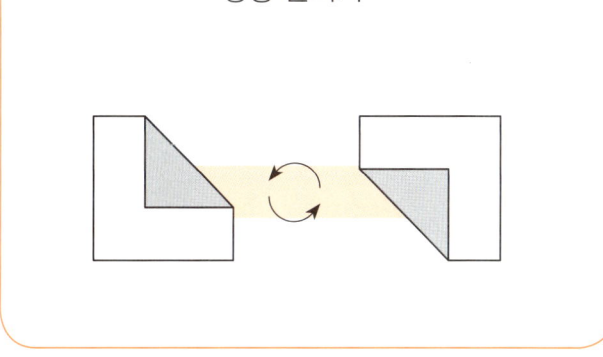

돌리기

좌우로 뒤집기

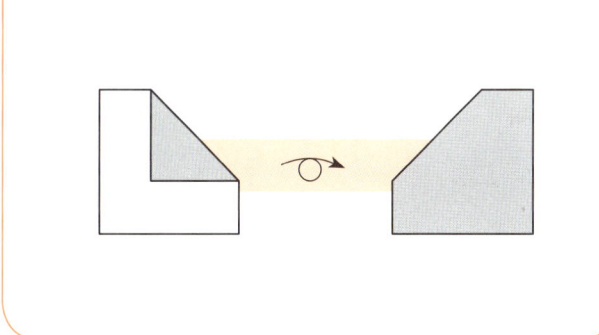

뒤집기

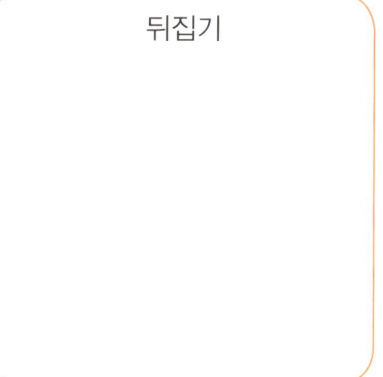

잡아당기기(펼치기)

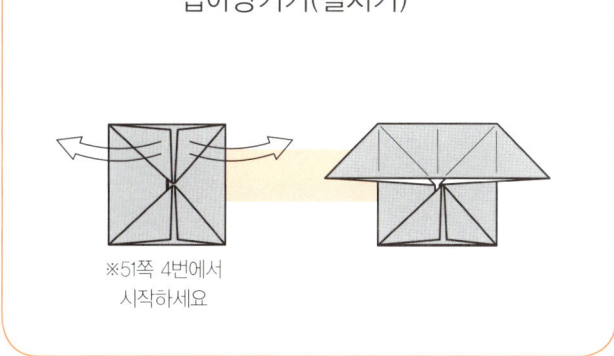

※51쪽 4번에서
시작하세요

잡아당기기

가위로 자르기

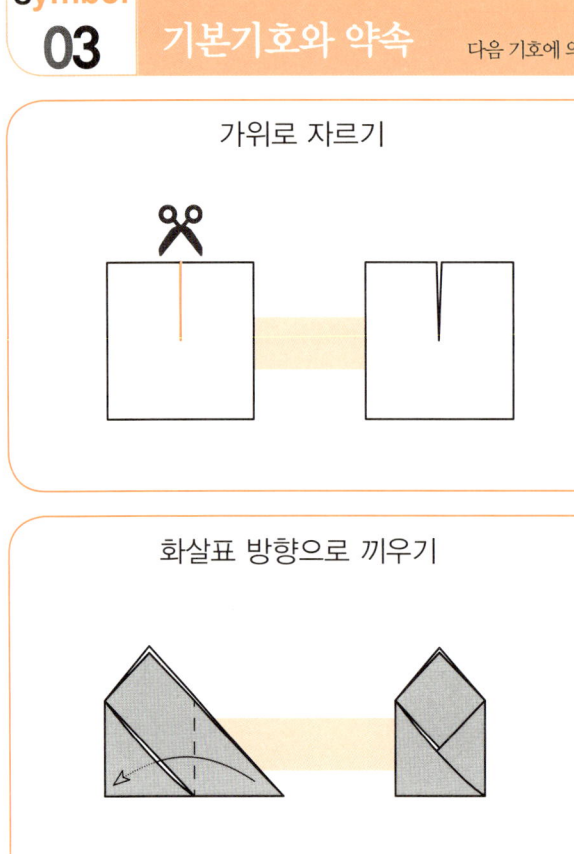

자르기

화살표 방향으로 끼우기

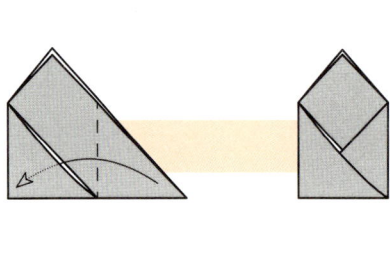

끼워넣기

똑같은 방법으로 접기

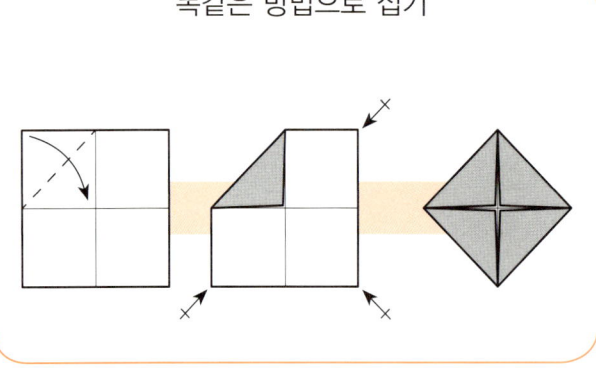

반복하기

펼쳐 눌러 접기

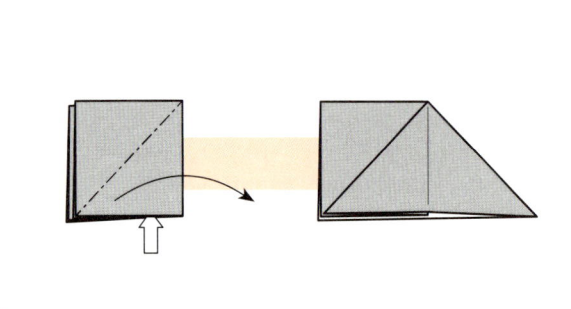

펼쳐 눌러 접기

같은 방향으로 계속 접기

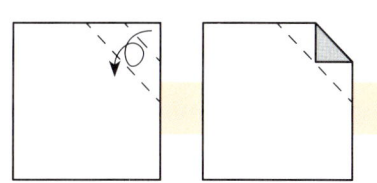

말아 접기

뒷면을 펼치면서 앞으로 접기

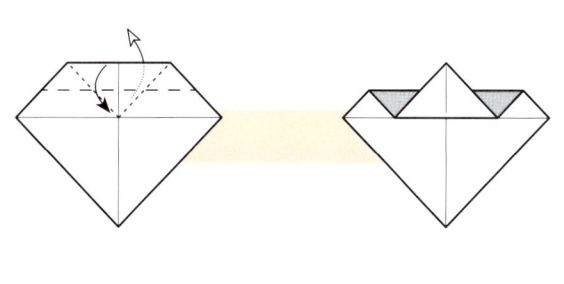

앞면을 뒤로 넘기면서 접기

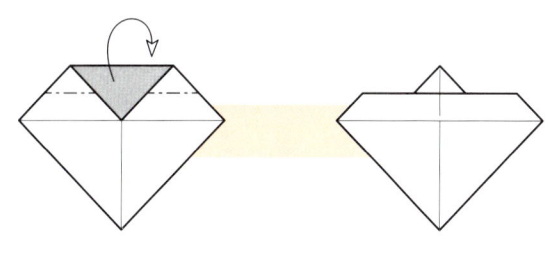

반으로 포개 접기

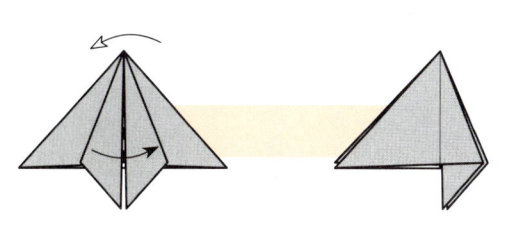

앞뒤로 접기

기본기호와 약속

다음 기호에 의하여 접는 방법이 표시되므로 기호와 약속을 기억하세요.

안으로 넣어 접기

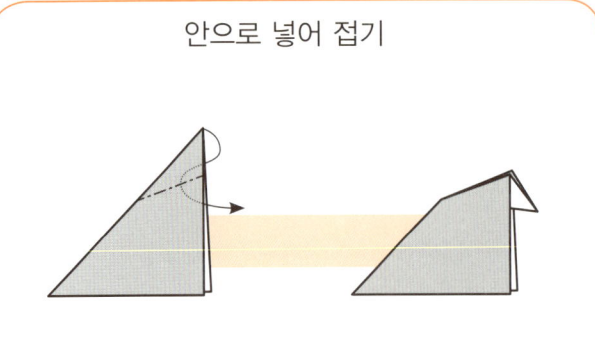

안으로 넣어 접기

밖으로 뒤집어 접기

밖으로 뒤집어 접기

안으로 밀어넣어 접기

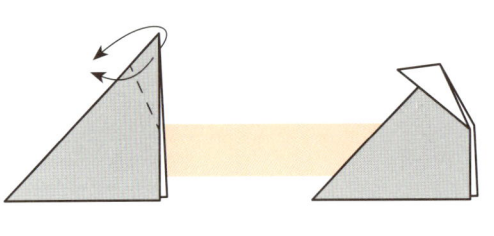

(열린) 함몰접기

입체적으로 계단접기

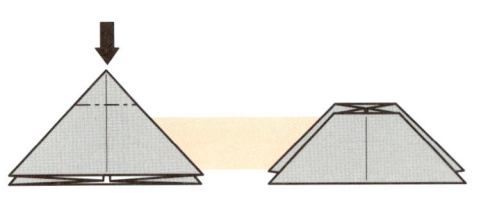

입체 계단접기

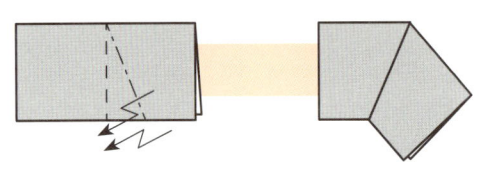

01 삼각접기(세모접기)

기본접기

아래에서 위로 접는 것이 기본이며 꼭짓점과 꼭짓점을 맞춰 접습니다.

사용되는 접기 기법 ·과 ·을 맞춰 접기

전승작품 **메뚜기**

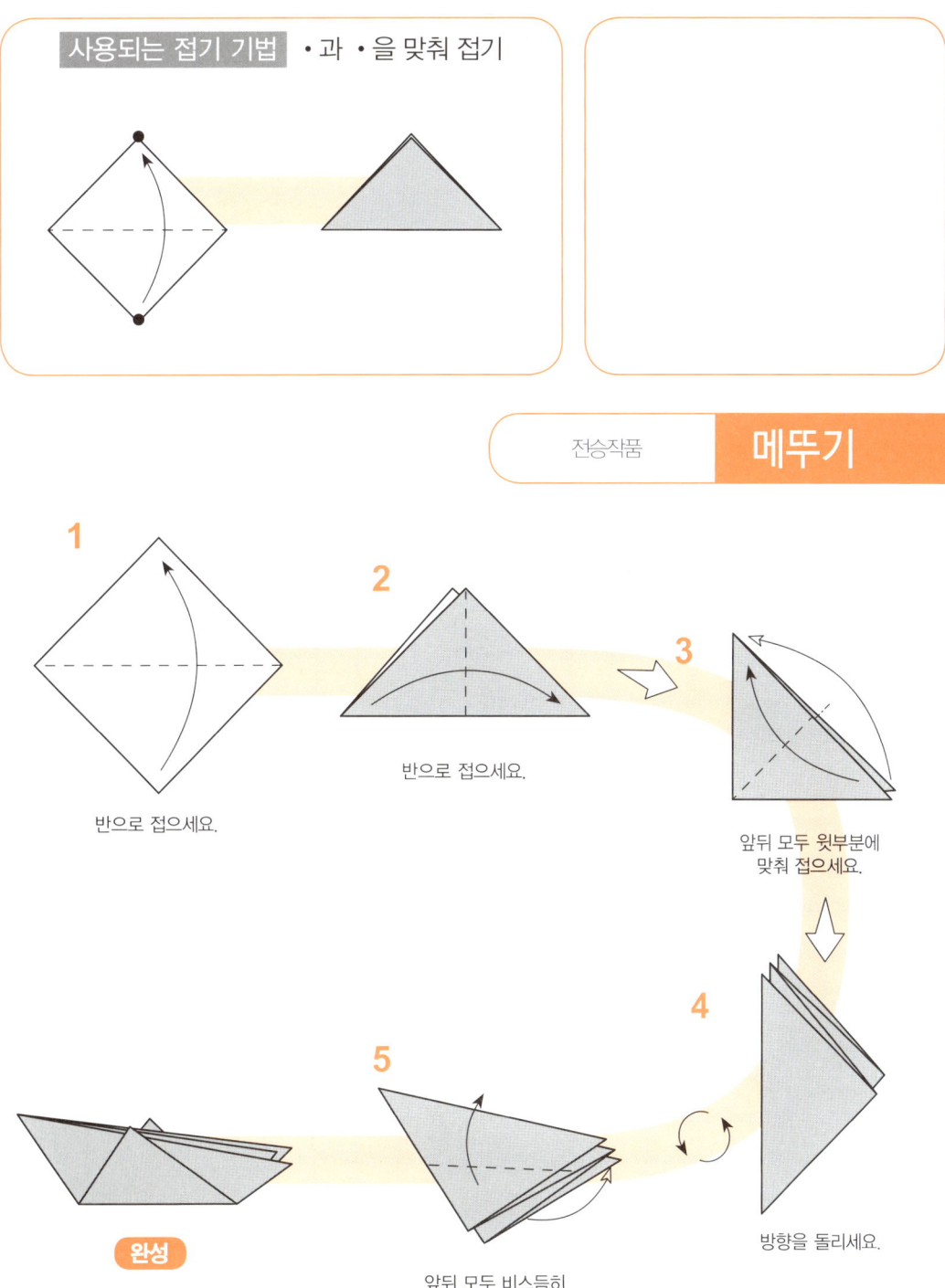

1 반으로 접으세요.

2 반으로 접으세요.

3 앞뒤 모두 윗부분에 맞춰 접으세요.

4 방향을 돌리세요.

5 앞뒤 모두 비스듬히 위로 접으세요.

완성

※머리 부분을 톡 건드리면 튀어 오릅니다.

기본접기

변과 변을 맞춰 접습니다. 맞춰야 하는 꼭짓점이 두 개라서
좀 더 주의를 기울여야 합니다.

사용되는 접기 기법 반으로 접기

구름A, B 　　오규석

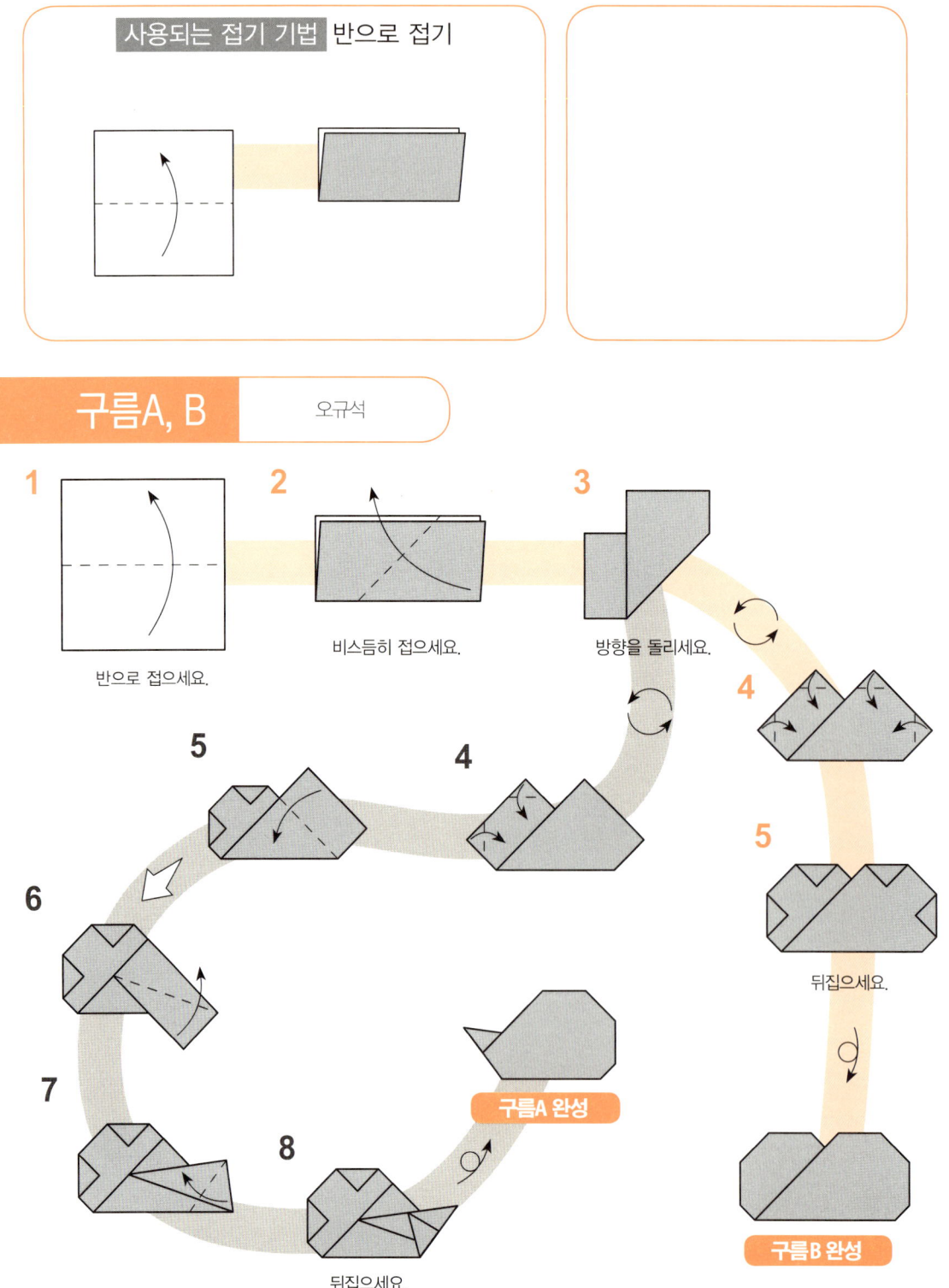

1 반으로 접으세요.

2 비스듬히 접으세요.

3 방향을 돌리세요.

4

5

4

5 뒤집으세요.

5

6

7

8 뒤집으세요.

구름A 완성

구름B 완성

기본접기

각(角)을 이등분하여 접습니다. 각각은 45°를 이등분하므로 22.5°가 되고 양쪽을 모두 접으면 아이스크림 모양이 됩니다.

사용되는 접기 기법 각의 이등분, 사등분

변형 **아이스크림**

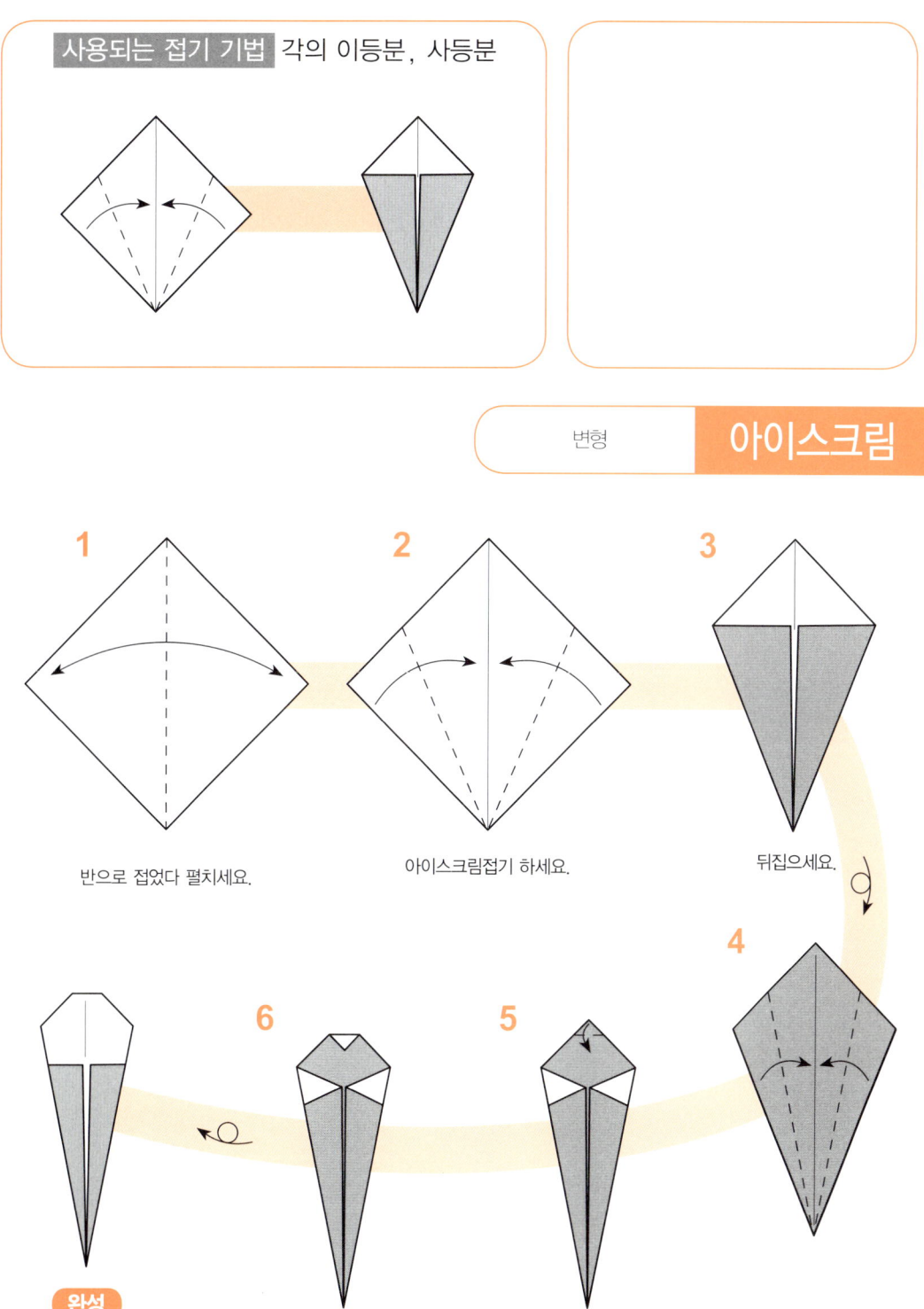

1 반으로 접었다 펼치세요.

2 아이스크림접기 하세요.

3 뒤집으세요.

4

5

6 뒤집으세요.

완성

04 대문접기(문접기)

좌우 양쪽이나 위·아래를 중심선(또는 접었다 편 선, 변 등)에 맞춰 접습니다. 좌우 대칭이 되도록 접을 때 많이 쓰입니다.

사용되는 접기 기법 변의 이등분, 사등분

지갑   전승작품

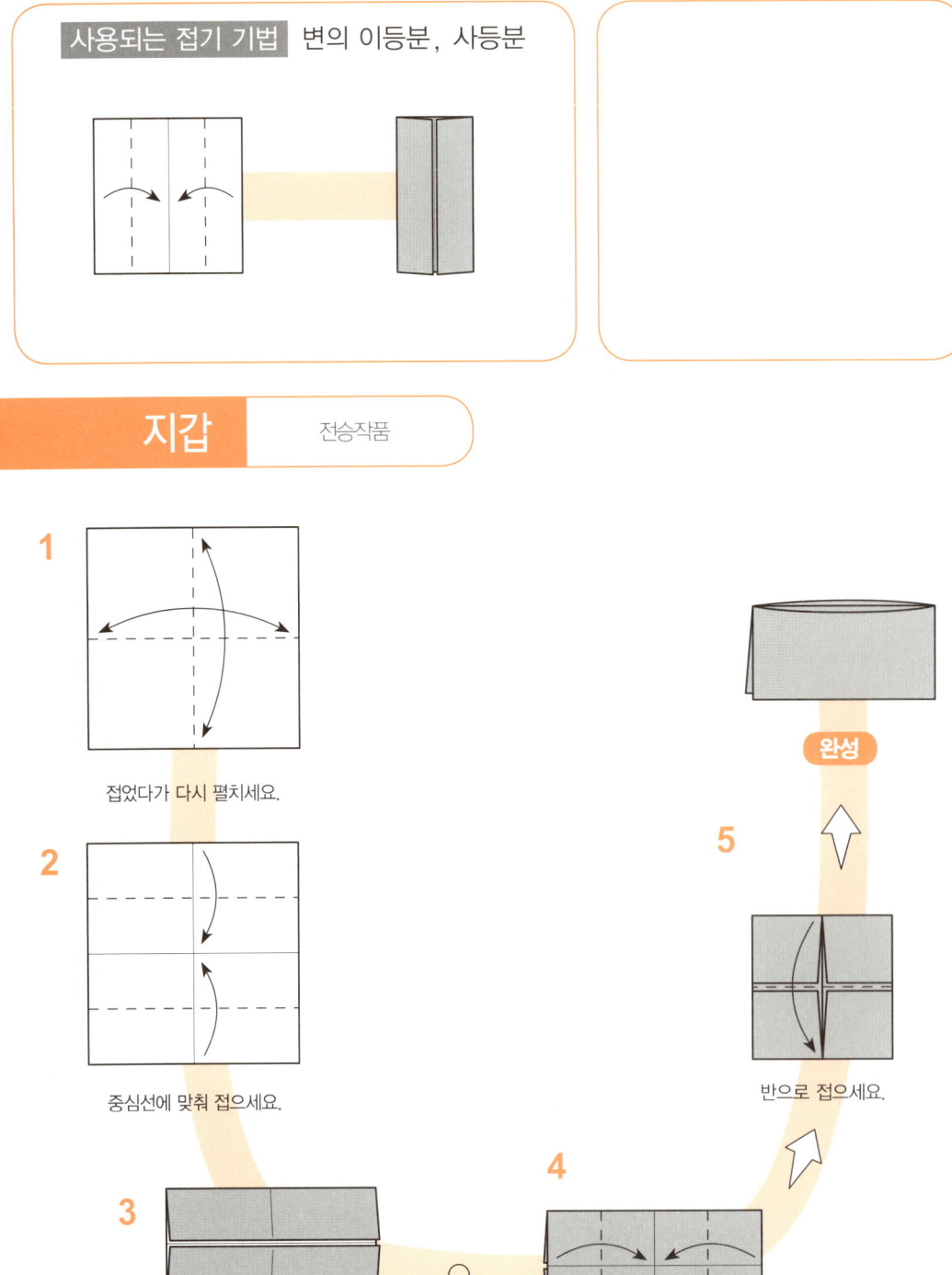

1 접었다가 다시 펼치세요.

2 중심선에 맞춰 접으세요.

3 뒤집으세요.

4 중심선에 맞춰 접으세요.

5 반으로 접으세요.

완성

05 방석접기

기본접기

네 모서리를 중심(또는 기준점)에 맞춰 접습니다. 정확한 방석접기의 경우 변의 길이는 70.5%, 면적은 50%로 줄어듭니다.

사용되는 접기 기법 방석접기

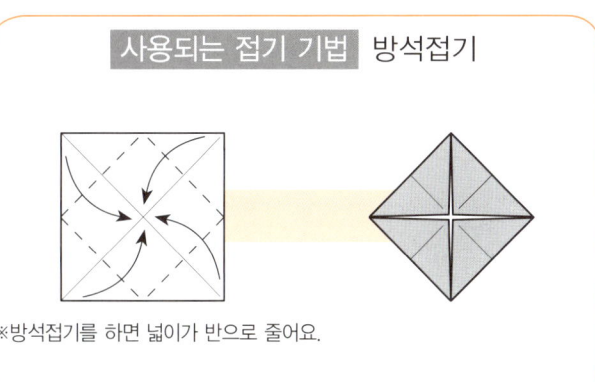

※방석접기를 하면 넓이가 반으로 줄어요.

전승작품 장미 문양

1

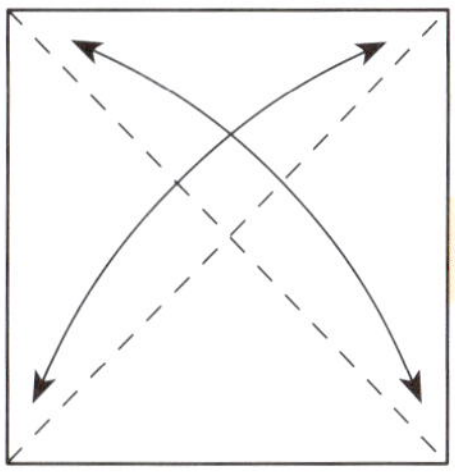

접었다가 다시 펼치세요.

2

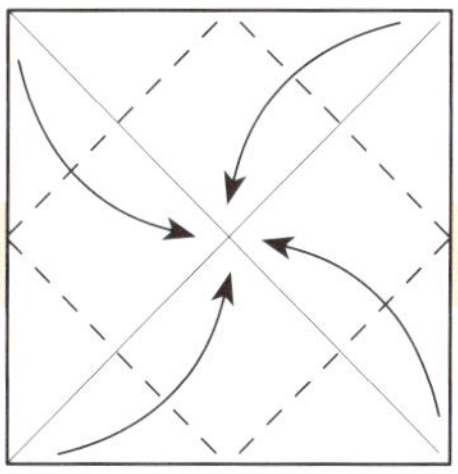

방석접기하세요.

3

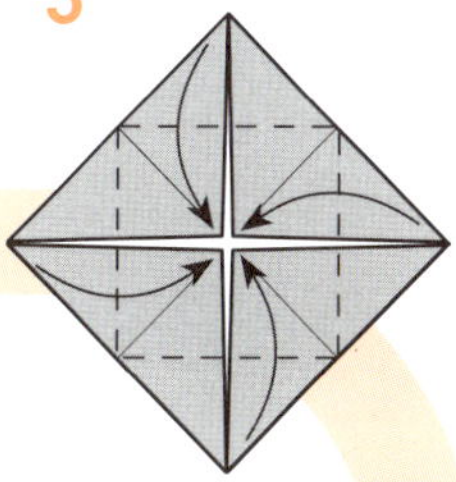

방석접기하세요.

4

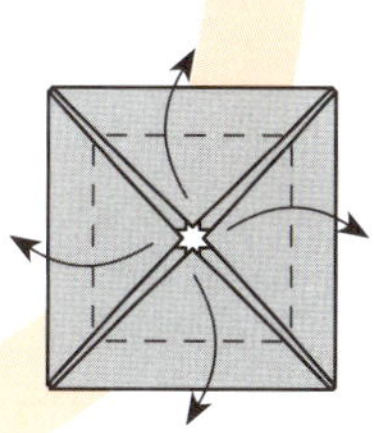

조금만 남기고
바깥쪽으로 접으세요.

5

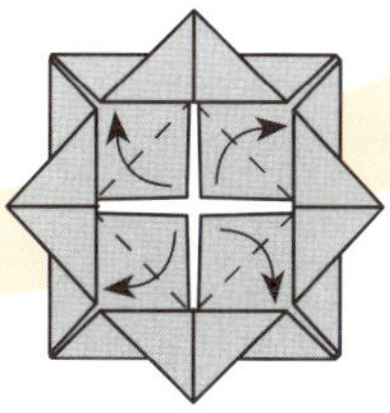

바깥쪽으로 접으세요..

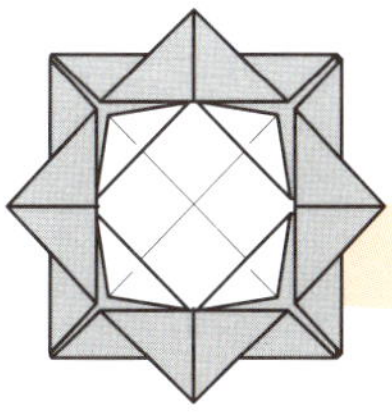

완성

기본접기

종이를 여러 번 접어 원하는 모양을 만들 때 유용하게 쓰이는
접기 기법입니다. 반복하여 접어 숙달되는 것이 좋습니다.

안으로 넣어 접기

물새   전승작품   ⭐

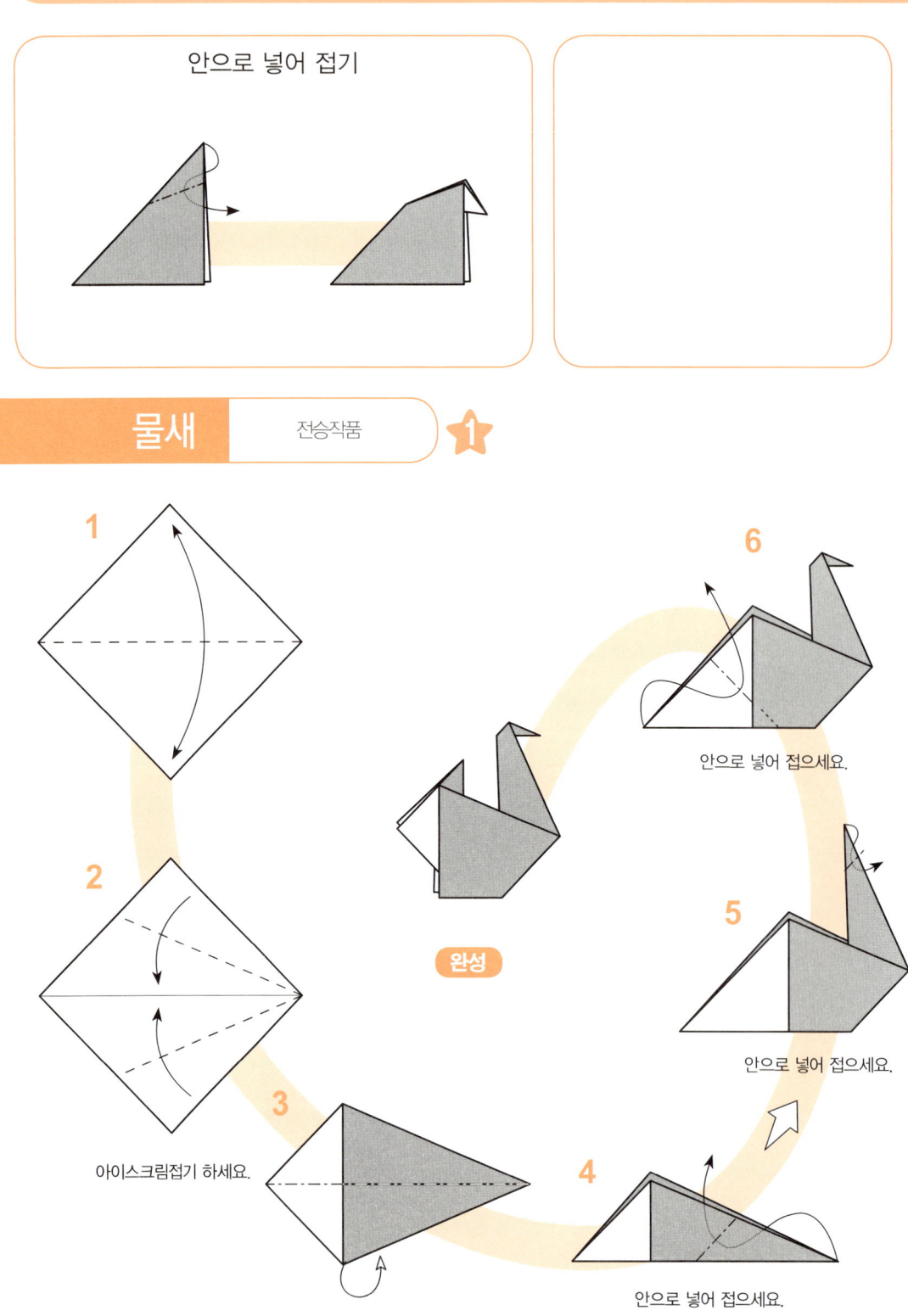

1

2

아이스크림접기 하세요.

3

뒤로 접으세요.

4

안으로 넣어 접으세요.

5

안으로 넣어 접으세요.

6

안으로 넣어 접으세요.

완성

기본접기

종이접기를 처음 접하는 사람들이 가장 어려워하는 접기입니다. 같은 결과를 가져오는 아래 두 가지 방법을 잘 비교해 보세요.

밖으로 뒤집어 접기

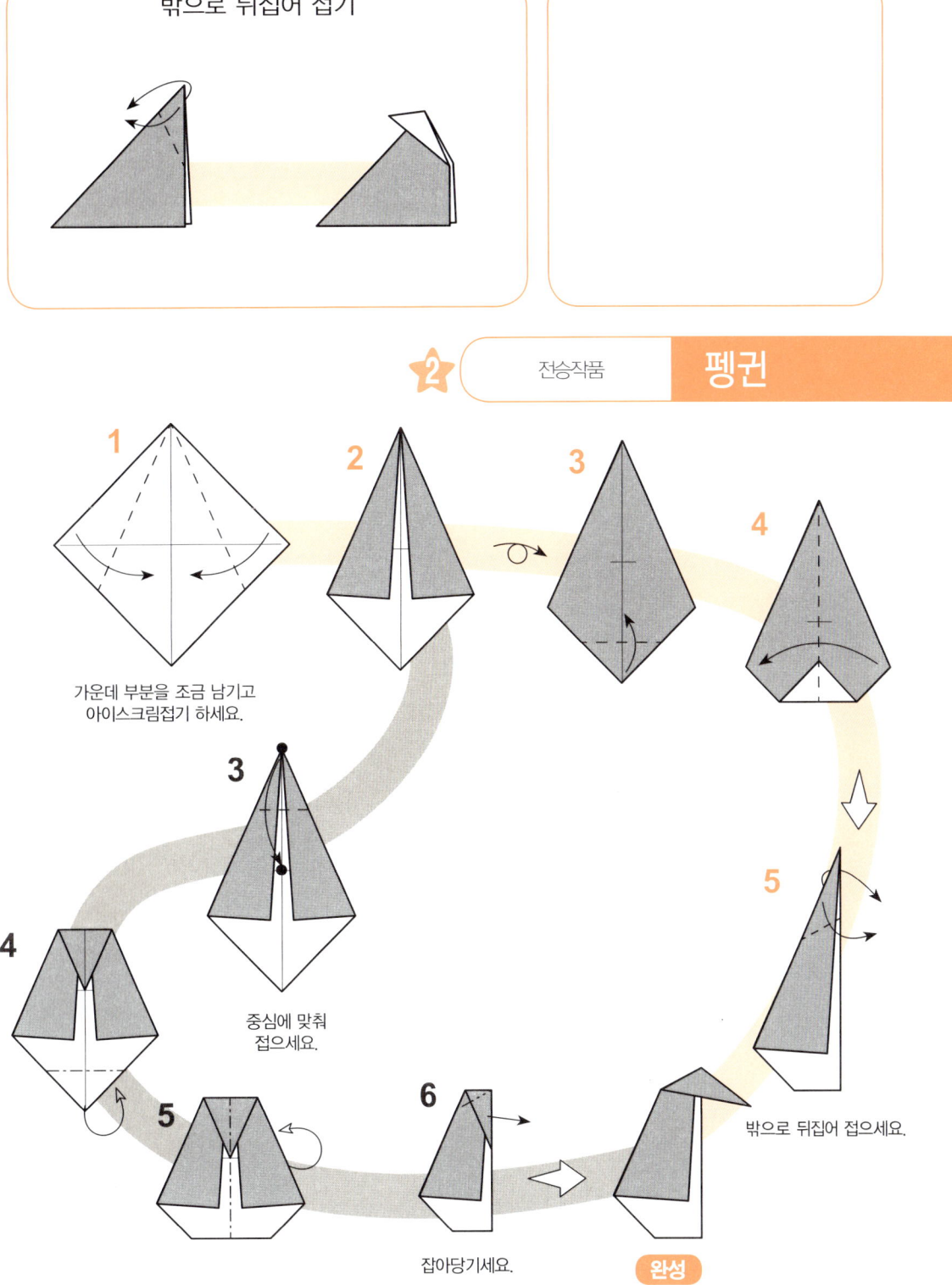

⭐2 전승작품 **펭귄**

1 가운데 부분을 조금 남기고 아이스크림접기 하세요.

2

3

4

3 중심에 맞춰 접으세요.

4

5

6 잡아당기세요. **완성**

5

4

5 밖으로 뒤집어 접으세요.

08 삼각주머니접기 기본형

기본형

여러 가지 모양으로 발전할 수 있는 종이접기의 기본형입니다.

보통 첫 번째 방법으로 시작하여 익숙해지면 두 번째 방법을 사용합니다.

사용되는 기법 펼쳐 눌러 접기

삼각주머니접기 전승작품 / 기본형

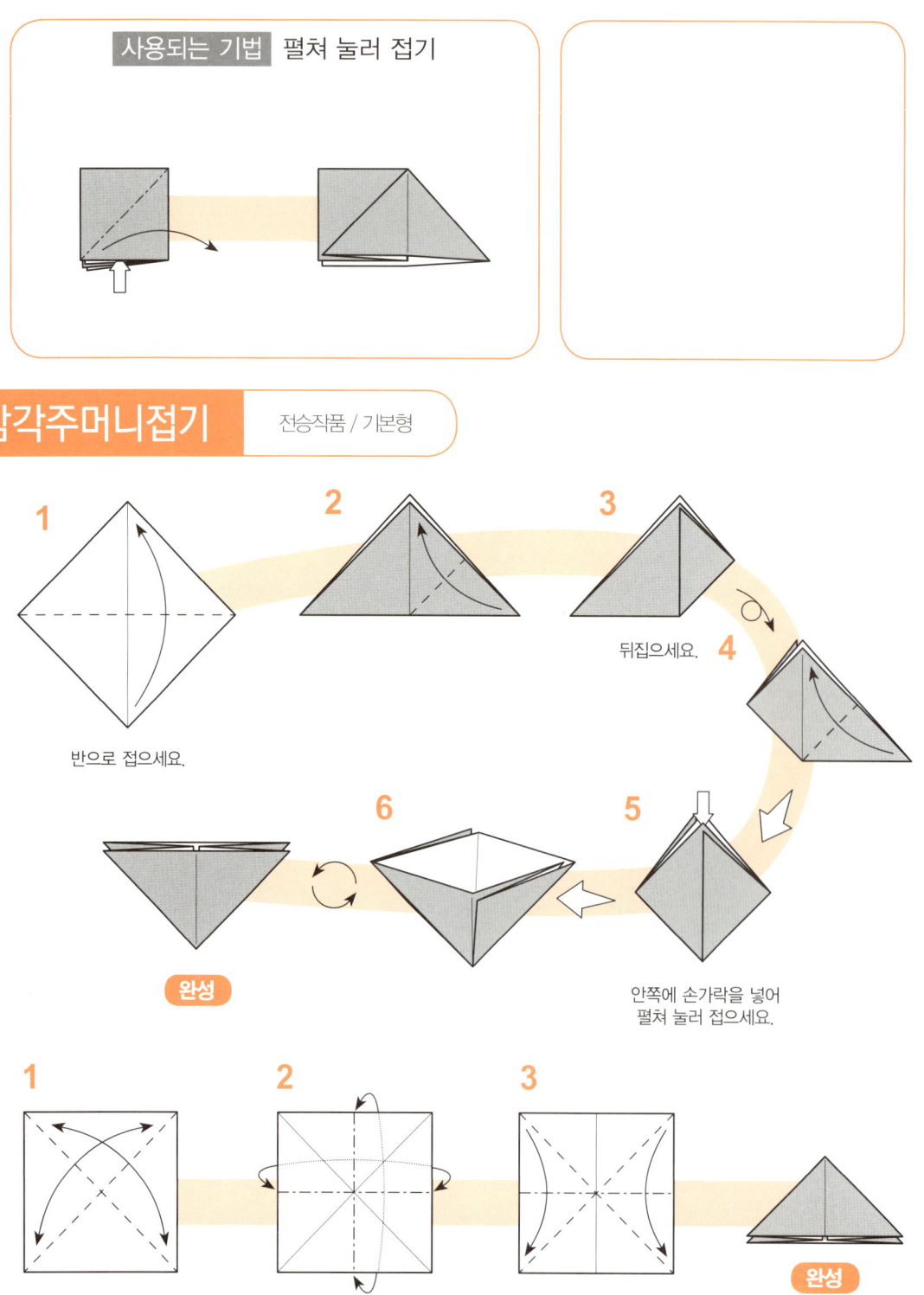

1 반으로 접으세요.

2

3 뒤집으세요.

4

5 안쪽에 손가락을 넣어 펼쳐 눌러 접으세요.

6 완성

1

2 뒤로 접었다가 다시 펼치세요.

3 완성

09 사각주머니접기 기본형

기본형

삼각주머니접기와 마찬가지로 펼쳐 눌러 접기 기법을 사용합니다. 보통 첫 번째 방법으로 시작하여 익숙해지면 두 번째 방법을 사용합니다.

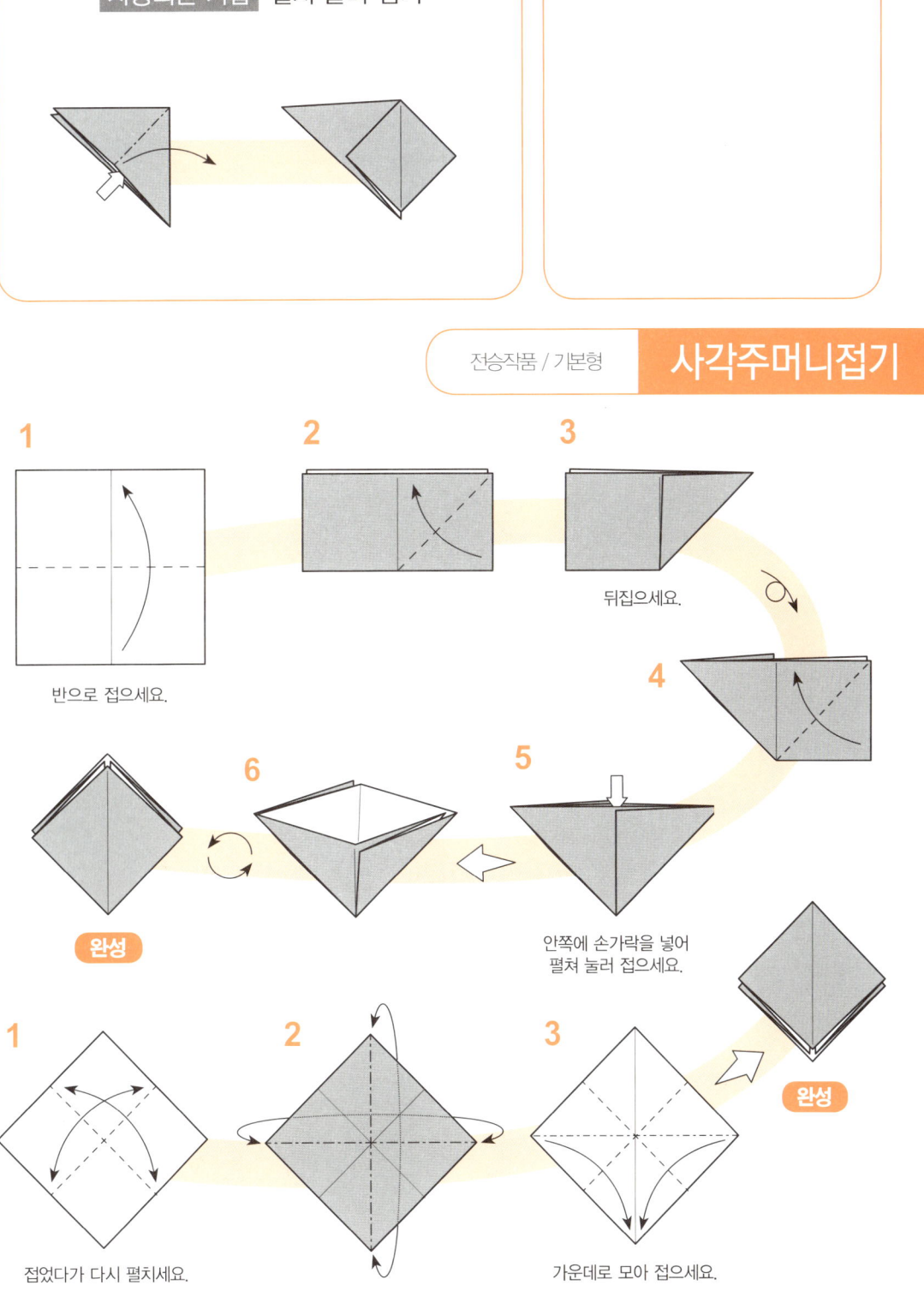

사용되는 기법 펼쳐 눌러 접기

전승작품 / 기본형   **사각주머니접기**

1 반으로 접으세요.

2

3 뒤집으세요.

4

5 안쪽에 손가락을 넣어 펼쳐 눌러 접으세요.

6

완성

완성

1 접었다가 다시 펼치세요.

2

3 가운데로 모아 접으세요.

기본형

물고기접기 기본형에서 시작하는 것 외에도 한쪽 부분만 물고기 접기하는 경우도 많이 있습니다. 두 가지 방법 모두 알아두어야 합니다.

10 물고기접기 기본형

사용되는 기법 물고기 접기

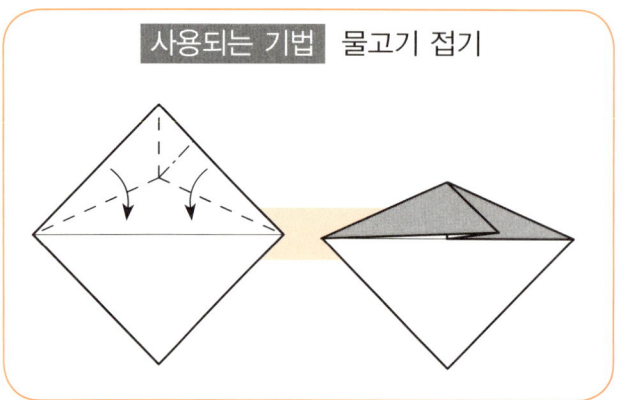

물고기접기

전승작품 / 기본형

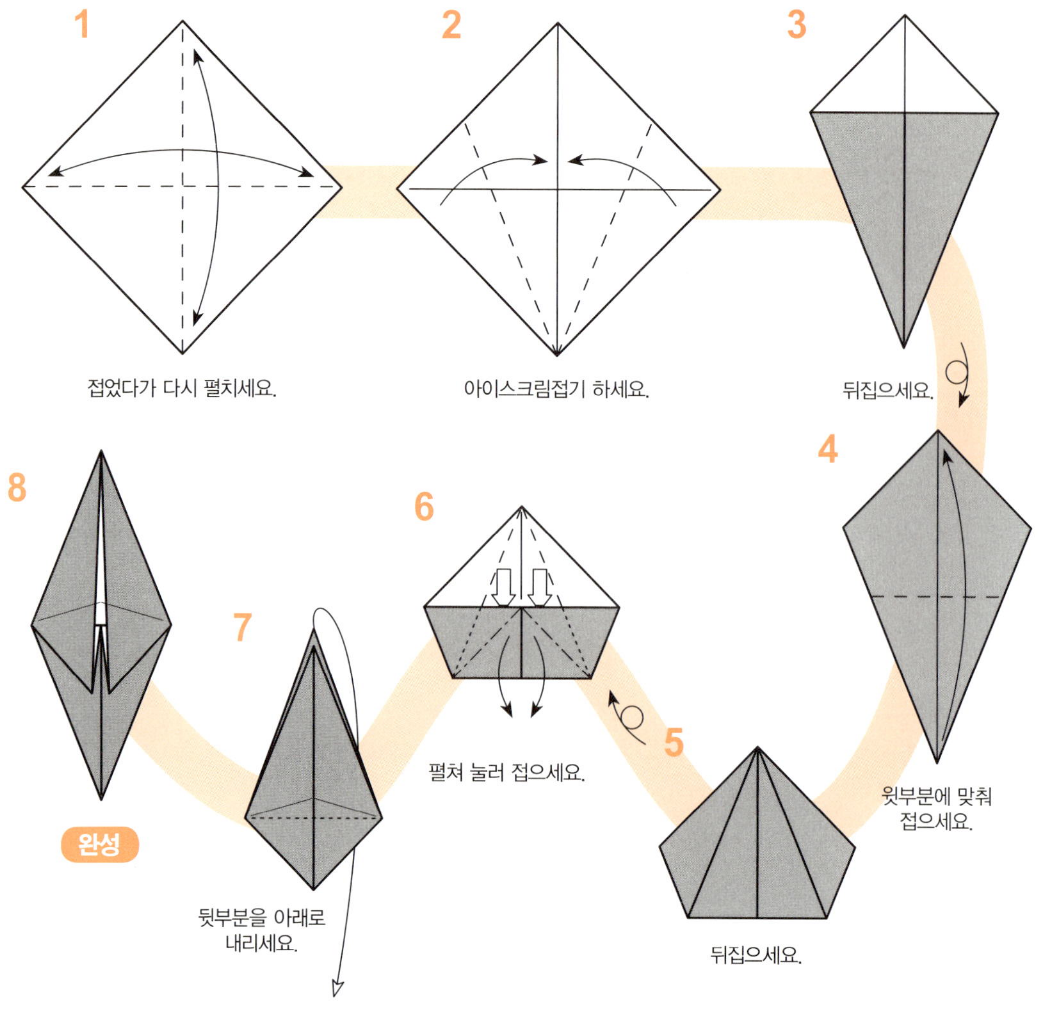

1
접었다가 다시 펼치세요.
2
아이스크림접기 하세요.
3
뒤집으세요.
4
윗부분에 맞춰
접으세요.
5
뒤집으세요.
6
펼쳐 눌러 접으세요.
7
뒷부분을 아래로
내리세요.
8
완성

기본형

가장 효율적으로 4개의 가지를 뽑아내어 복잡한 작품을 만들 수 있게 해 줍니다. 쉬운 것부터 복잡한 것까지 가장 널리 쓰이는 기본형입니다.

11 학접기 기본형

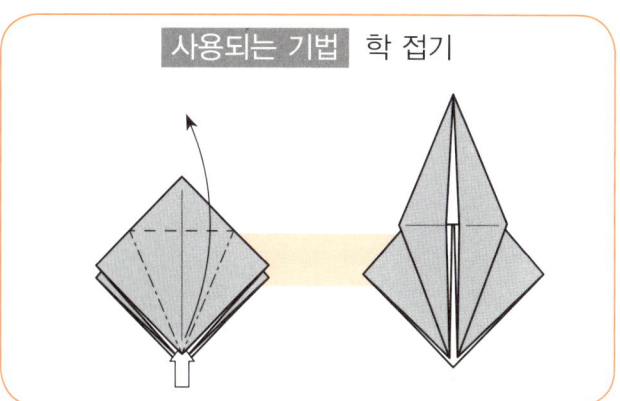

사용되는 기법_ 학 접기

전승작품 / 기본형   **학접기**

1

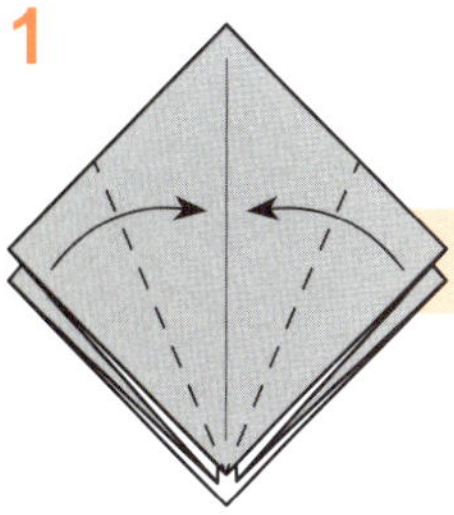

사각주머니접기 기본형에서
시작하세요.
아이스크림접기 하세요.

2

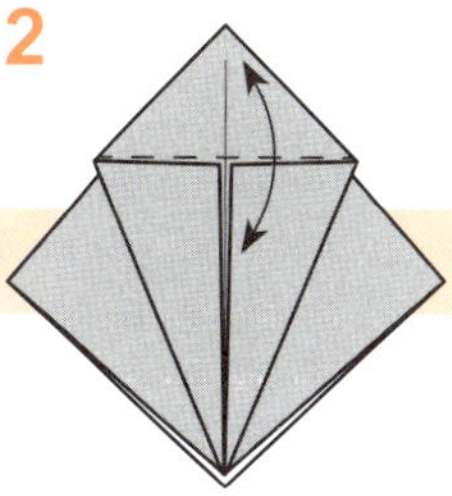

접었다가 다시 펼치세요.

3

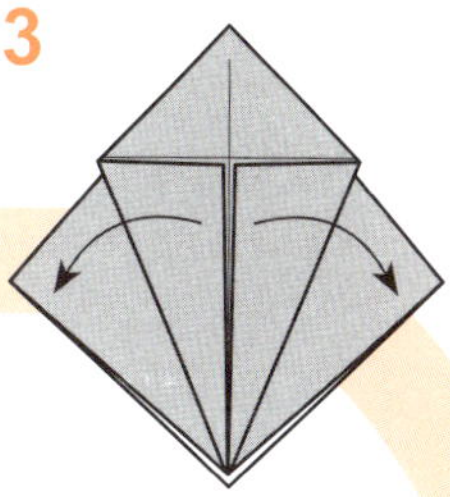

4

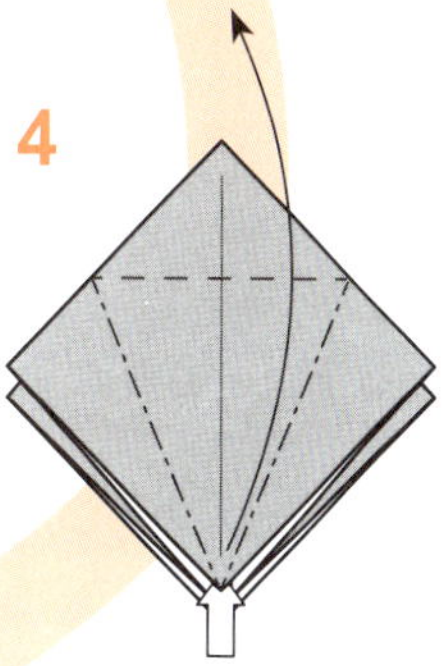

안에 손가락을 넣어
펼쳐 눌러 접으세요.

5

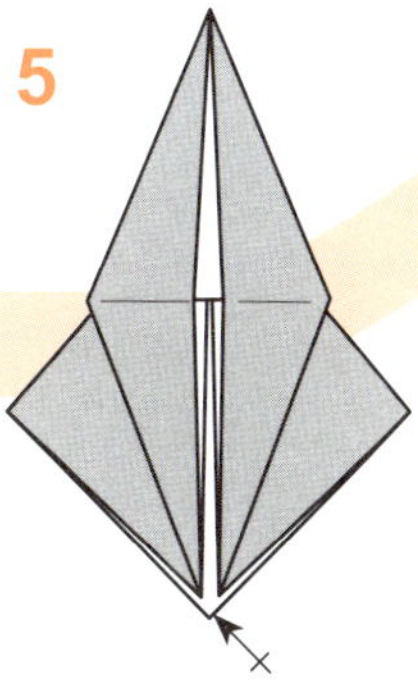

뒤쪽도 똑같이 접으세요.

6

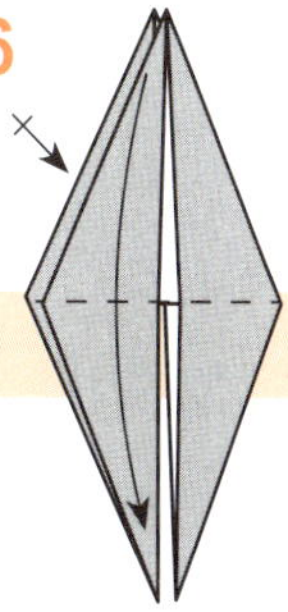

앞뒤 모두
아래로 내리세요.

7

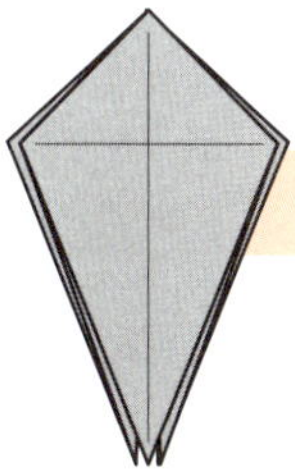

완성

12 꽃접기 기본형

기본형

창포꽃을 만들 수 있어 우리나라에는 꽃접기 기본형으로 부르고 있지만 외국에서는 개구리접기 기본형(Frog base)이라고 합니다.

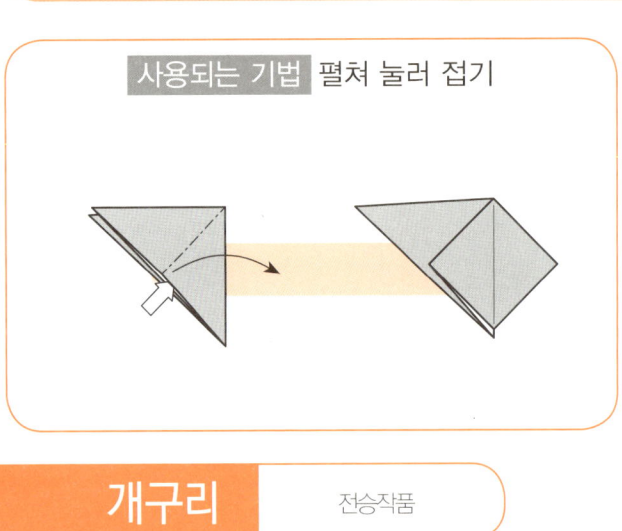

사용되는 기법 펼쳐 눌러 접기

개구리　전승작품

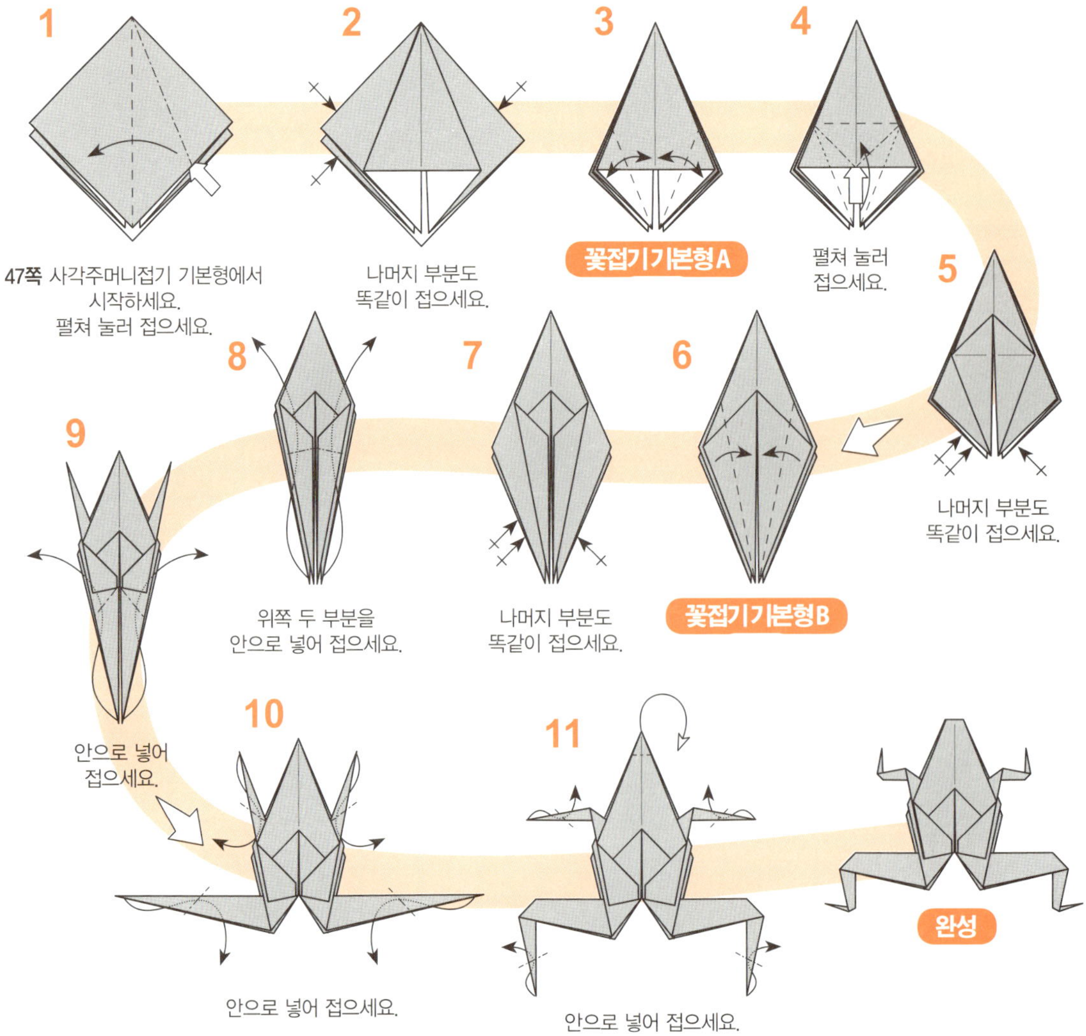

1
47쪽 사각주머니접기 기본형에서 시작하세요.
펼쳐 눌러 접으세요.

2
나머지 부분도
똑같이 접으세요.

3
꽃접기기본형A

4
펼쳐 눌러
접으세요.

5
나머지 부분도
똑같이 접으세요.

6
꽃접기기본형B

7
나머지 부분도
똑같이 접으세요.

8
위쪽 두 부분을
안으로 넣어 접으세요.

9
안으로 넣어
접으세요.

10
안으로 넣어 접으세요.

11
안으로 넣어 접으세요.

완성

13 **문양접기 기본형**

기본형

문양접기 기본형 또는 쌍배접기 기본형이라고 부르고 있습니다. 외국에서는 풍차접기 기본형(Windmill base)라고 합니다.

잡아당기기(펼치기)

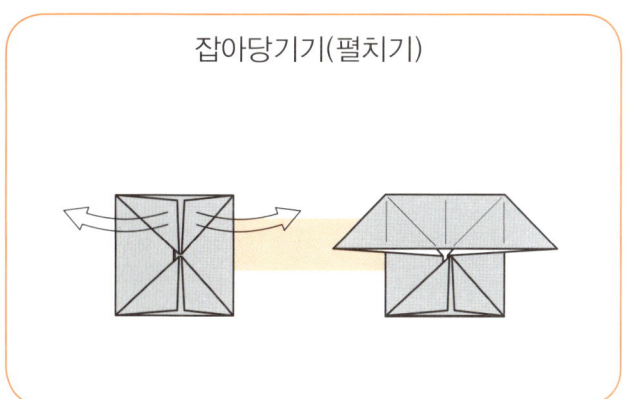

전승작품 / 기본형　**문양접기**

1

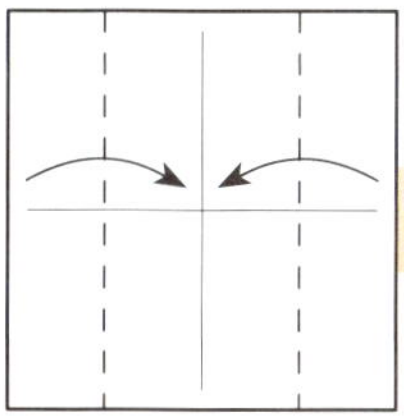

중심선에 맞춰 접으세요.

2

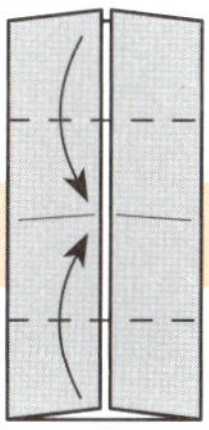

3

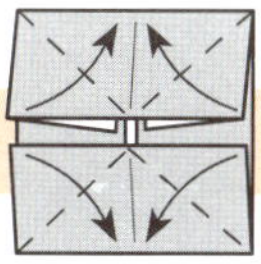

4

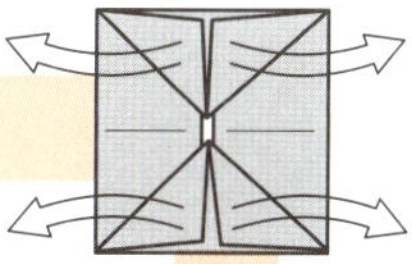

잡아당겨 펼치세요.

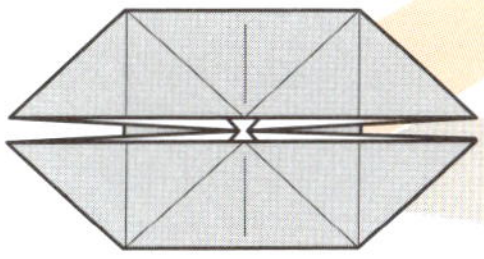

1

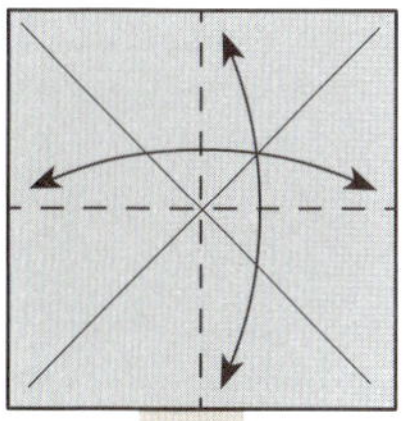

접었다가 다시 펼치세요.

완성

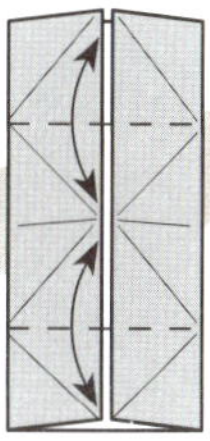

5

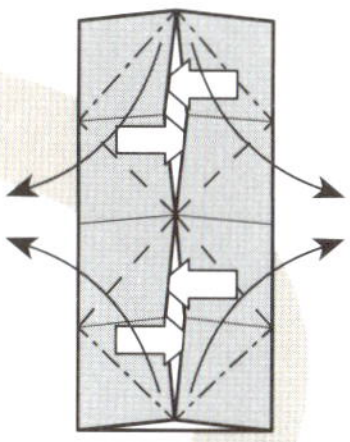

화살표대로 펼쳐 눌러 접으세요.

2

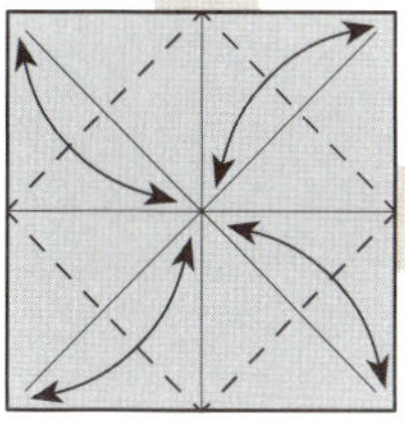

방석접기했다가 다시 펼치세요.

3

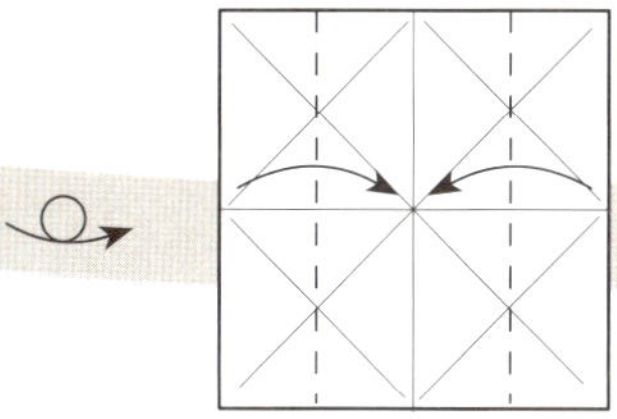

중심선에 맞춰 접으세요.

4

14 3등분 접기

변과 각을 3등분접기하는 방법들입니다.

1. 간단한 변의 3등분 접기

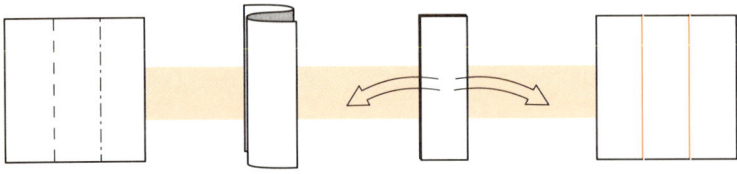

2. 변의 3등분 접기

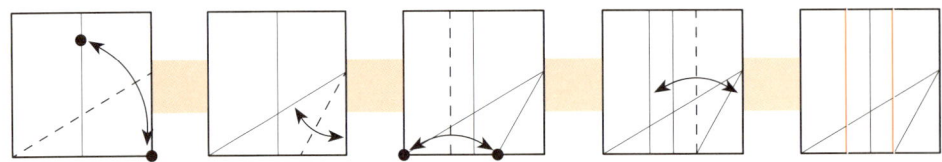

3. 대각선의 3등분 접기

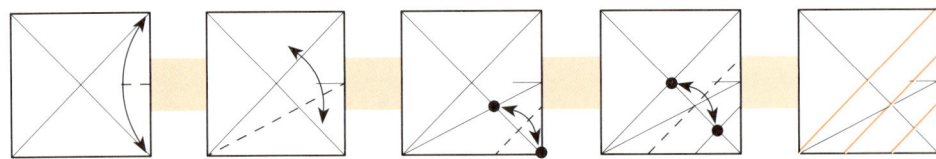

4. 90°의 3등분 접기

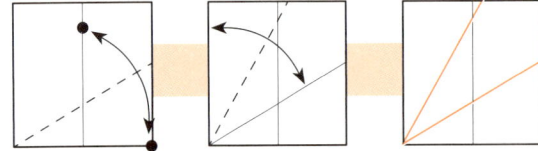

5. 45°의 3등분 접기

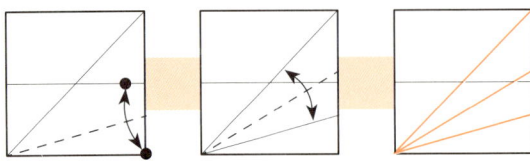

6. 180°의 3등분 접기

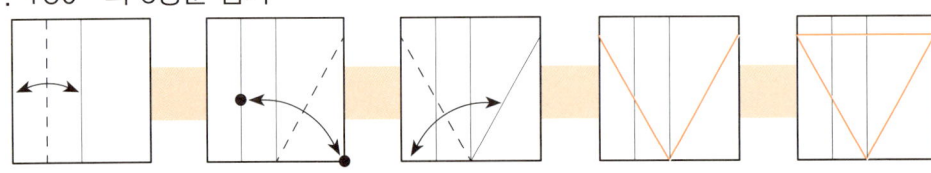

생각이 활짝, 창의력 쑥쑥!

전승종이접기 2

Traditional

전승종이접기는 작가가 알려지지 않은 채
오래 전부터 접혀진 것들입니다. 오랜 시간
동안 많은 사람들에게 접혀져 왔다는 것은
그만큼 접는 재미가 있다는 뜻이죠.

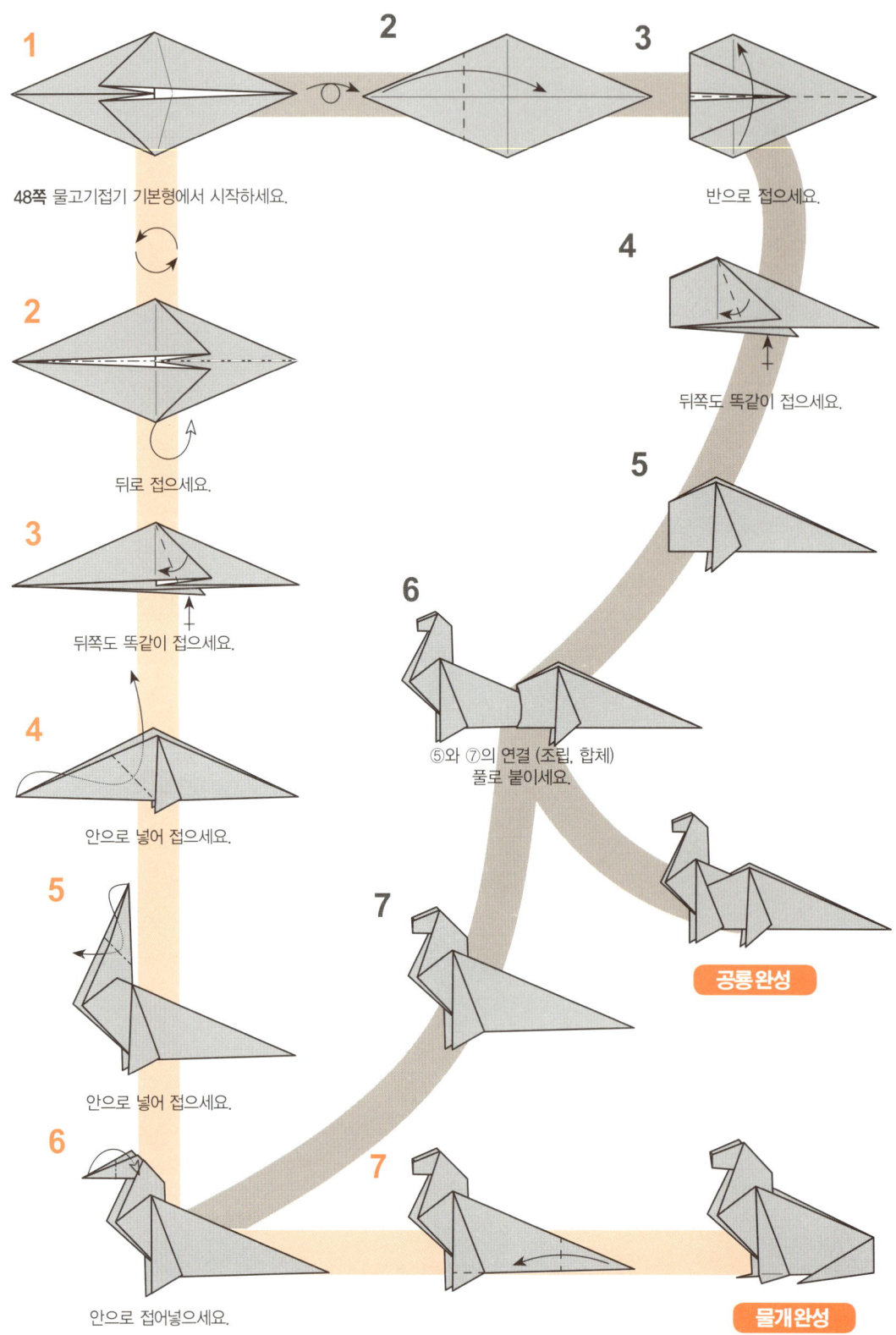

1

48쪽 물고기접기 기본형에서 시작하세요.

2

뒤로 접으세요.

3

뒤쪽도 똑같이 접으세요.

4

안으로 넣어 접으세요.

5

안으로 넣어 접으세요.

6

안으로 접어넣으세요.

2

3

반으로 접으세요.

4

뒤쪽도 똑같이 접으세요.

5

6

⑤와 ⑦의 연결 (조립, 합체)
풀로 붙이세요.

공룡 완성

7

7

물개 완성

1

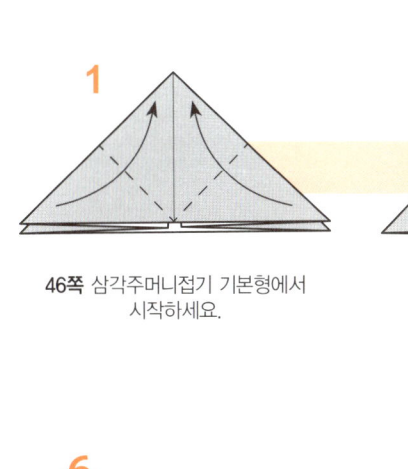

46쪽 삼각주머니접기 기본형에서
시작하세요.

2

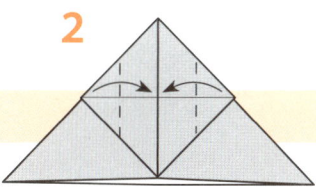

3

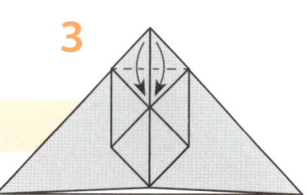

4

안으로 접어넣으세요.

뒤집으세요.

5

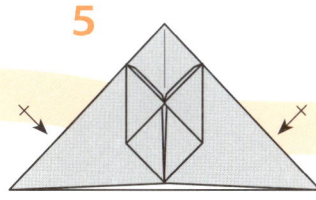

뒷부분도 1~4번까지 접으세요.

5

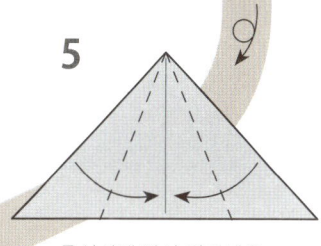

중심선에 맞춰 접으세요.

6

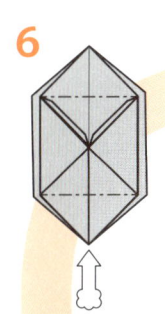

조금 벌어진 구멍으로
바람을 불어넣으세요.

공완성

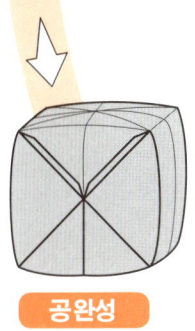

6

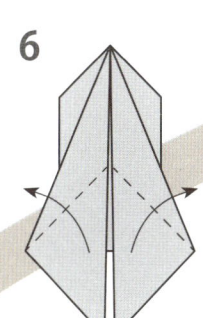

7

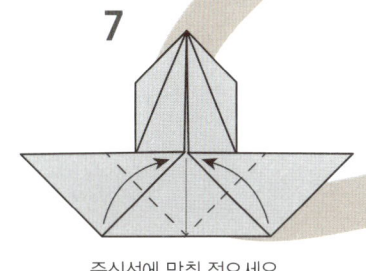

중심선에 맞춰 접으세요.

8

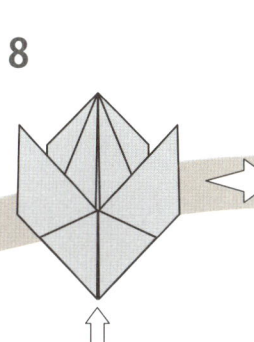

조금 벌어진 구멍으로
바람을 불어넣으세요.

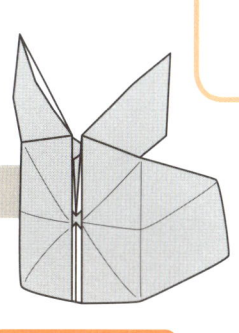

입체토끼완성

목마

전승작품 4

1

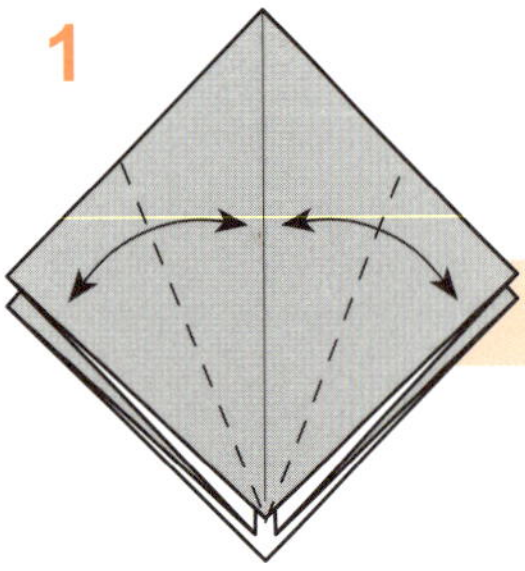

47쪽 사각주머니접기 기본형에서 시작하세요.

2

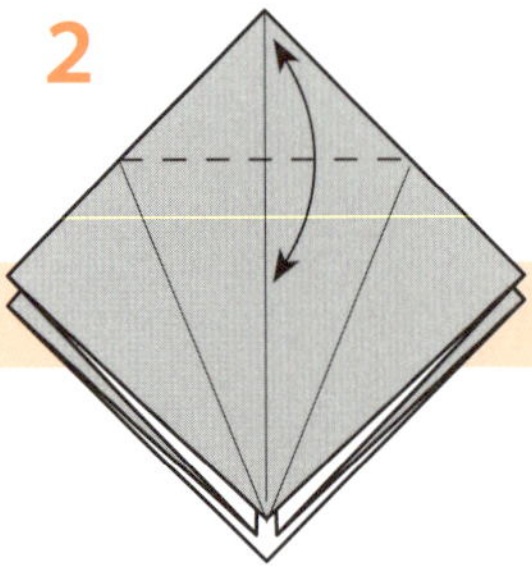

접었다가 다시 펼치세요.

3

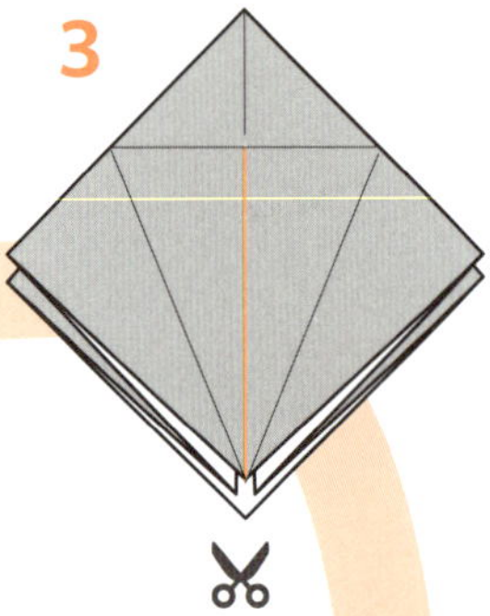

4

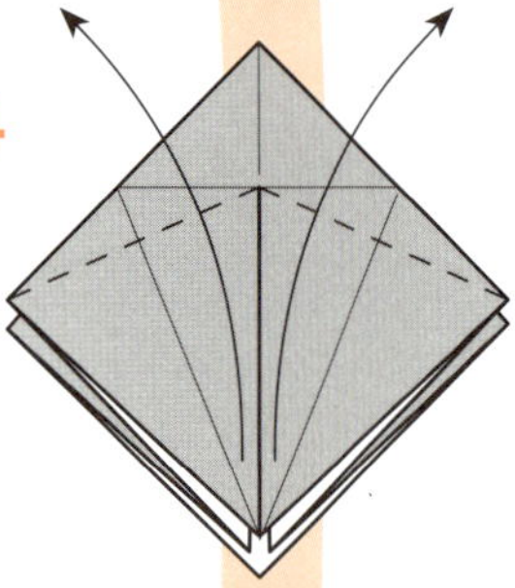

5

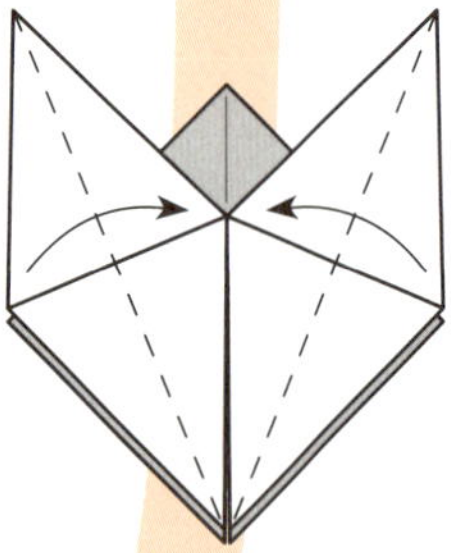

6

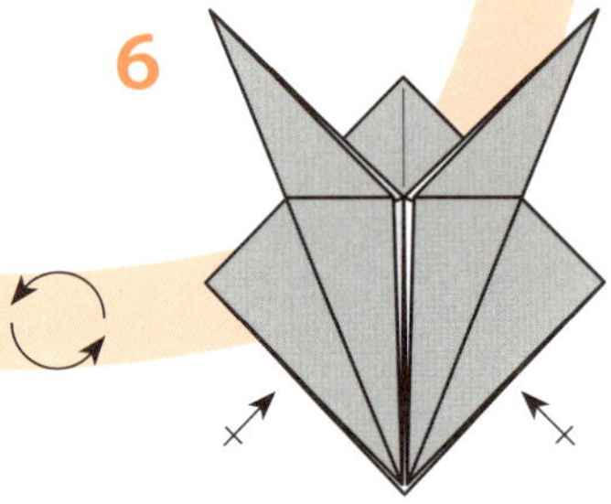

뒷부분도 똑같이 접으세요.

7

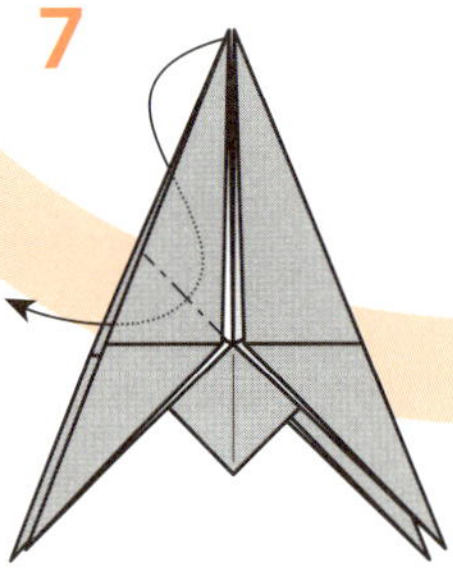

안으로 넣어 접으세요.

8

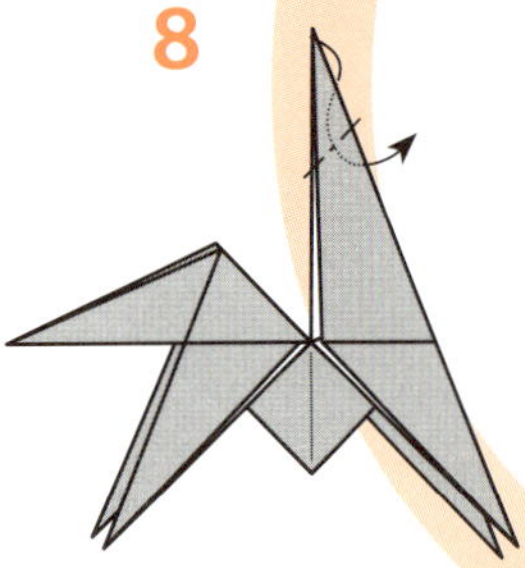

안으로 넣어 접으세요.

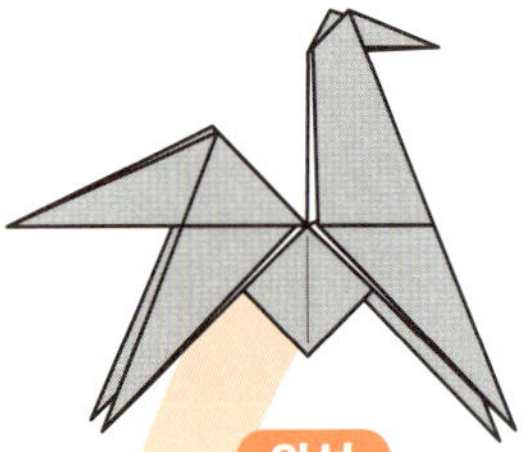

완성

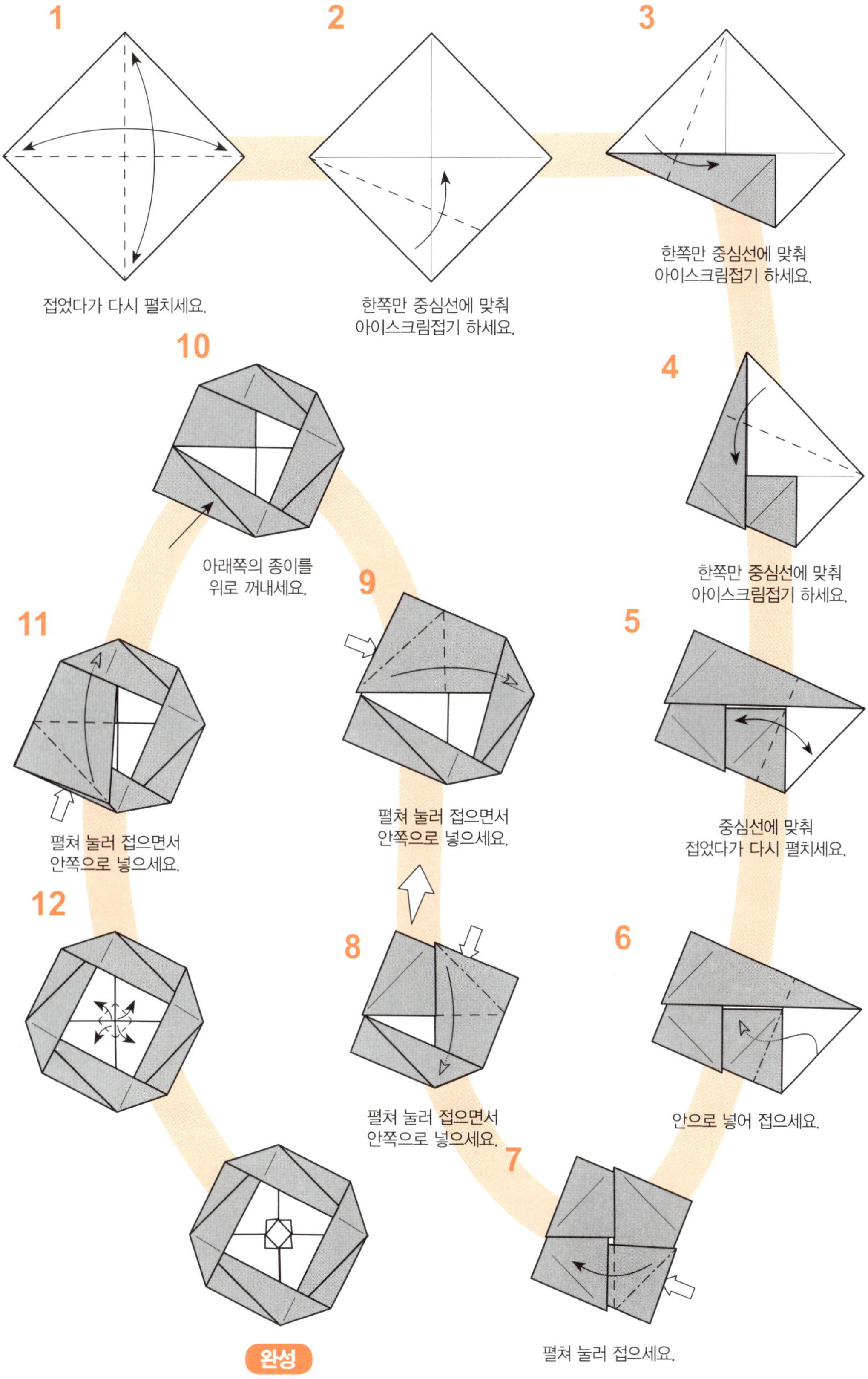

1

접었다가 다시 펼치세요.

2

한쪽만 중심선에 맞춰
아이스크림접기 하세요.

3

한쪽만 중심선에 맞춰
아이스크림접기 하세요.

4

한쪽만 중심선에 맞춰
아이스크림접기 하세요.

5

중심선에 맞춰
접었다가 다시 펼치세요.

6

안으로 넣어 접으세요.

7

펼쳐 눌러 접으세요.

8

펼쳐 눌러 접으면서
안쪽으로 넣으세요.

9

펼쳐 눌러 접으면서
안쪽으로 넣으세요.

10

아래쪽의 종이를
위로 꺼내세요.

11

펼쳐 눌러 접으면서
안쪽으로 넣으세요.

12

완성

나팔꽃, 수국, 패랭이

전승작품 6

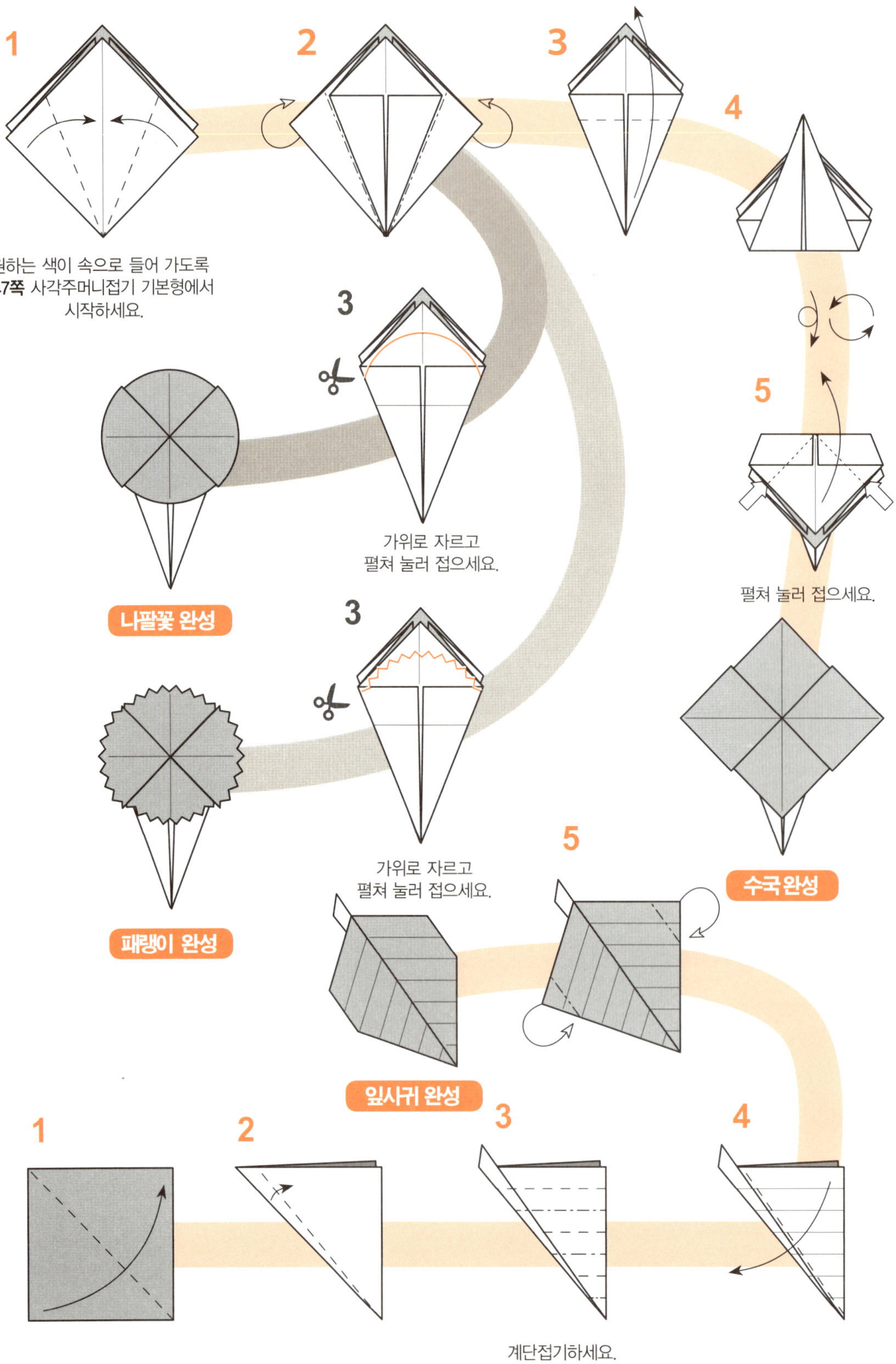
1
2
3
4
원하는 색이 속으로 들어 가도록
47쪽 사각주머니접기 기본형에서
시작하세요.
3
가위로 자르고
펼쳐 눌러 접으세요.
5
펼쳐 눌러 접으세요.
나팔꽃 완성
3
가위로 자르고
펼쳐 눌러 접으세요.
수국 완성
패랭이 완성
5
잎사귀 완성
1
2
3
4
계단접기하세요.

7 전승작품 창포꽃, 초롱꽃

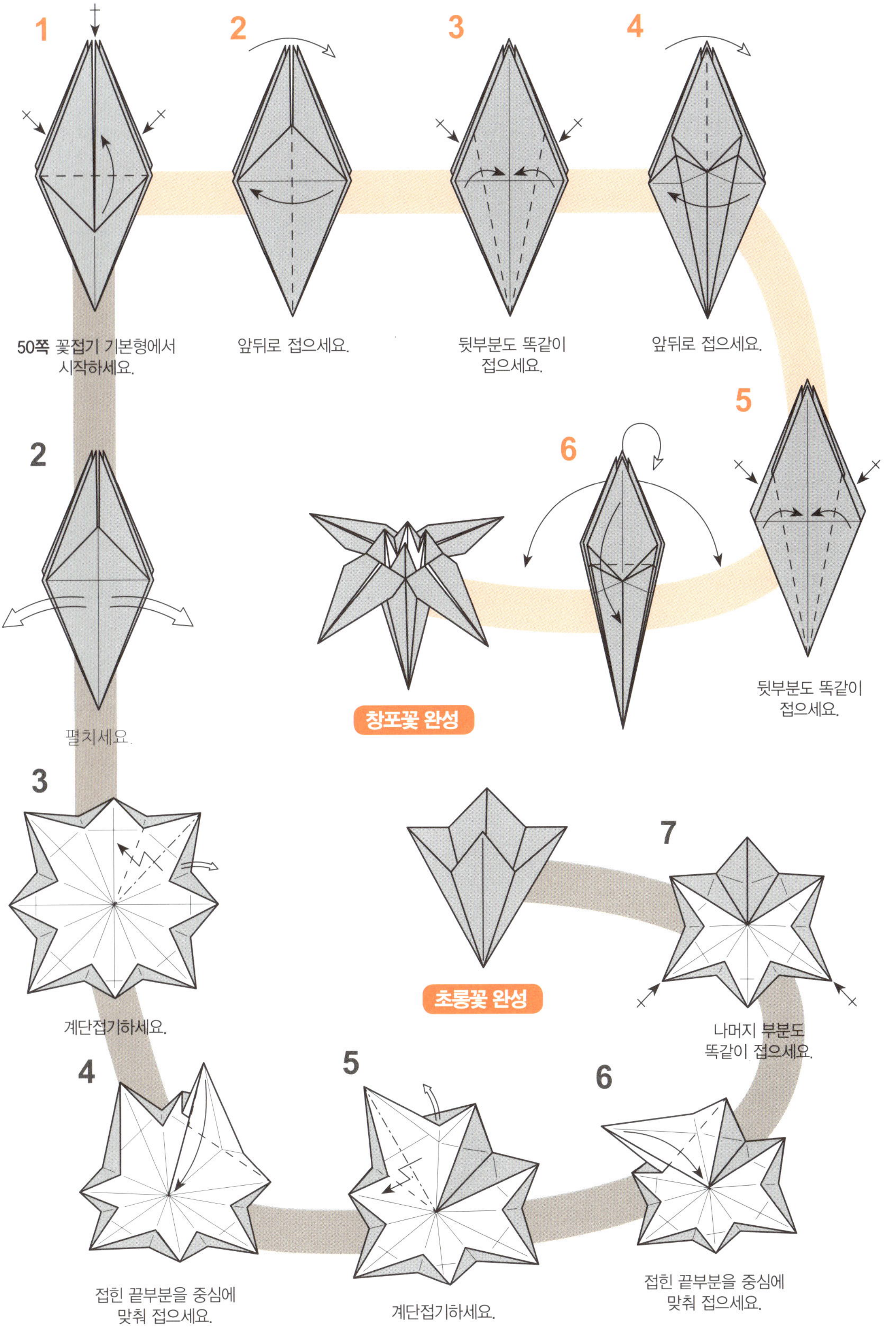
1
50쪽 꽃접기 기본형에서
시작하세요.
2
앞뒤로 접으세요.
3
뒷부분도 똑같이
접으세요.
4
앞뒤로 접으세요.
5
뒷부분도 똑같이
접으세요.
6
창포꽃 완성
2
펼치세요.
3
계단접기하세요.
4
접힌 끝부분을 중심에
맞춰 접으세요.
5
계단접기하세요.
6
접힌 끝부분을 중심에
맞춰 접으세요.
7
나머지 부분도
똑같이 접으세요.
초롱꽃 완성

연꽃

작자미상

꽃받침

1

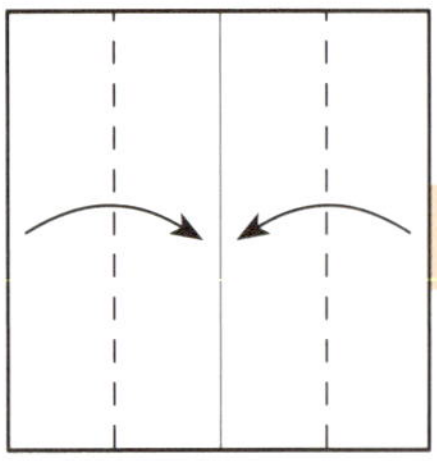

중심선에 맞춰 접은 다음
뒤집으세요.

2

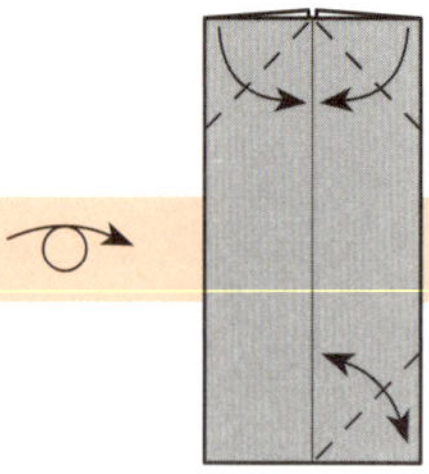

3

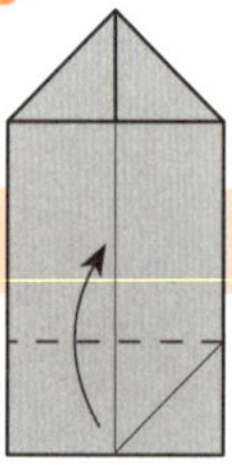

4

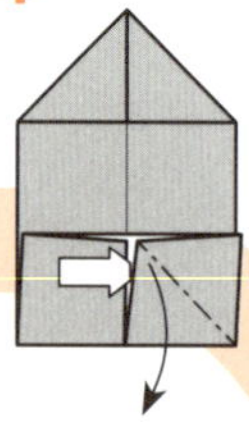

펼쳐 눌러 접으세요.

5

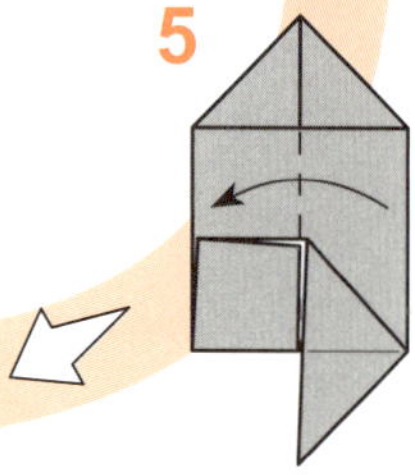

6

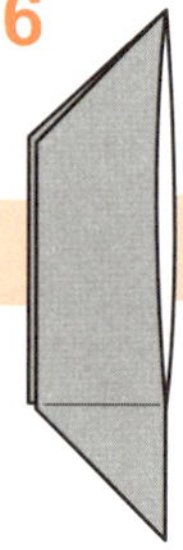

8개를 만드세요.

7

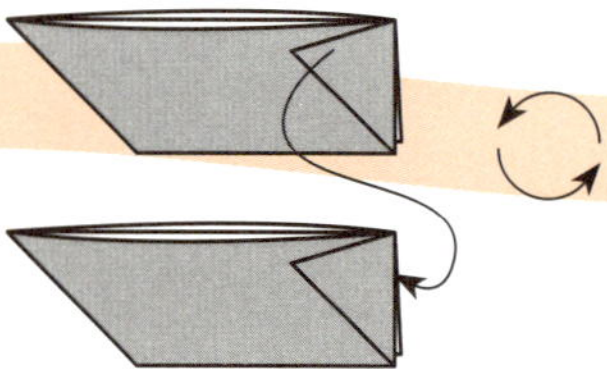

풀칠하여 끼워넣으세요.

8

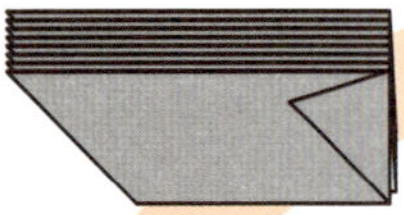

다음 단계처럼 둥글게 펼치고
마지막을 풀칠하여 끼워넣으세요.

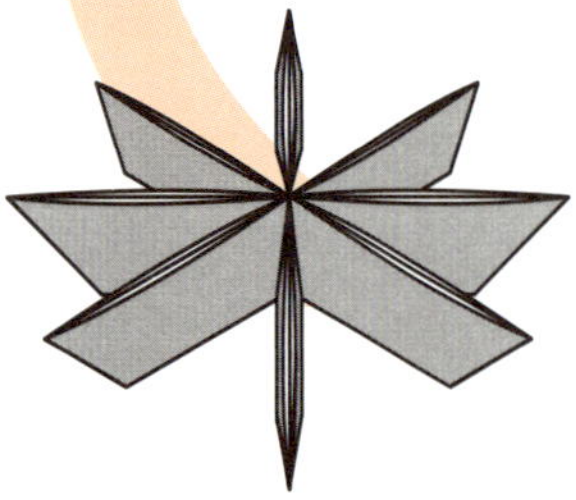

꽃받침 완성

1

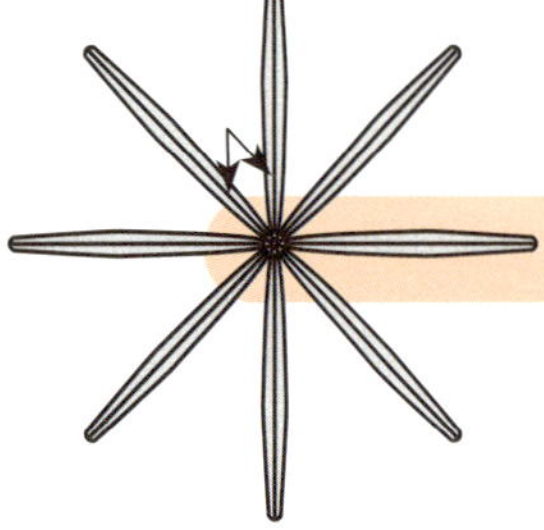

꽃잎 아래쪽을 풀칠하여
사이에 끼워넣으세요.

2

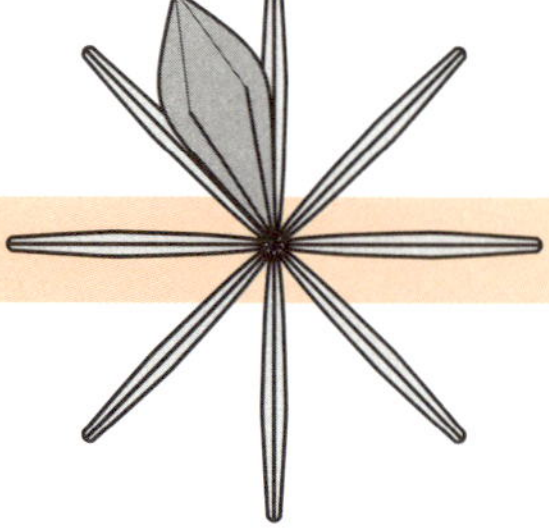

3

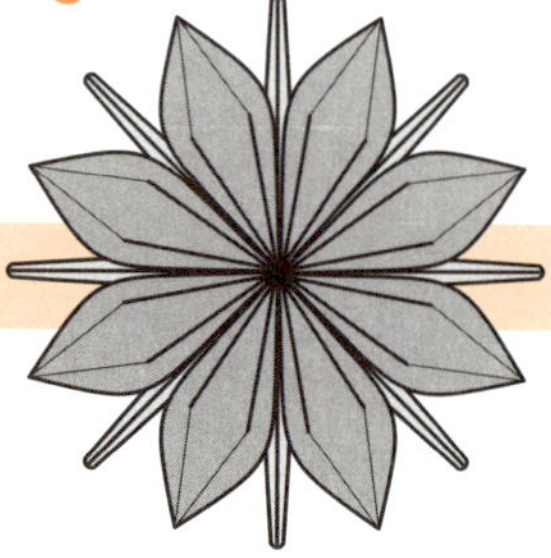

같은 방법으로 꽃잎 사이에
2단 꽃잎을 풀칠하여 끼워넣으세요.

꽃잎

1

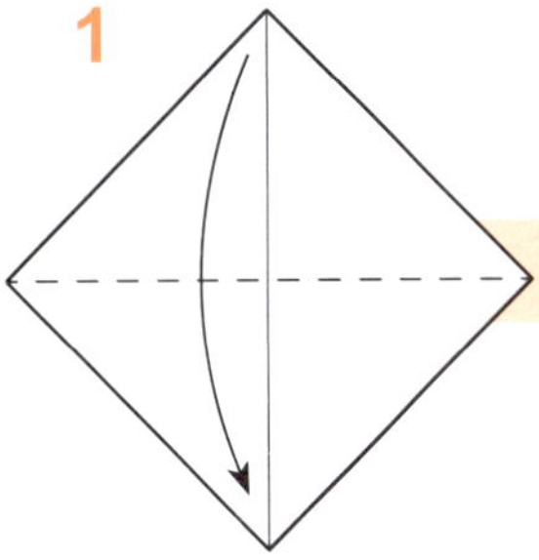

반으로 접으세요.

2

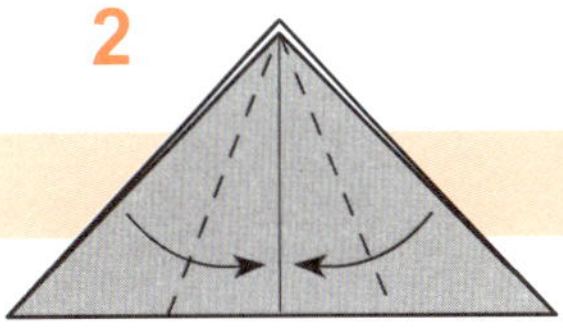

중심선에 맞춰 접으세요.

3

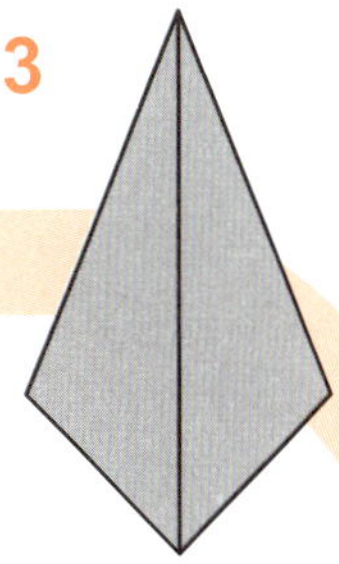

뒤집으세요.

4

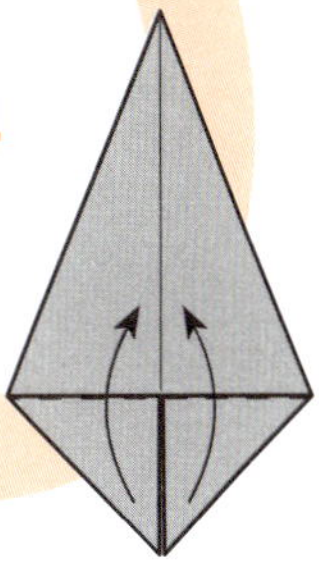

5

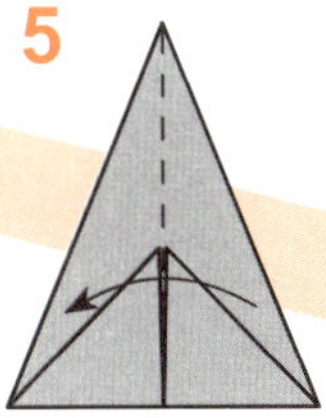

6

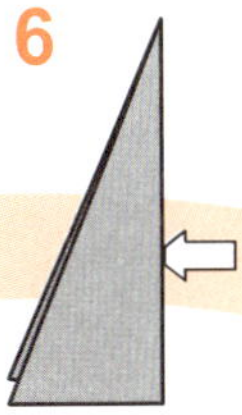

안쪽에 손가락을 넣어
입체로 만드세요.

7

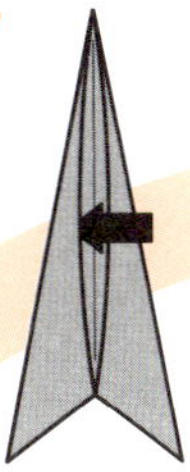

8

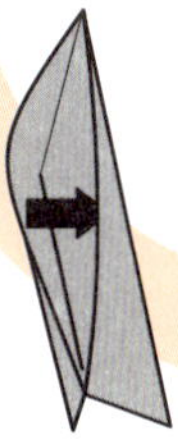

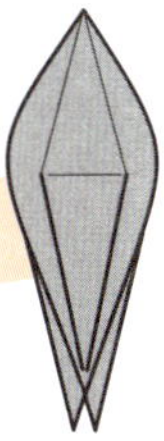

꽃잎 완성

4

같은 방법으로 꽃잎 사이에
3단 꽃잎을 풀칠하여 끼워넣으세요.

5

꽃받침을 약간 벌려주세요.

완성

잉어, 고래

전승작품

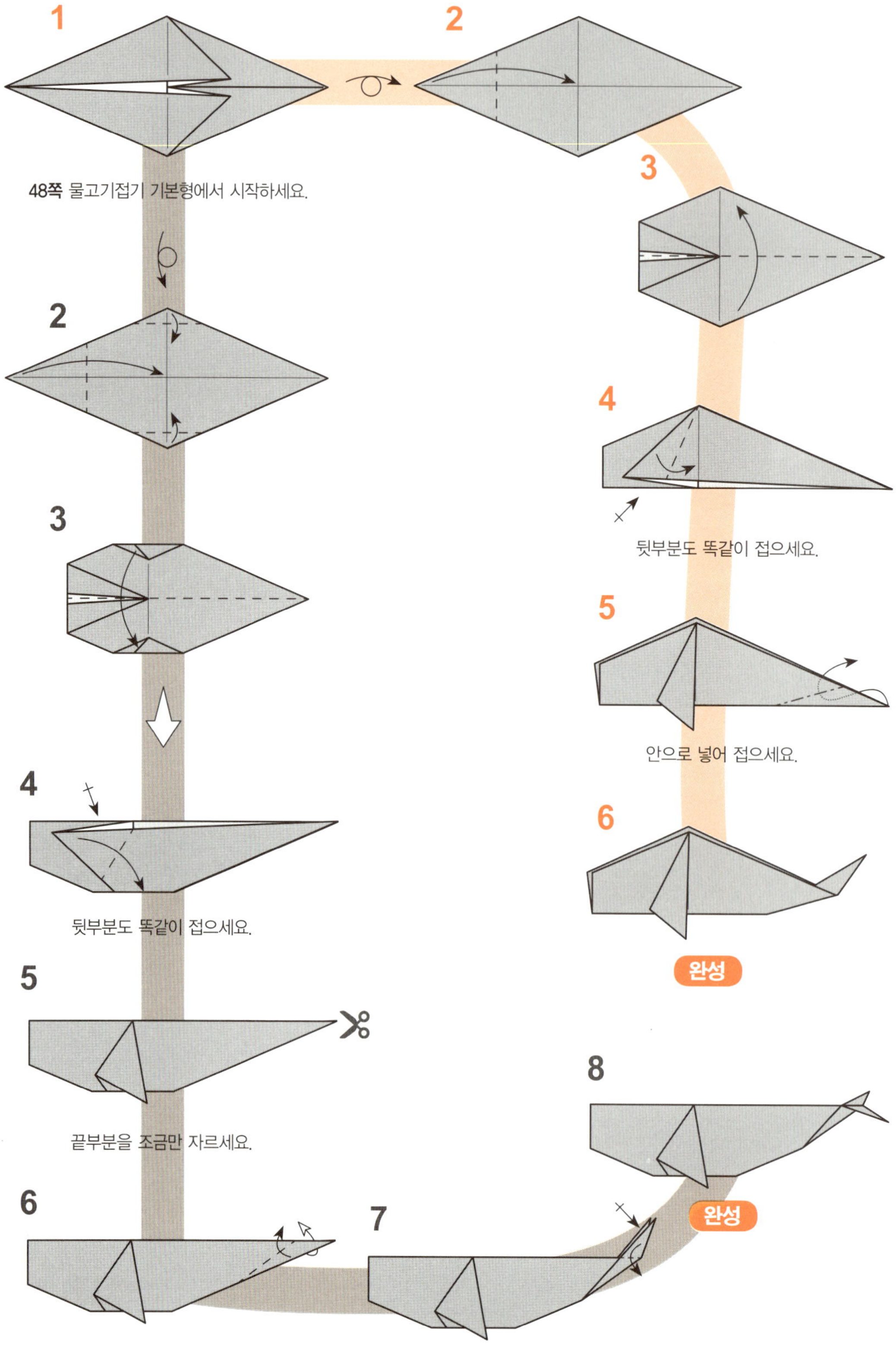

1

48쪽 물고기접기 기본형에서 시작하세요.

2

2

3

4

뒷부분도 똑같이 접으세요.

5

끝부분을 조금만 자르세요.

6

7

3

4

뒷부분도 똑같이 접으세요.

5

안으로 넣어 접으세요.

6

완성

8

완성

전승작품 **팔짝 뛰는 개구리**

1

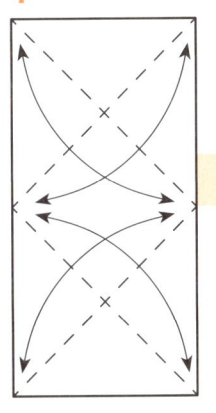

1:2 비율의 종이로 접으세요.
접었다가 다시 펼치세요.

2

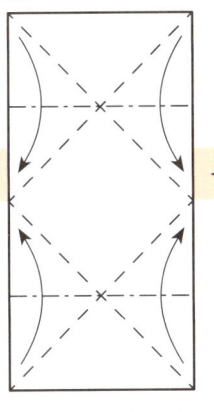

삼각주머니접기 하세요.

3

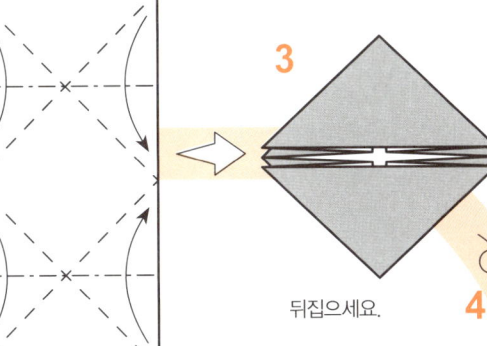

뒤집으세요.

4

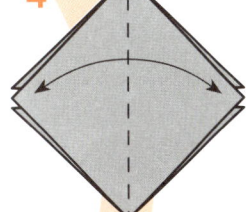

5

중신선에 맞춰 접으세요.

6

7

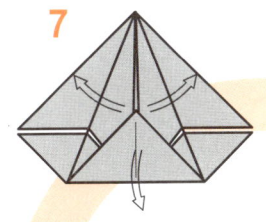

다시 펼치세요.

8

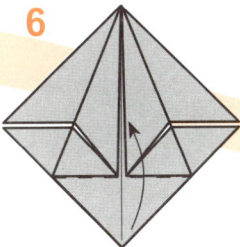

9

안으로 끼워넣으세요.

10

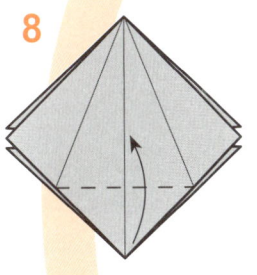

뒤집으세요.

11

12

13

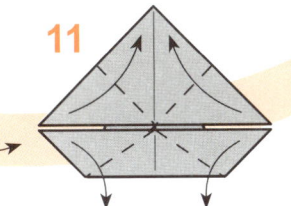

계단접기하세요.

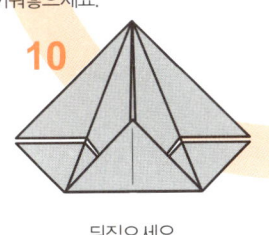

완성

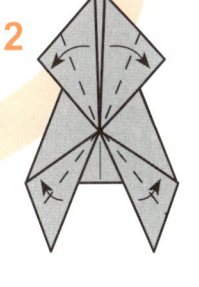

학

전승작품

10

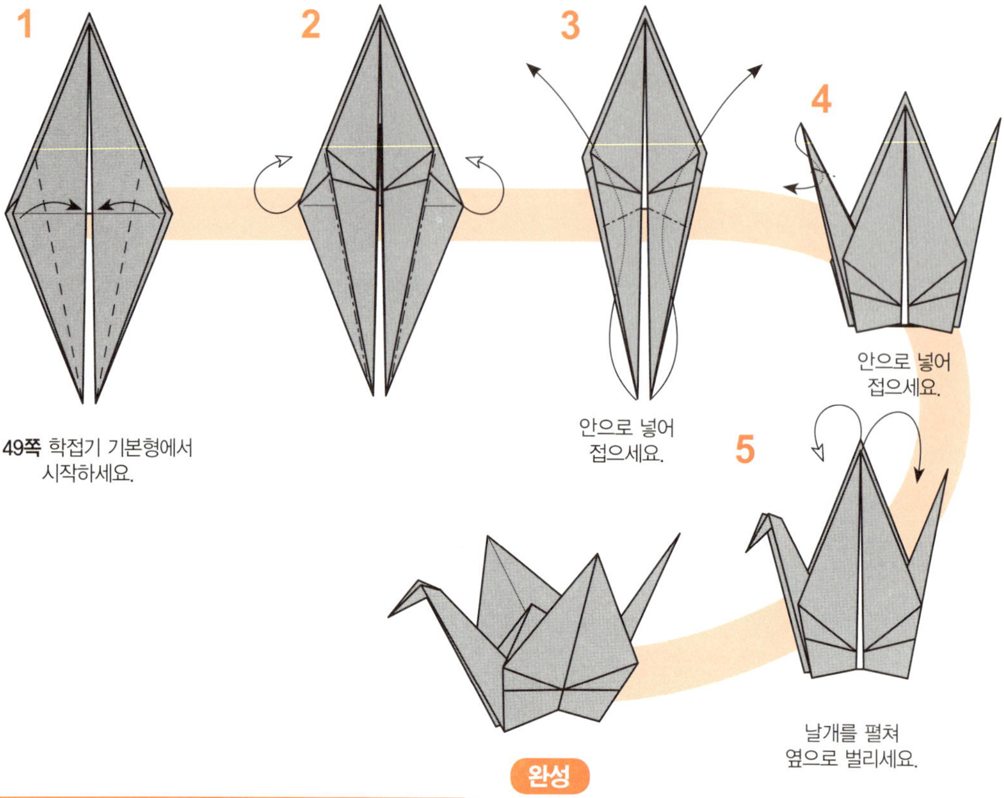

1
49쪽 학접기 기본형에서
시작하세요.
2
3
안으로 넣어
접으세요.
4
안으로 넣어
접으세요.
5
날개를 펼쳐
옆으로 벌리세요.
완성

날개짓하는 학

전승작품

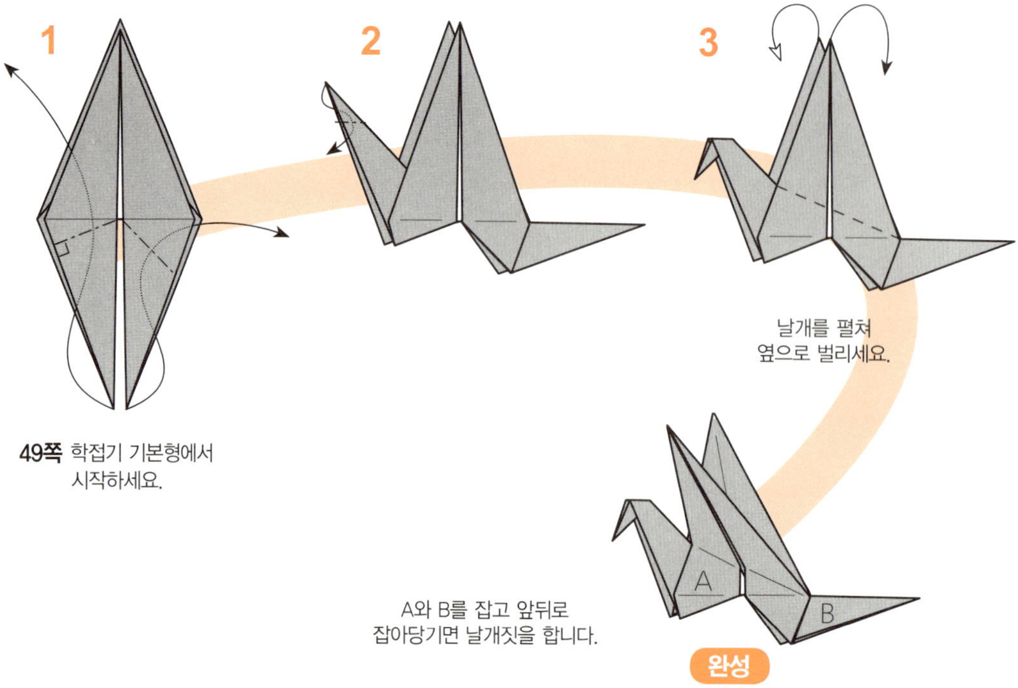

1
49쪽 학접기 기본형에서
시작하세요.
2
3
날개를 펼쳐
옆으로 벌리세요.
A
B
A와 B를 잡고 앞뒤로
잡아당기면 날개짓을 합니다.
완성

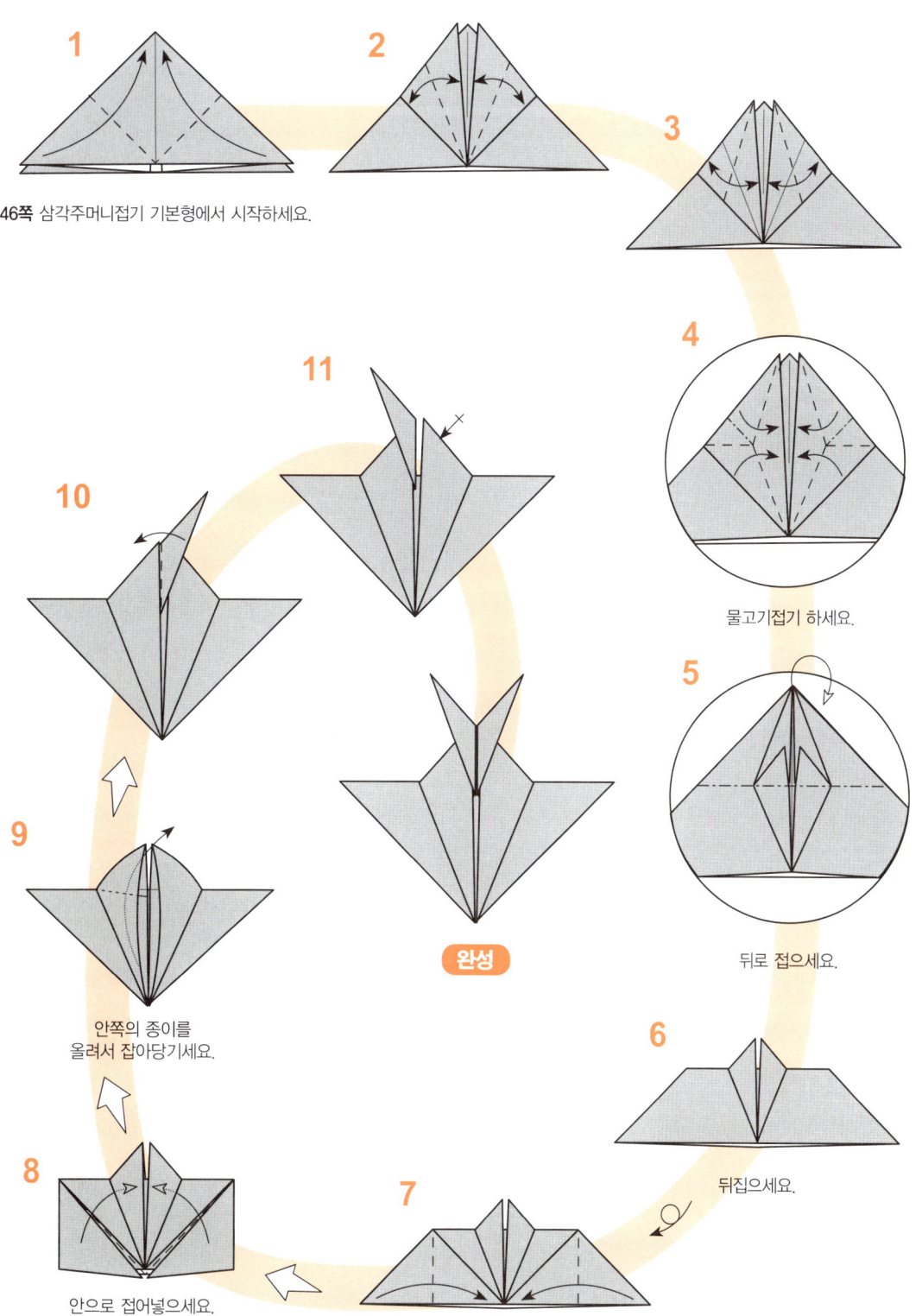

1

46쪽 삼각주머니접기 기본형에서 시작하세요.

2

3

4

물고기접기 하세요.

5

뒤로 접으세요.

6

뒤집으세요.

7

8

안으로 접어넣으세요.

9

안쪽의 종이를
올려서 잡아당기세요.

10

11

완성

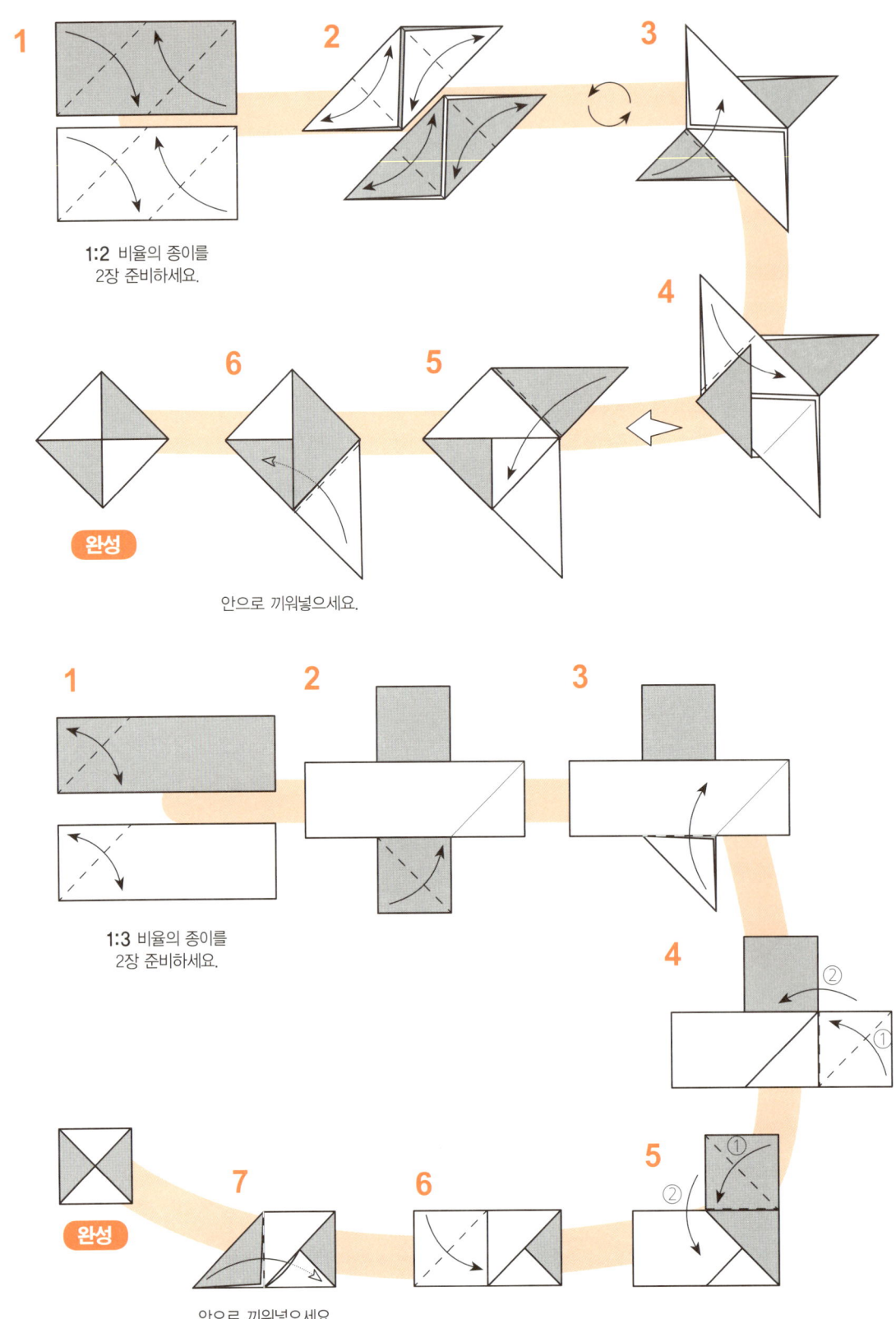

1:2 비율의 종이를
2장 준비하세요.

안으로 끼워넣으세요.

완성

1:3 비율의 종이를
2장 준비하세요.

안으로 끼워넣으세요.

완성

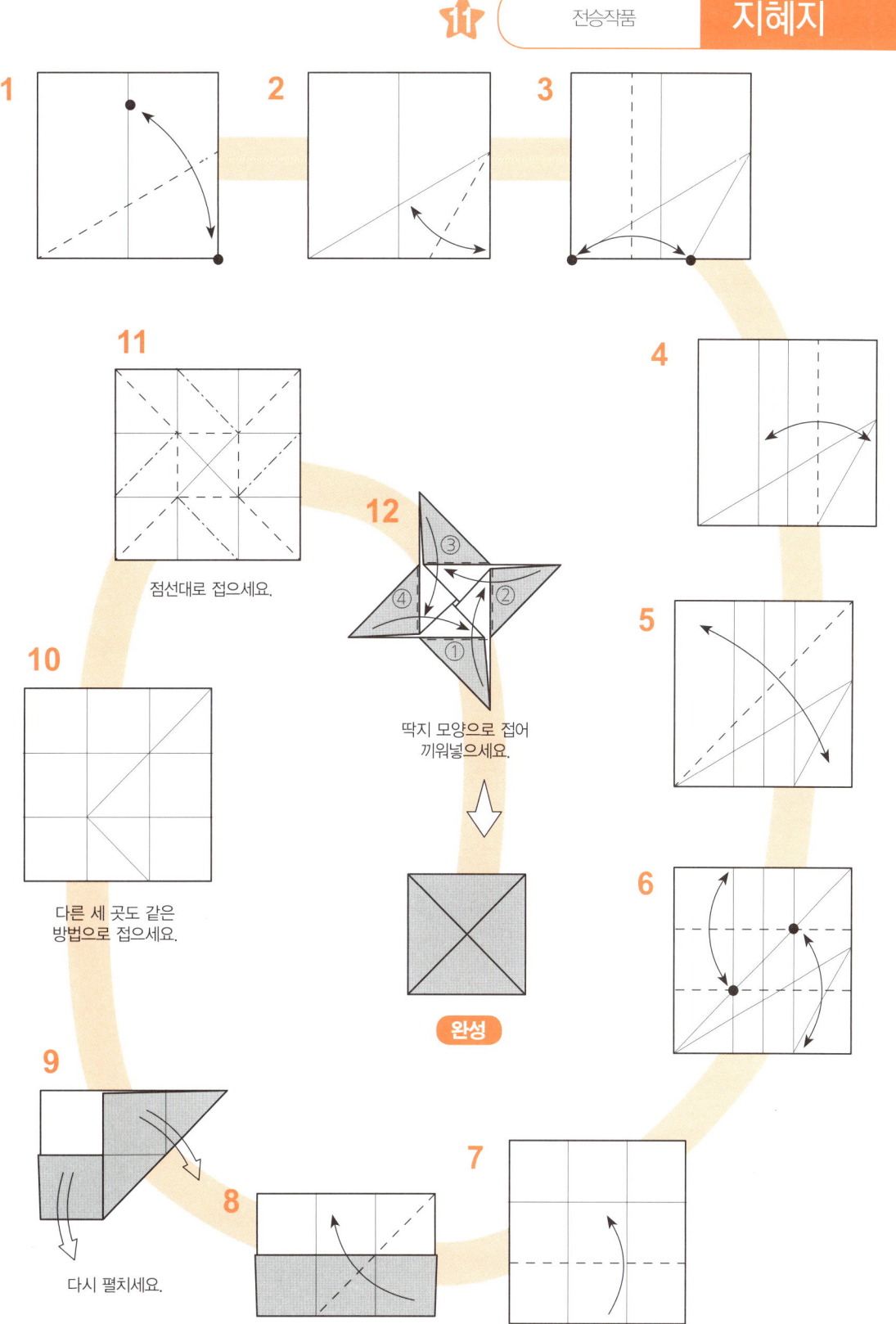

1

2

3

4

5

6

7

8

9 다시 펼치세요.

10 다른 세 곳도 같은
방법으로 접으세요.

11 점선대로 접으세요.

12 딱지 모양으로 접어
끼워넣으세요.

완성

보물선 　전승작품

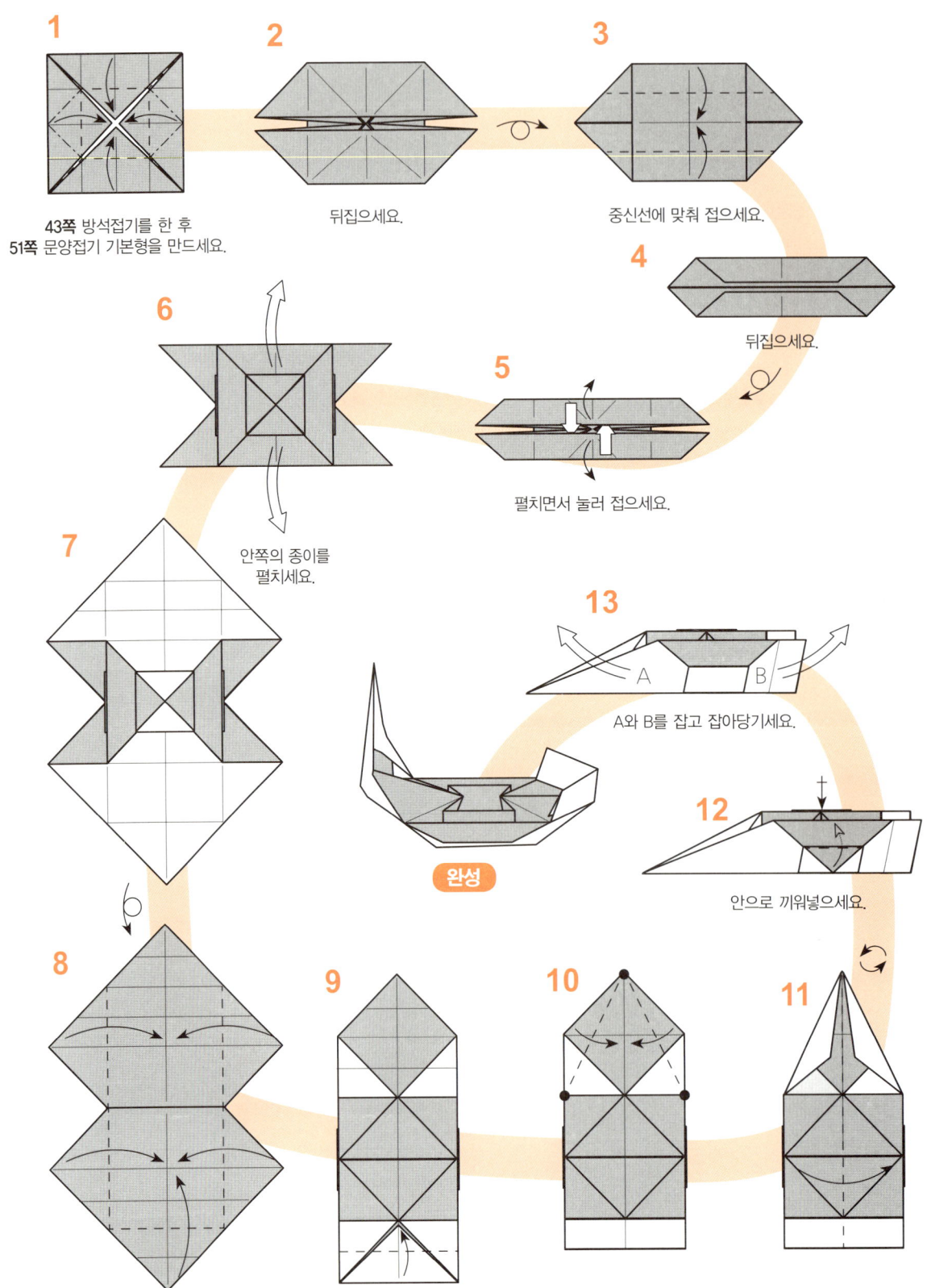

1
43쪽 방석접기를 한 후
51쪽 문양접기 기본형을 만드세요.

2
뒤집으세요.

3
중신선에 맞춰 접으세요.

4
뒤집으세요.

5
펼치면서 눌러 접으세요.

6
안쪽의 종이를
펼치세요.

7

8

9

10

11

12
안으로 끼워넣으세요.

13
A와 B를 잡고 잡아당기세요.

완성

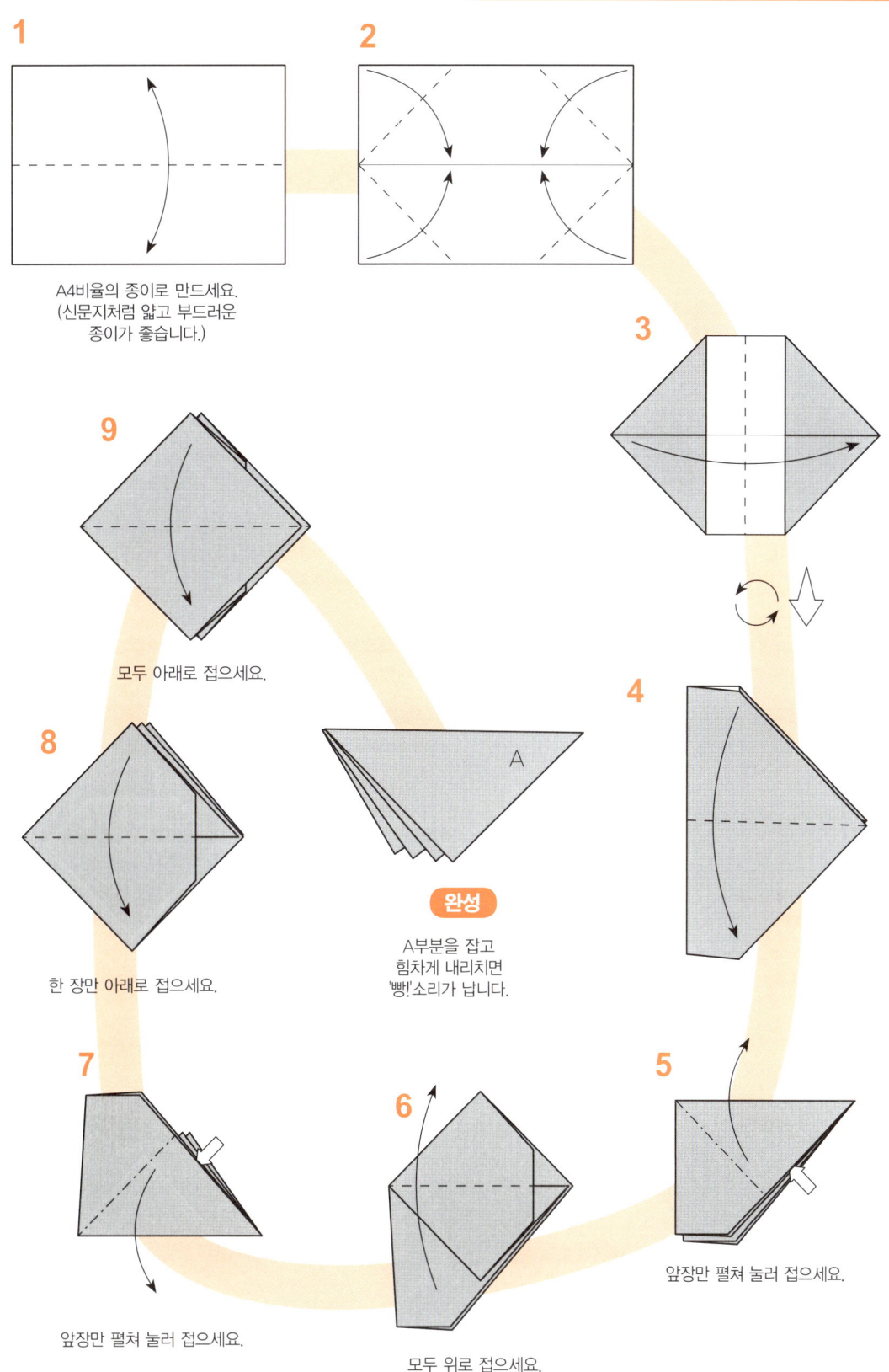

1 A4비율의 종이로 만드세요.
(신문지처럼 얇고 부드러운
종이가 좋습니다.)

2

3

4

5 앞장만 펼쳐 눌러 접으세요.

6 모두 위로 접으세요.

7 앞장만 펼쳐 눌러 접으세요.

8 한 장만 아래로 접으세요.

9 모두 아래로 접으세요.

완성
A부분을 잡고
힘차게 내리치면
'빵!'소리가 납니다.

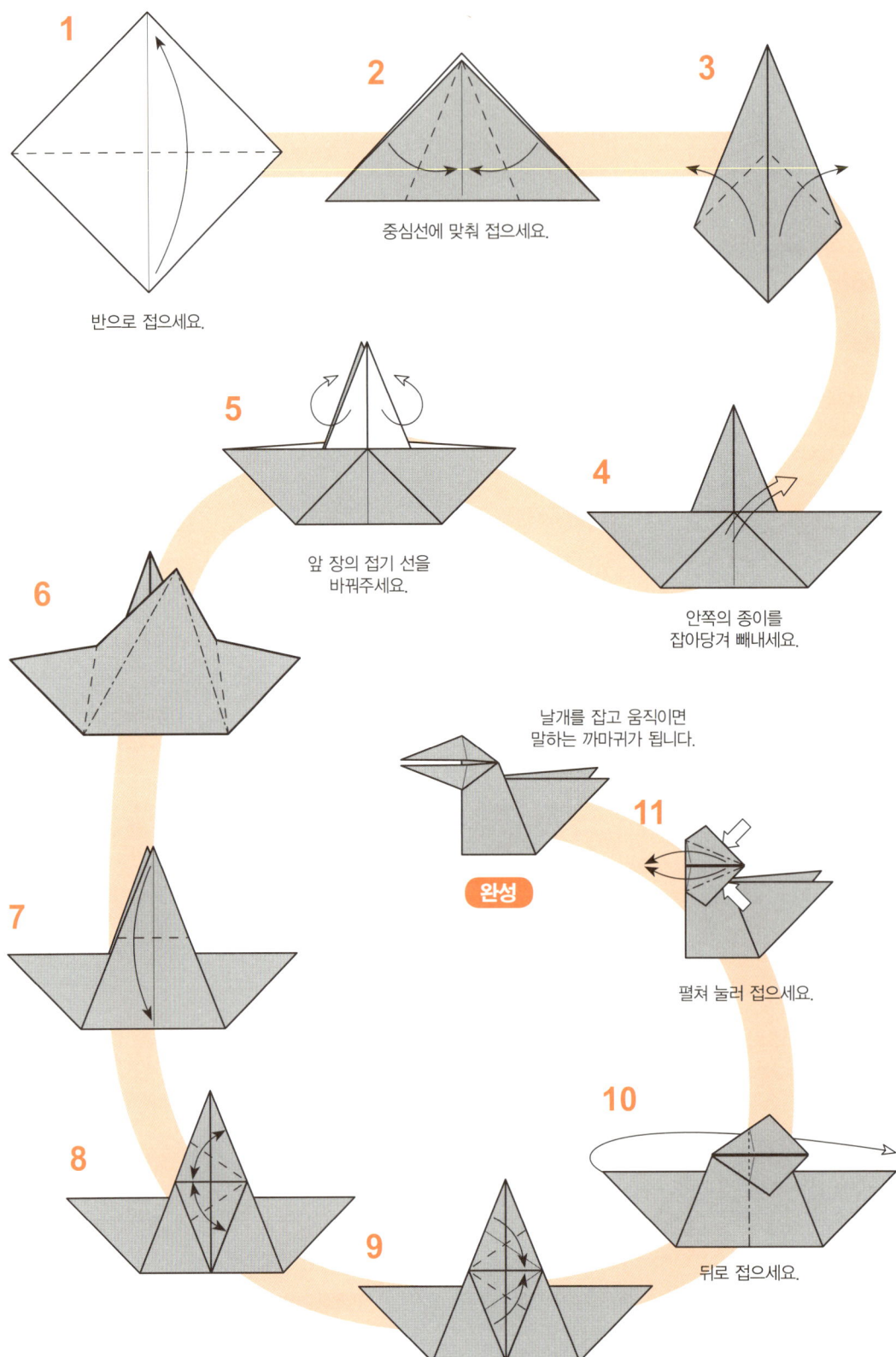

1 반으로 접으세요.

2 중심선에 맞춰 접으세요.

3

4 안쪽의 종이를 잡아당겨 빼내세요.

5 앞 장의 접기 선을 바꿔주세요.

6

7

8

9

10 뒤로 접으세요.

11 펼쳐 눌러 접으세요.

날개를 잡고 움직이면 말하는 까마귀가 됩니다.

완성

1

A4 **비율**의 종이로 만드세요.

2

3

중심선에 맞춰 접으세요.

4

5

펼쳐 눌러 접으세요.

완성

8

좌우로
잡아당기세요.

6

앞뒤 모두 위로 접으세요.

7

펼쳐 눌러 접으세요.

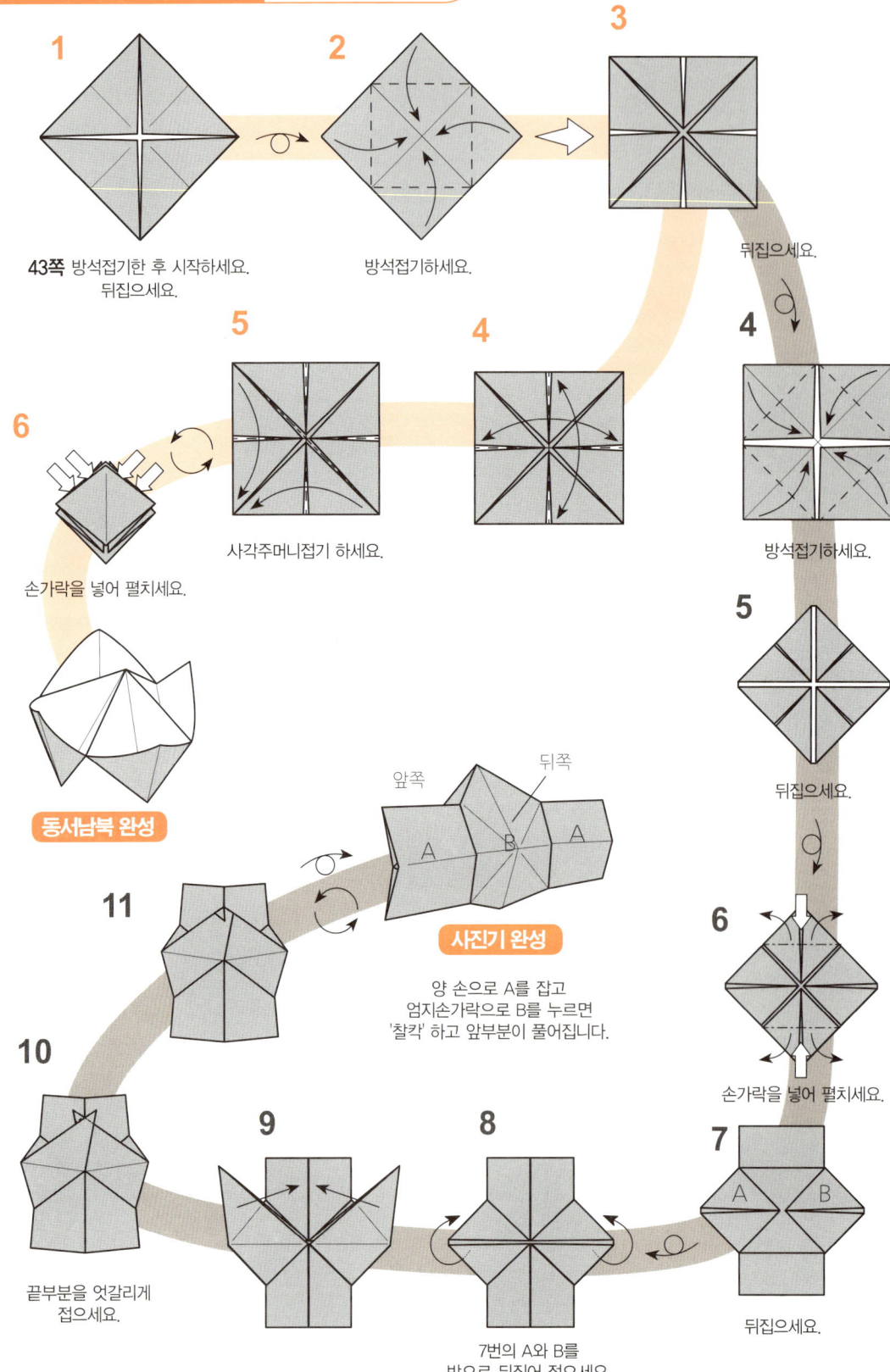

1
43쪽 방석접기한 후 시작하세요.
뒤집으세요.

2
방석접기하세요.

3
뒤집으세요.

4
방석접기하세요.

5
뒤집으세요.

6
손가락을 넣어 펼치세요.

4
방석접기하세요.

5
사각주머니접기 하세요.

6
손가락을 넣어 펼치세요.

동서남북 완성

7
뒤집으세요.

8
7번의 A와 B를
밖으로 뒤집어 접으세요.

9

10
끝부분을 엇갈리게
접으세요.

11

앞쪽   뒤쪽

A B A

사진기 완성
양 손으로 A를 잡고
엄지손가락으로 B를 누르면
'찰칵' 하고 앞부분이 풀어집니다.

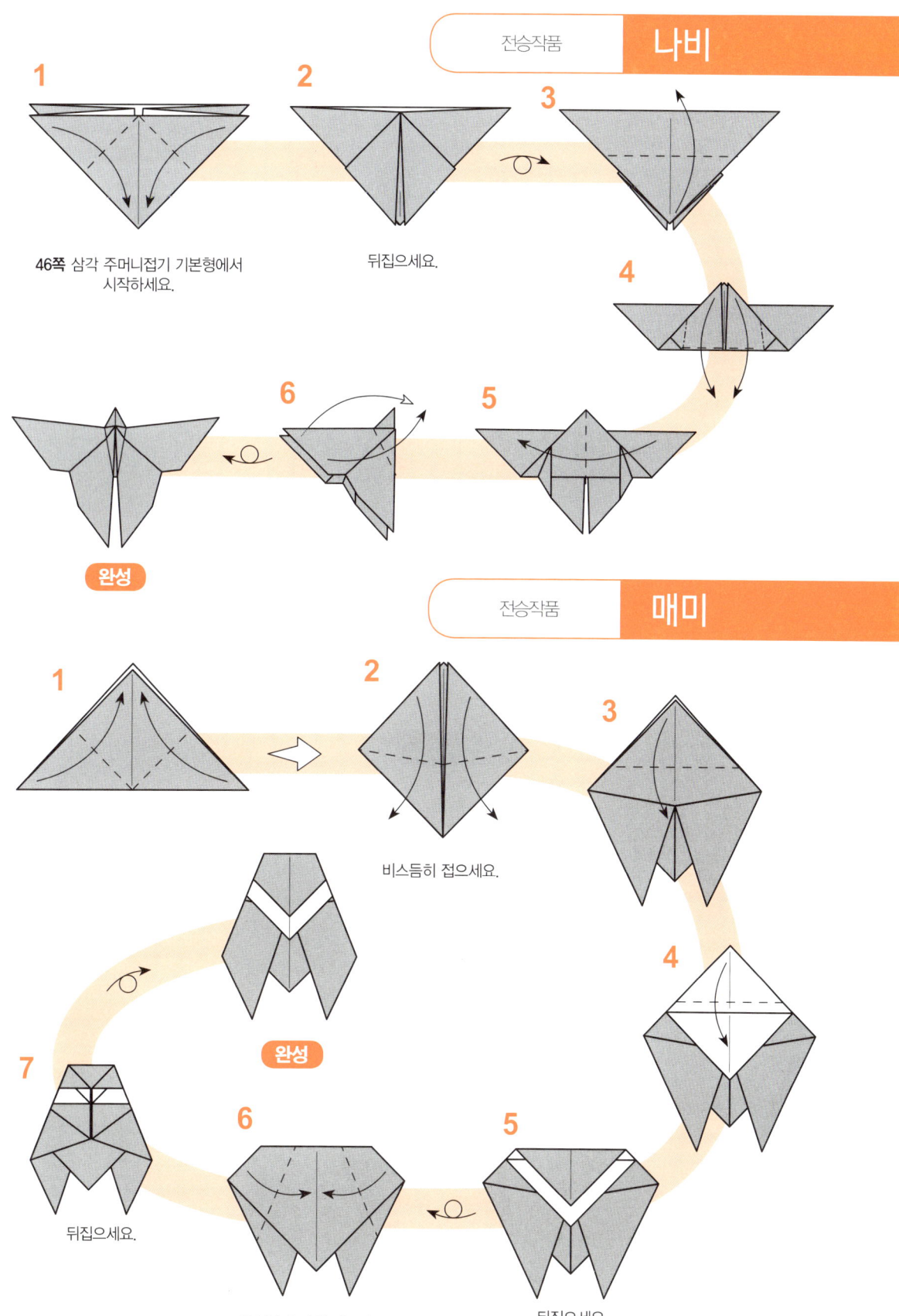

1

46쪽 삼각 주머니접기 기본형에서 시작하세요.

2

뒤집으세요.

3

4

5

6

완성

1

2

비스듬히 접으세요.

3

4

5

뒤집으세요.

6

중심선에 맞춰 접으세요.

7

뒤집으세요.

완성

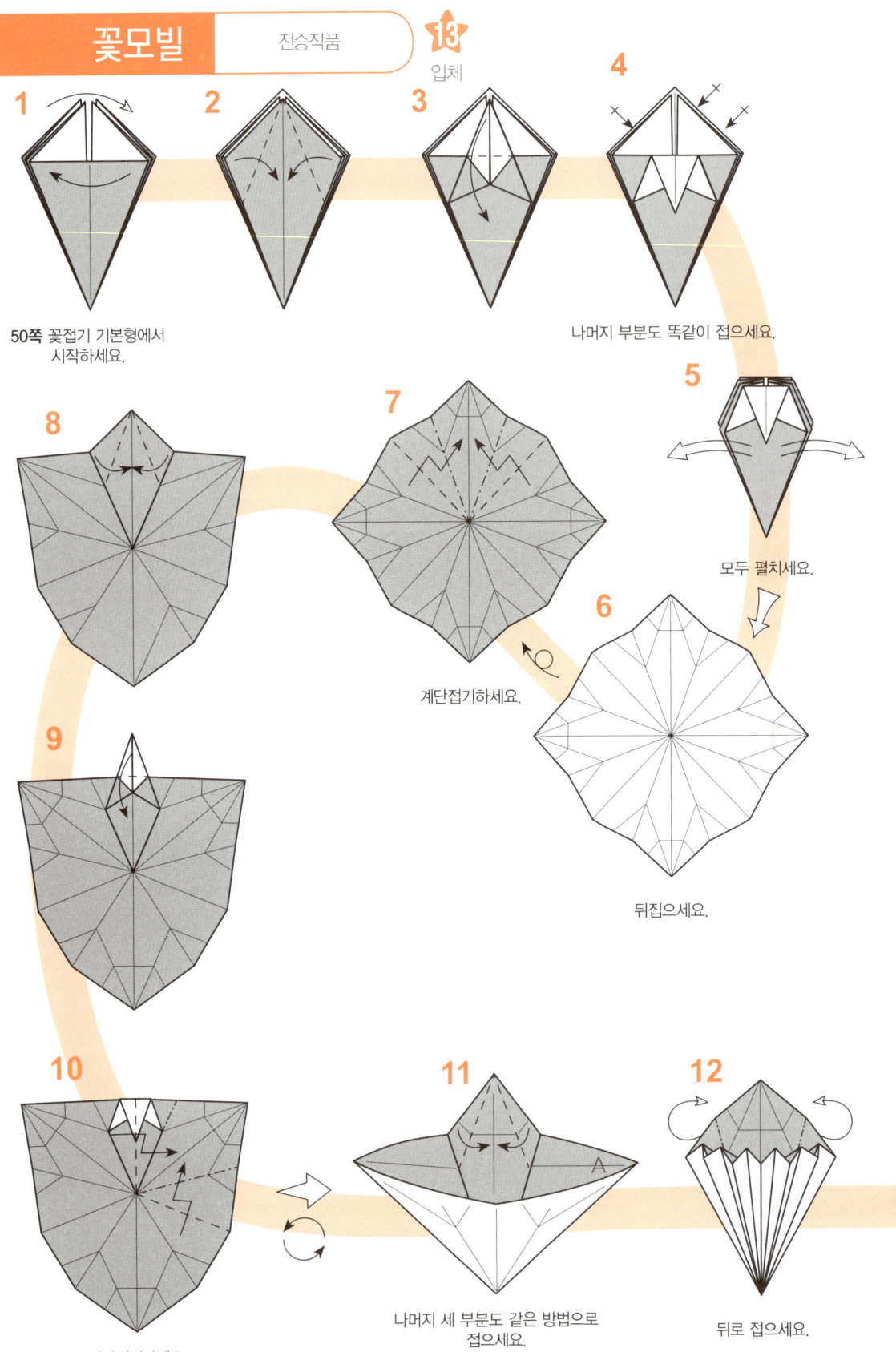

1 50쪽 꽃접기 기본형에서 시작하세요.

2

3

4 나머지 부분도 똑같이 접으세요.

5 모두 펼치세요.

6 뒤집으세요.

7 계단접기하세요.

8

9

10 계단접기하세요.

11 나머지 세 부분도 같은 방법으로 접으세요.

12 뒤로 접으세요.

돛단배

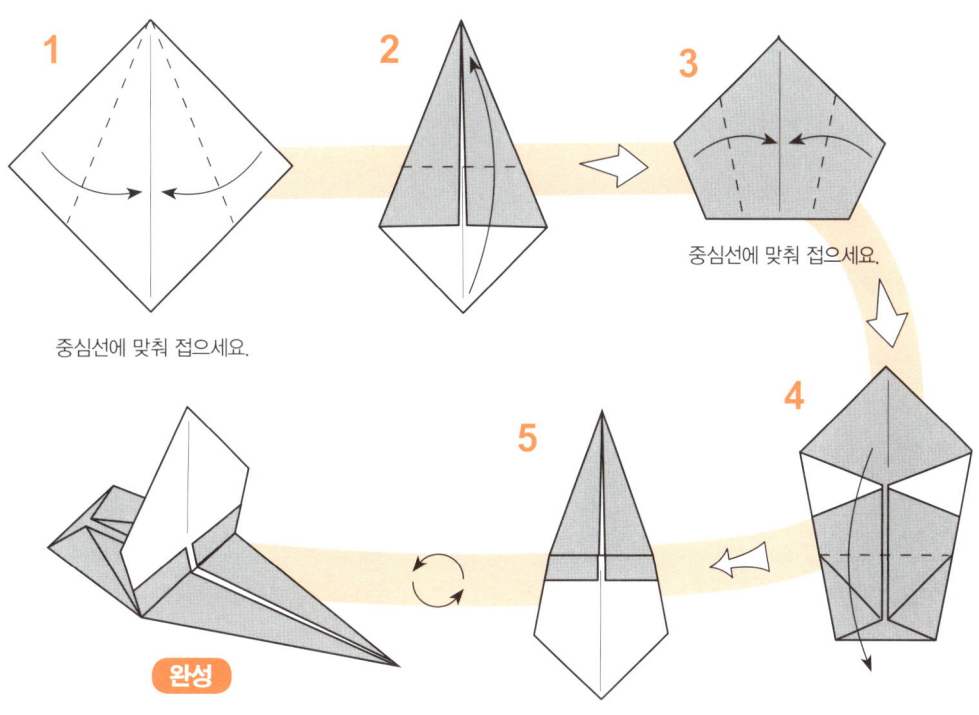

1

중심선에 맞춰 접으세요.

2

3

중심선에 맞춰 접으세요.

4

5

완성

돛을 직각으로 세우고
입으로 바람을 불면
미끄러지듯이 앞으로 나갑니다.

똑같은 모양을
22개 만들어
연결하세요.

완성

13

14

중심선에 맞춰
접으세요.

아래로 접으세요.

* 같은 모양을 22개 만들어 실로 꿰면 반구가,
  44개 만들어 실로 꿰면 구가 됩니다.
* ⑨번을 접지 않으면 뾰족한 모양의 꽃모빌을
  만들 수 있어요.

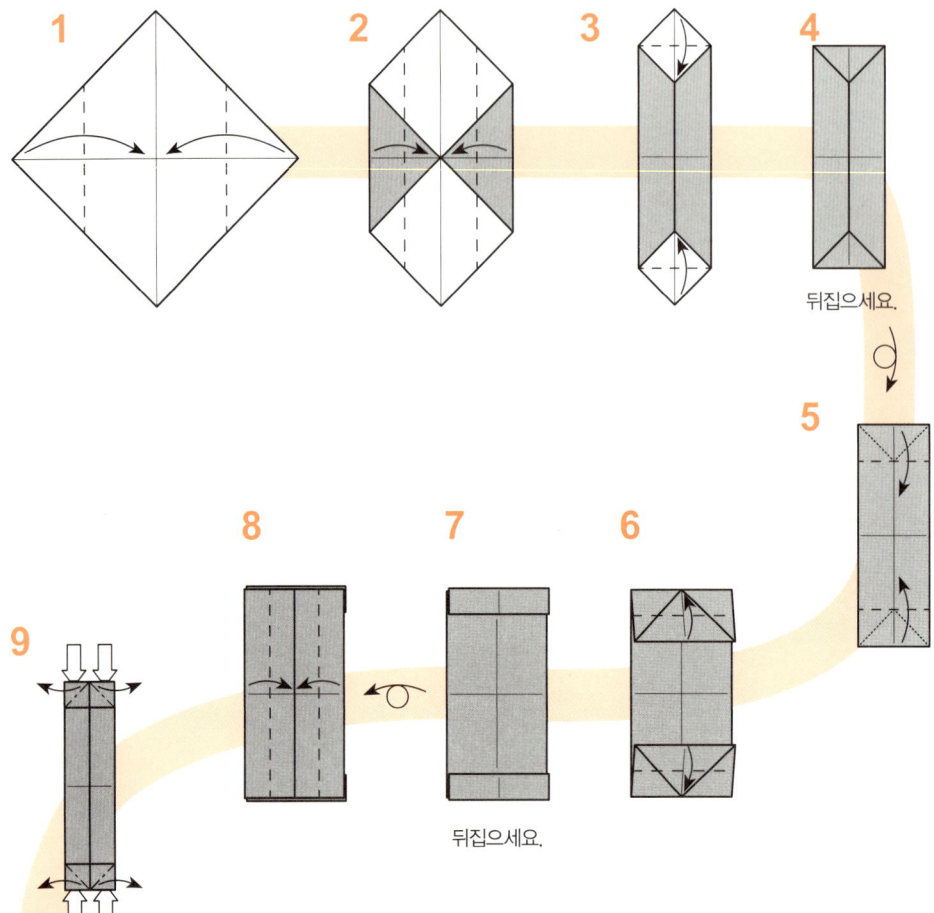

뒤집으세요.

뒤집으세요.

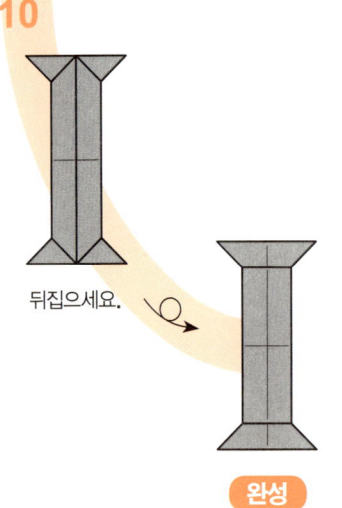

뒤집으세요.

완성

'한지를 **함**函 모양으로 접고, 그 가운데 빈 곳에 신위를 써서 세워 모시는 **지방**紙榜은, 후손들이 선조의 제사나 차례를 모실 때 꼭 접을 줄 알아야 할 예절이었습니다. 이 지방 접기는 할아버지가 아버지로, 아버지가 아들에게로 **전수**傳授라는 방법으로 대대로 이어 가르쳐 내려오고 있는, 우리나라 전통 민속의 하나이며 우리나라 종이접기의 기원으로 보여집니다.'

위는 인터넷에 널리 퍼져 인용되고 있는 '**지방 접기의 종이접기 기원설**'인데, 이는 사실과 다릅니다. 전통 예법에 있어 종이접기로 지방을 만들어 사용하는 경우는 없으며, 양반가에 대대로 가르쳐 내려오지도 않습니다.

이 지방 접기는 49재齋, **천도재**薦度齋와 같은 불교 의식에 사용되었습니다. 가정이 아니라 절에서 올리는 것이고, 유교식처럼 매년 제사를 지내는 것이 아니기 때문에 지방을 접는 방법은 일반인들에게 전해지지 않았습니다.

생각이 활짝, 창의력 쑥쑥!

교육종이접기 3

Educational

교육 현장에서 널리 사용되는 인기 있는 종이
접기들을 모았습니다. 종이접기의 기본 원칙에
얽매이지 않고 다양한 크기와 형태의 종이들로
각각을 만들어 붙이고 꾸며 완성함으로써 교육
적 효과뿐 아니라 창의적인 디자인 능력을 계
발시켜 줍니다.

앵무새, 강아지 얼굴

전승, 변형

14

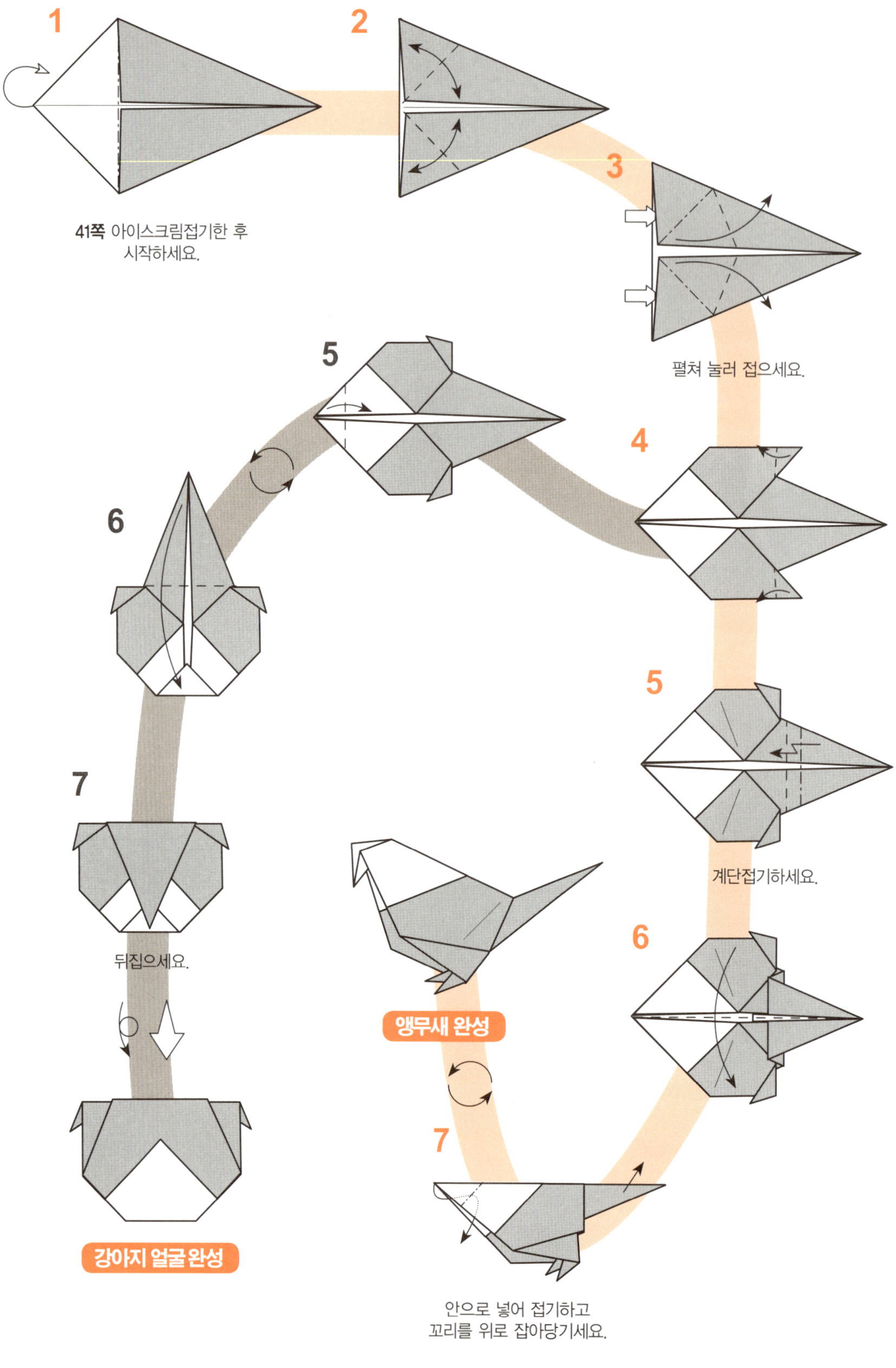

1
41쪽 아이스크림접기한 후
시작하세요.
2
3
펼쳐 눌러 접으세요.
4
5
계단접기하세요.
6
7
안으로 넣어 접기하고
꼬리를 위로 잡아당기세요.
앵무새 완성
5
6
7
뒤집으세요.
강아지 얼굴 완성

여우, 메뚜기, 비둘기, 참새

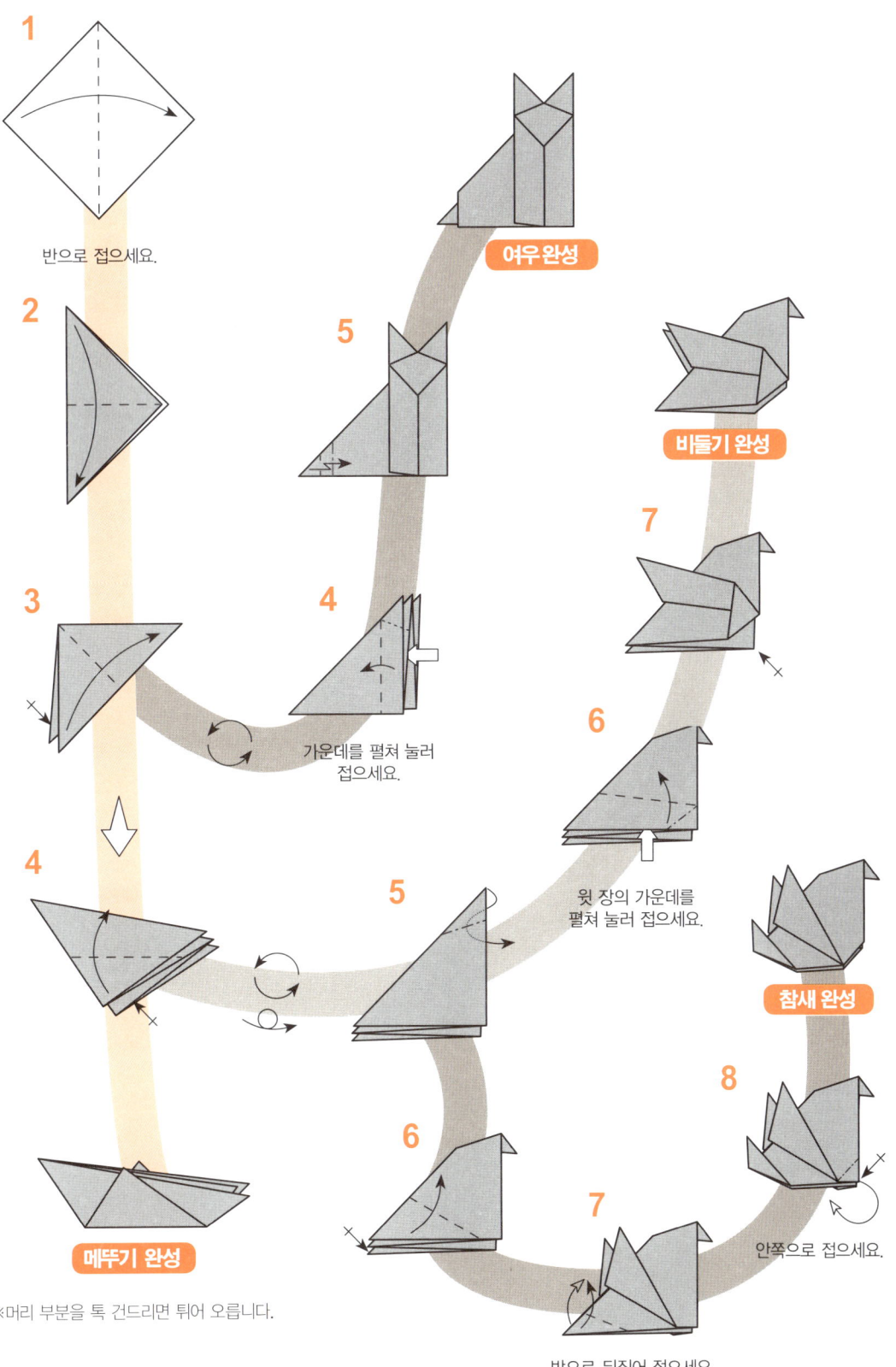

1
반으로 접으세요.

2

3

4

4

메뚜기 완성

※머리 부분을 톡 건드리면 튀어 오릅니다.

5

4
가운데를 펼쳐 눌러 접으세요.

여우 완성

5

6

7

6

7
밖으로 뒤집어 접으세요.

윗 장의 가운데를 펼쳐 눌러 접으세요.

비둘기 완성

참새 완성

8
안쪽으로 접으세요.

요정, 모자, 코끼리

전승작품

15

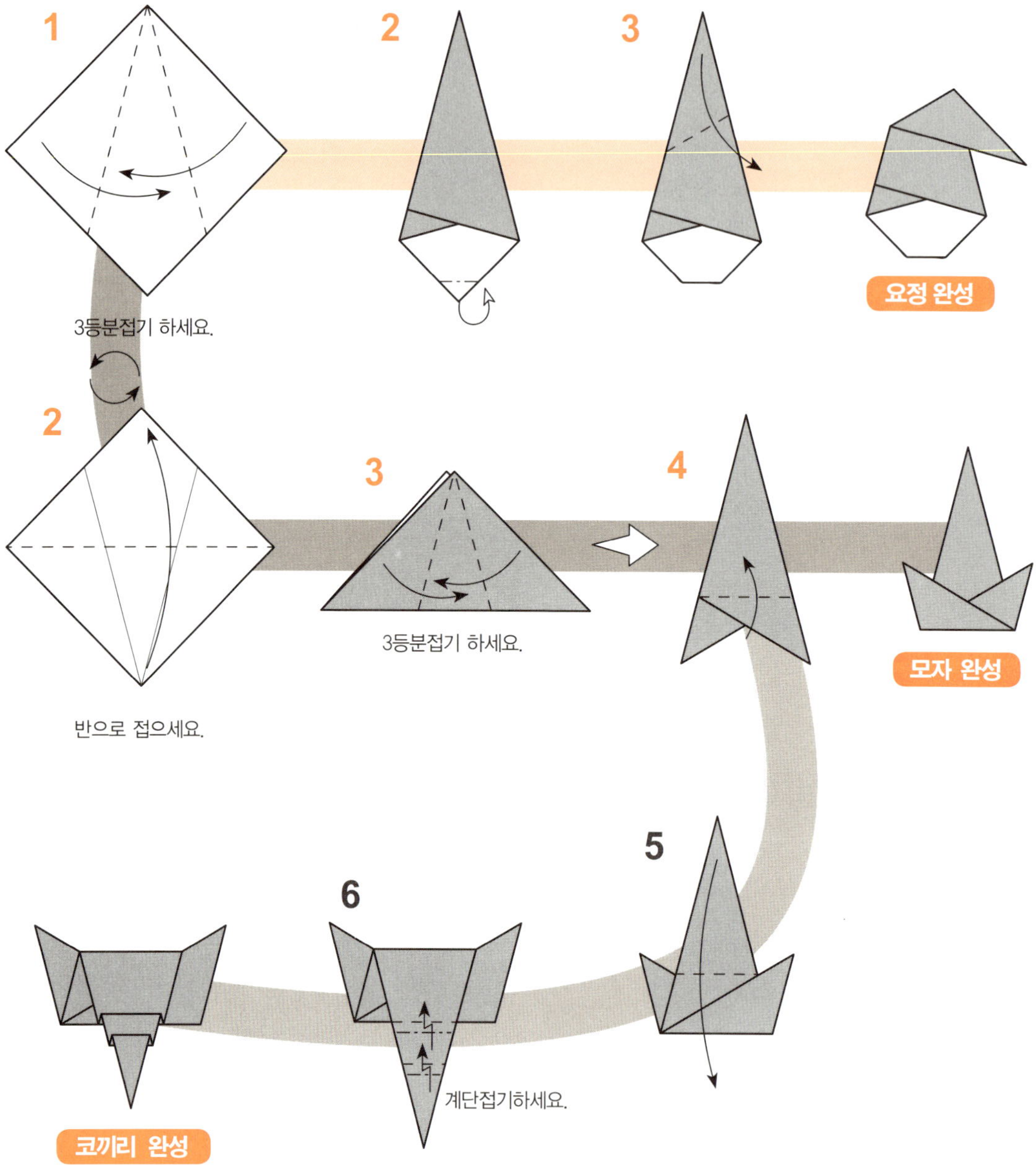
1
2
3
요정 완성
3등분접기 하세요.
2
반으로 접으세요.
3
3등분접기 하세요.
4
모자 완성
5
6
계단접기하세요.
코끼리 완성

90° 의 3등분 접기

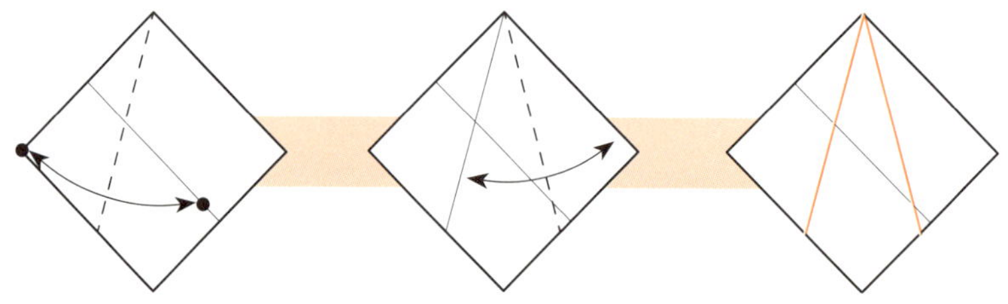

컵받침 팔각문양A, B

1

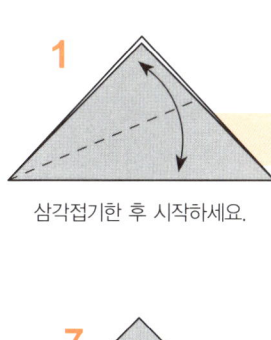

삼각접기한 후 시작하세요.

2

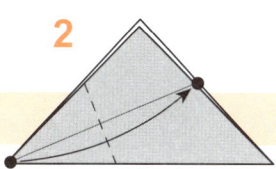

• 과 •을 맞춰 접으세요.

3

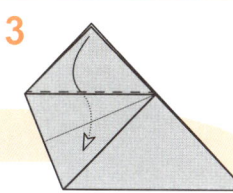

안으로 접어넣으세요.

7

뒤집으세요.

6

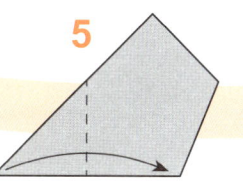

펼쳐 눌러 접으세요.

5

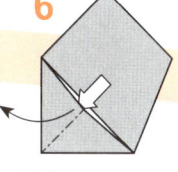

4

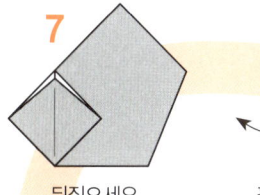

뒤집으세요.

8

9

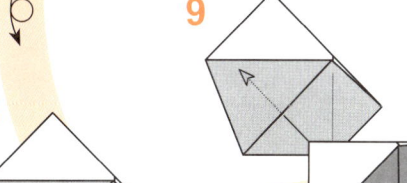

같은 모양을
8개 만드세요.

풀칠하여 끼워넣으세요.

10

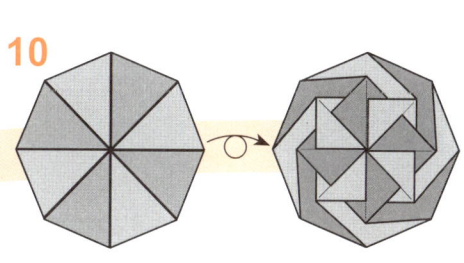

컵받침 팔각 문양A 완성

2

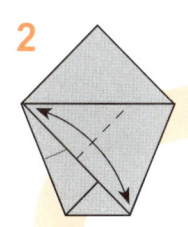

1

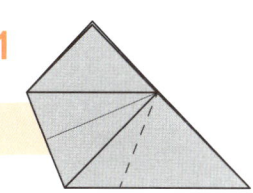

위 ④번에서 시작하세요.

컵받침 팔각 문양B 완성

6

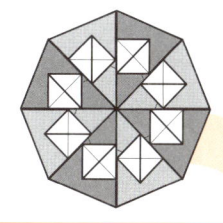

같은 모양을 8개
만들어 끼워넣으세요.

3

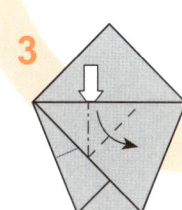

4

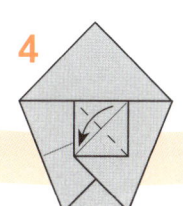

5

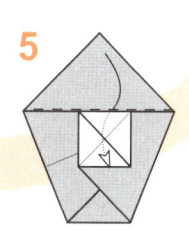

팔각문양, 팔각액자

전승작품 17

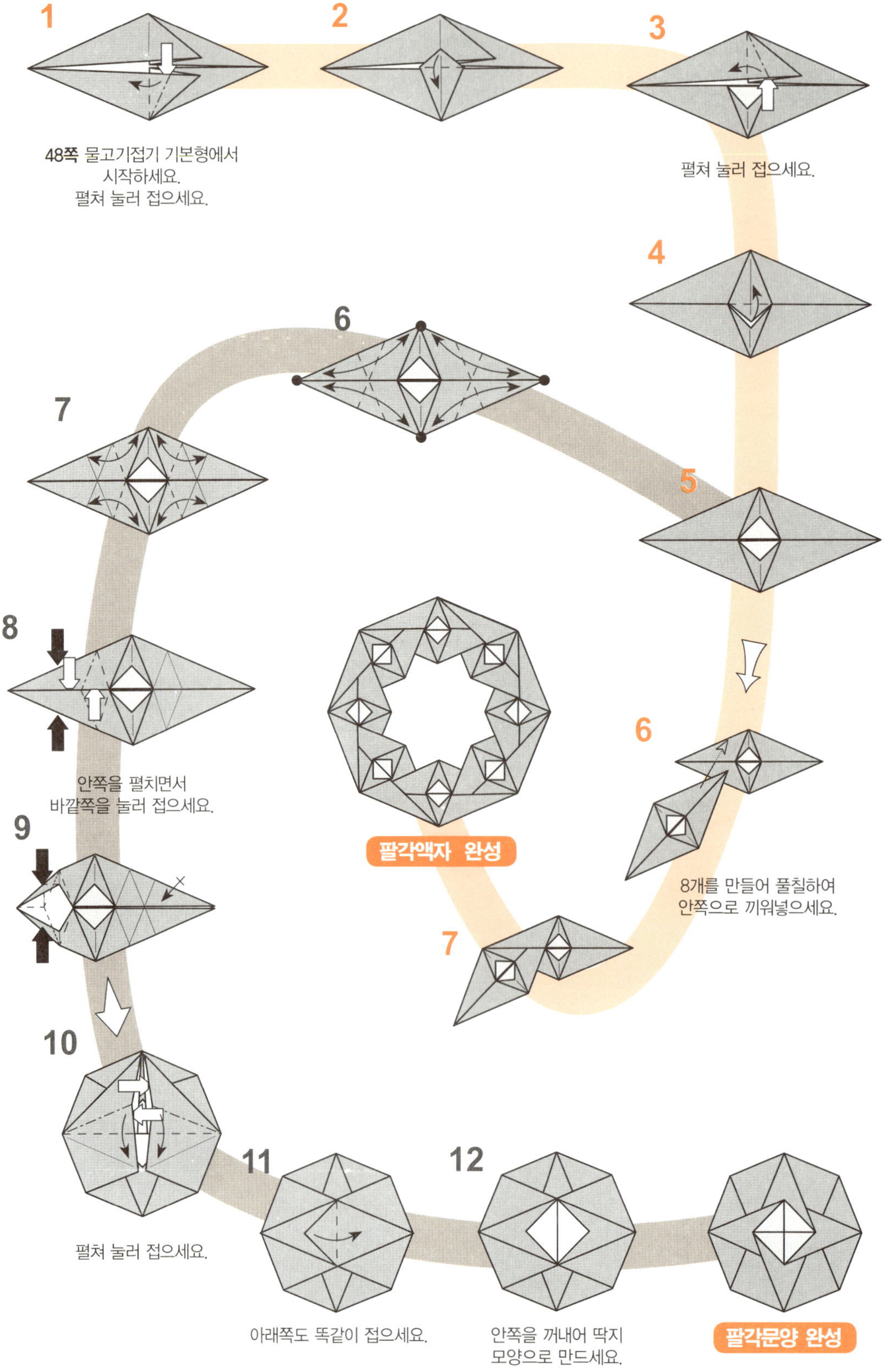

1
48쪽 물고기접기 기본형에서
시작하세요.
펼쳐 눌러 접으세요.
2
3
펼쳐 눌러 접으세요.
4
5
6
7
8
안쪽을 펼치면서
바깥쪽을 눌러 접으세요.
9
10
펼쳐 눌러 접으세요.
11
아래쪽도 똑같이 접으세요.
12
안쪽을 꺼내어 딱지
모양으로 만드세요.
팔각문양 완성
6
8개를 만들어 풀칠하여
안쪽으로 끼워넣으세요.
7
팔각액자 완성

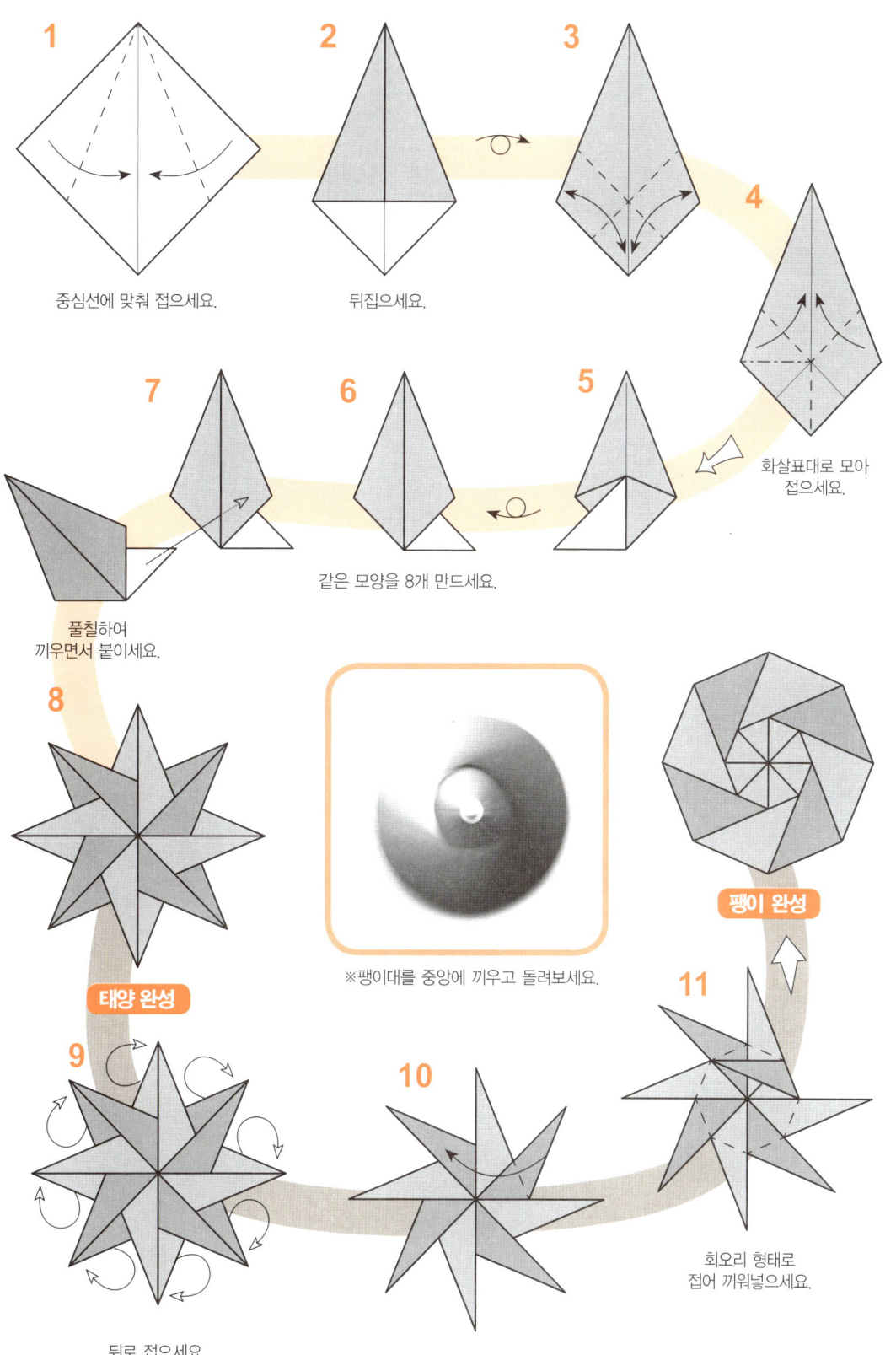

1 중심선에 맞춰 접으세요.

2 뒤집으세요.

3

4

5 화살표대로 모아 접으세요.

6 같은 모양을 8개 만드세요.

7 풀칠하여 끼우면서 붙이세요.

8

태양 완성

9 뒤로 접으세요.

※팽이대를 중앙에 끼우고 돌려보세요.

10

11 회오리 형태로 접어 끼워넣으세요.

팽이 완성

1

2

3

중심선에 맞춰 접으세요.

4

5

뒤로 접으세요.

6

7

잡아당겨 펼치세요.

8

목깃 아래로 끼우세요.

9

10

겹쳐 놓고 뒷부분에
결합시키세요.

11

12

완성

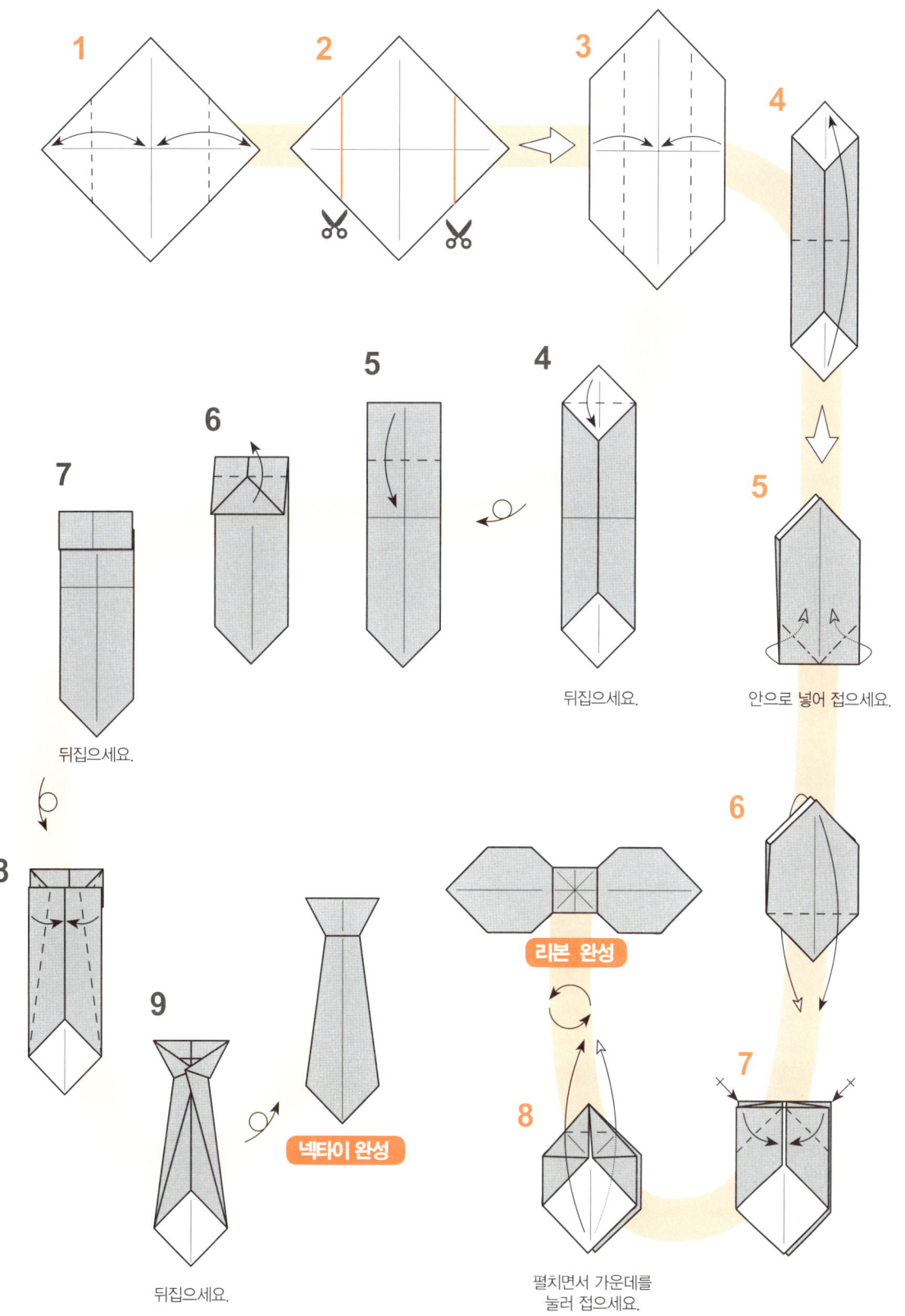

4 뒤집으세요.

7 뒤집으세요.

9 뒤집으세요.

넥타이 완성

5 안으로 넣어 접으세요.

리본 완성

8 펼치면서 가운데를 눌러 접으세요.

1

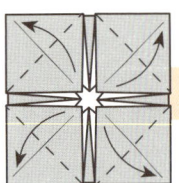

2

3

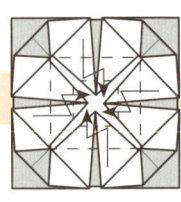

4

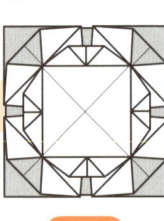

완성

1

2

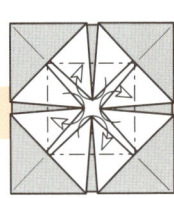

3

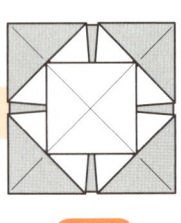

완성

1

2

완성

※아래 도면을 잘 보고 어떤 모양이 만들어지는지 유추하여 오른쪽 문양들 중에서 골라보세요.

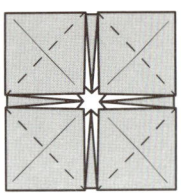   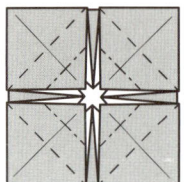

   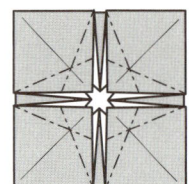

문양모빌

전승작품

20 입체

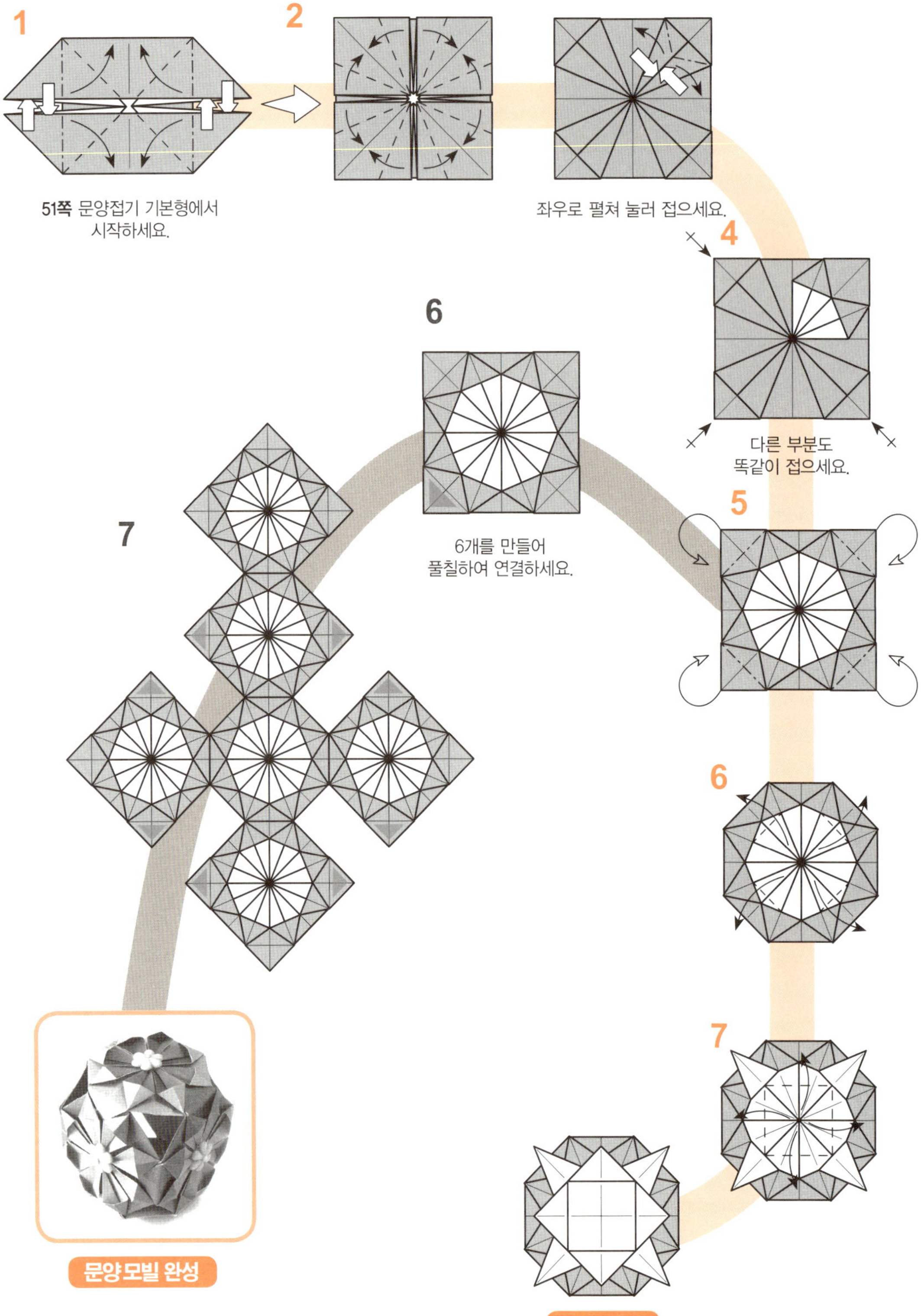
1
51쪽 문양접기 기본형에서
시작하세요.
2
3
좌우로 펼쳐 눌러 접으세요.
4
다른 부분도
똑같이 접으세요.
5
6
7
문양 완성
6
6개를 만들어
풀칠하여 연결하세요.
7
문양모빌 완성

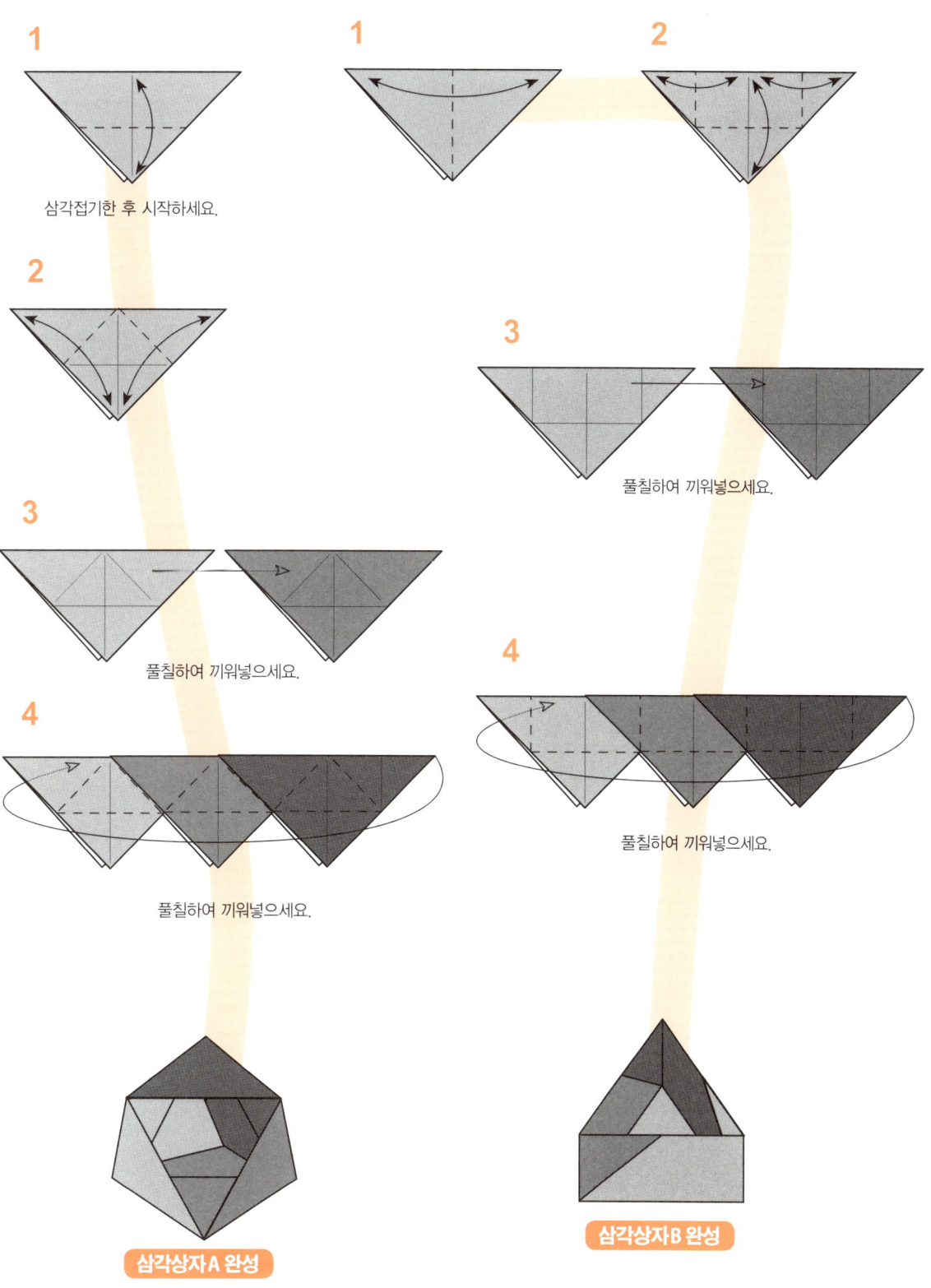

1
삼각접기한 후 시작하세요.

2

3
풀칠하여 끼워넣으세요.

4
풀칠하여 끼워넣으세요.

삼각상자A 완성

1

2

3
풀칠하여 끼워넣으세요.

4
풀칠하여 끼워넣으세요.

삼각상자B 완성

팽이장미

작자미상

21
입체

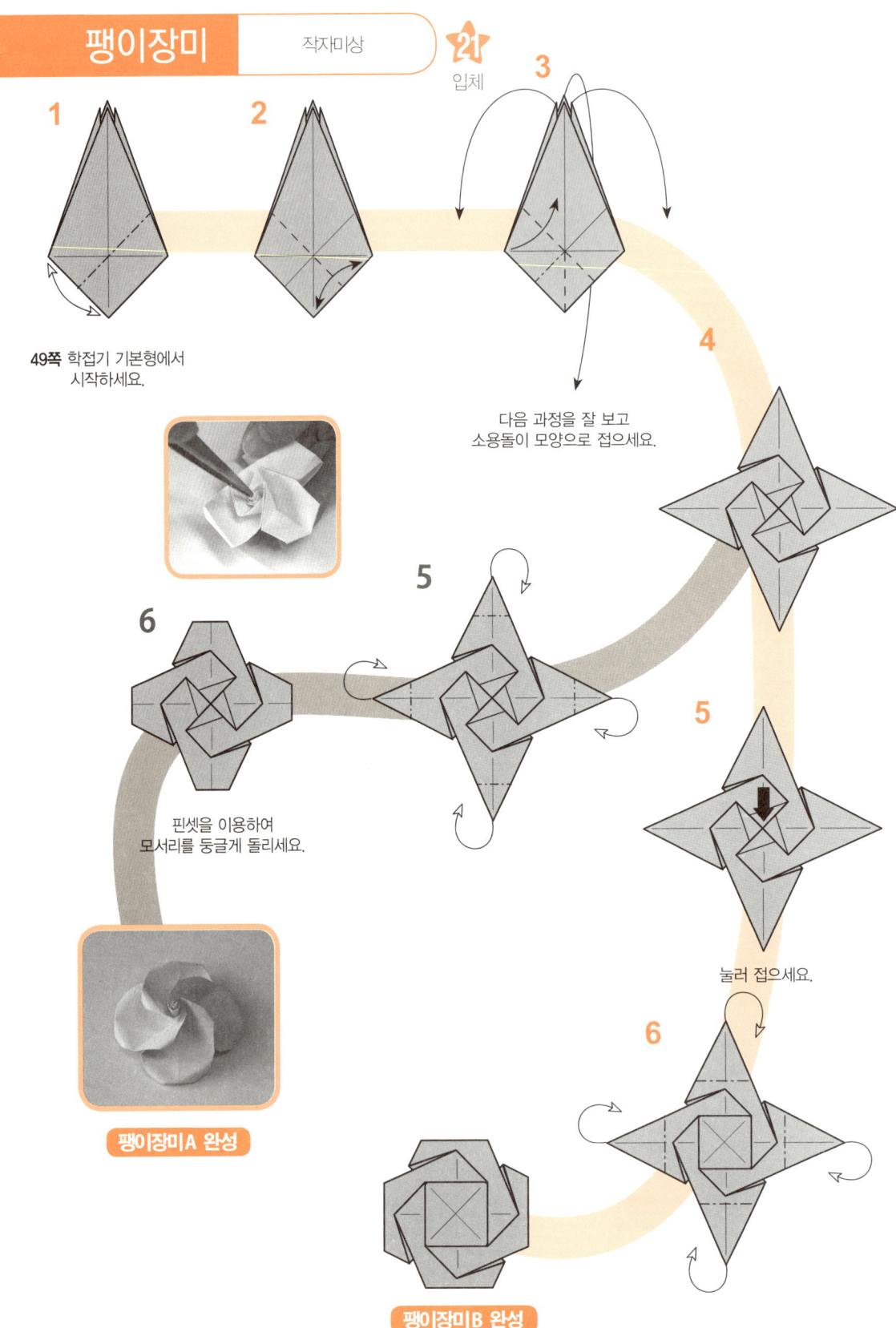

1

2

3

49쪽 학접기 기본형에서
시작하세요.

다음 과정을 잘 보고
소용돌이 모양으로 접으세요.

4

5

5

6

핀셋을 이용하여
모서리를 둥글게 돌리세요.

눌러 접으세요.

6

팽이장미A 완성

팽이장미B 완성

※종이의 크기 비율은 131쪽을 참고 하세요

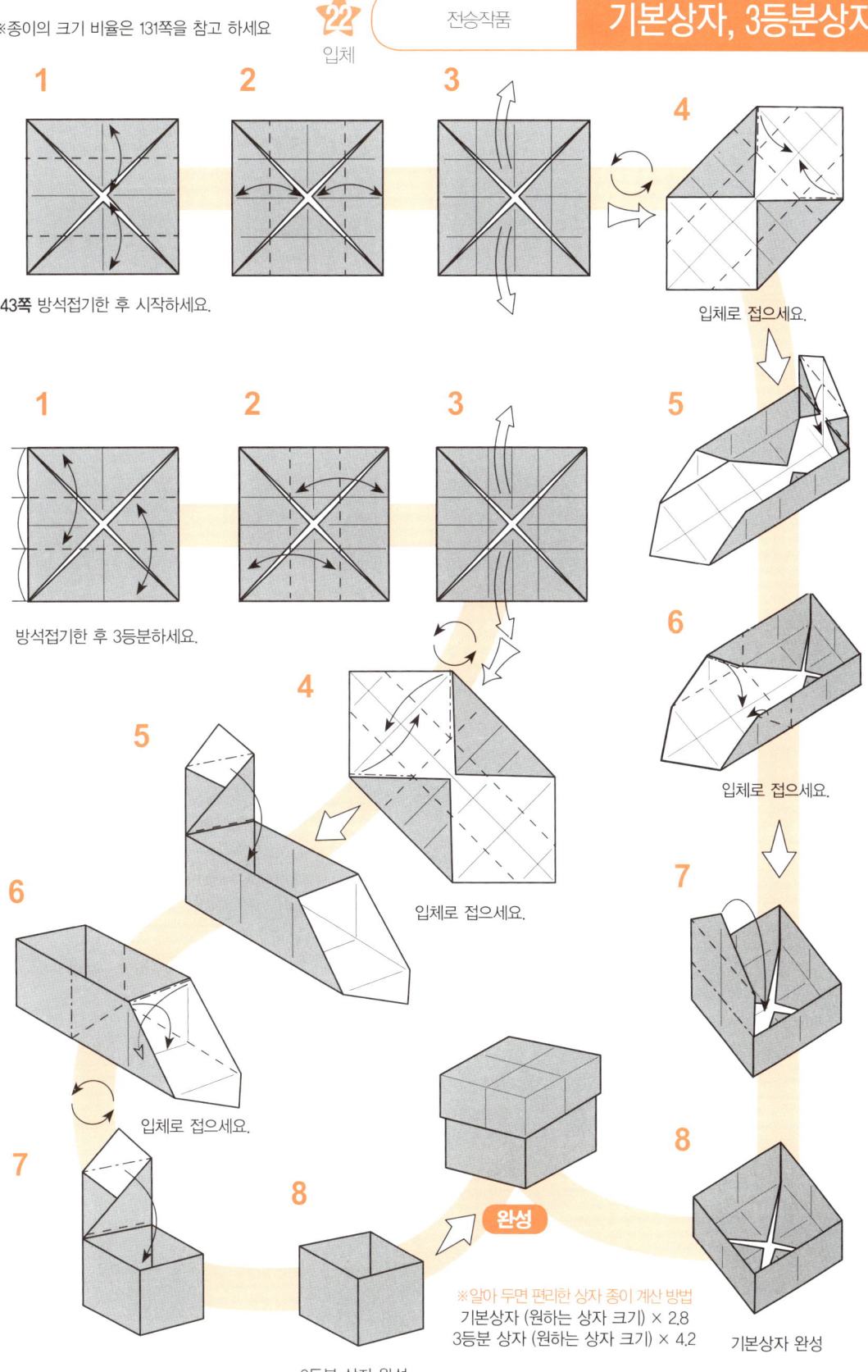

22 입체

전승작품

기본상자, 3등분상자

1

2

3

4

43쪽 방석접기한 후 시작하세요.

입체로 접으세요.

5

1

2

3

방석접기한 후 3등분하세요.

6

4

입체로 접으세요.

5

7

6

입체로 접으세요.

8

7

입체로 접으세요.

완성

8

3등분 상자 완성

※알아 두면 편리한 상자 종이 계산 방법
기본상자 (원하는 상자 크기) × 2.8
3등분 상자 (원하는 상자 크기) × 4.2

기본상자 완성

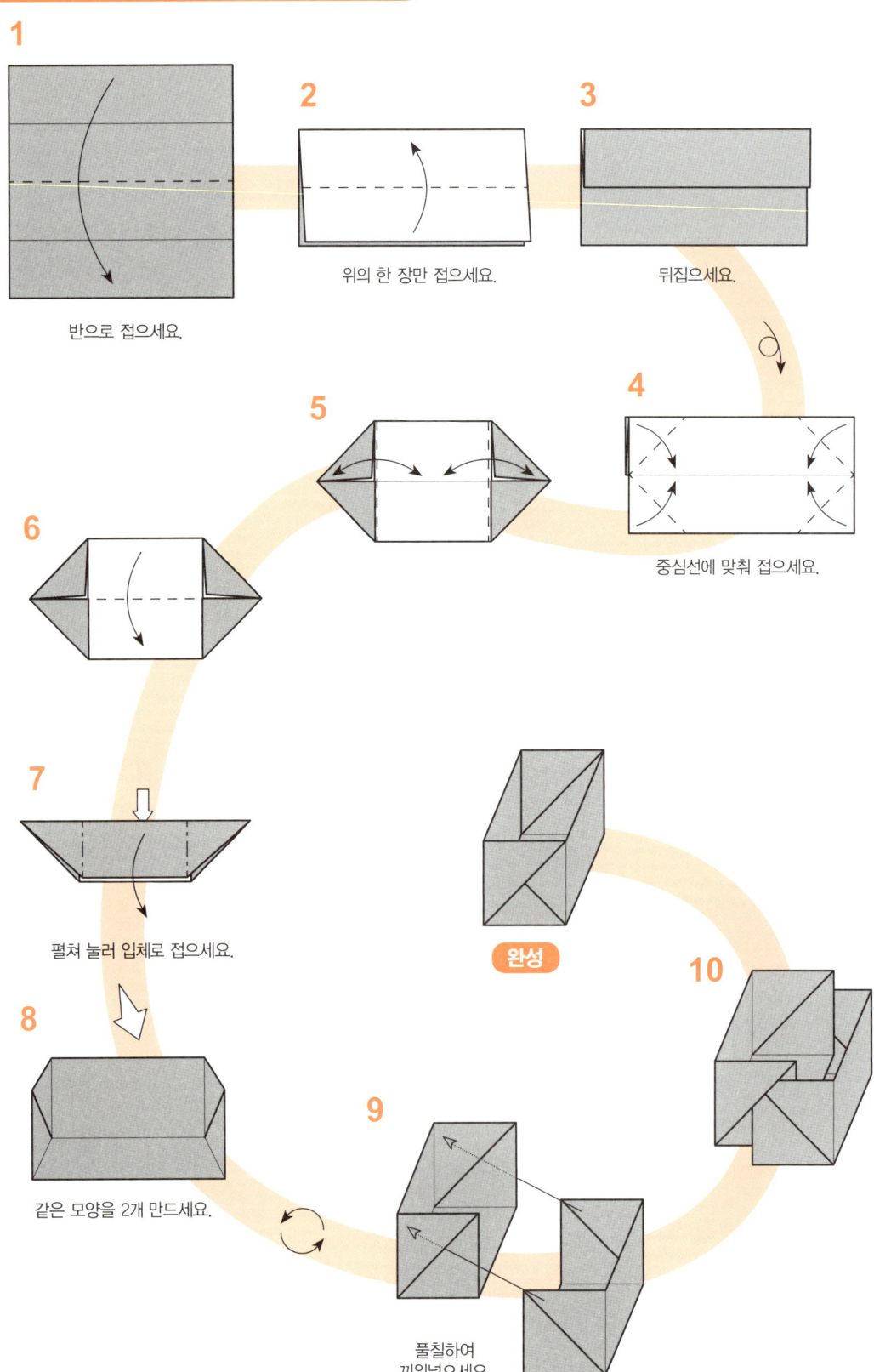

1

반으로 접으세요.

2

위의 한 장만 접으세요.

3

뒤집으세요.

4

중심선에 맞춰 접으세요.

5

6

7

펼쳐 눌러 입체로 접으세요.

8

같은 모양을 2개 만드세요.

9

풀칠하여
끼워넣으세요.

10

완성

1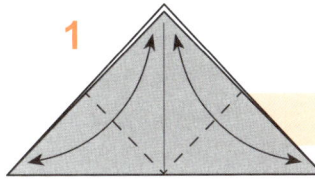

삼각접기한 후 시작하세요.

2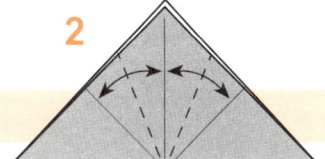

3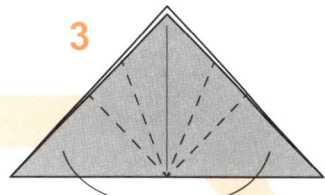

입체 형태로 접으세요.

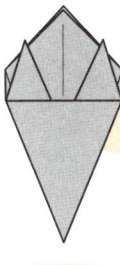

완성

5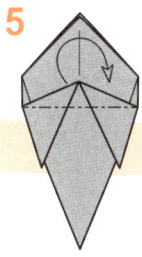

앞면을 넘기면서
뒤로 접으세요.

4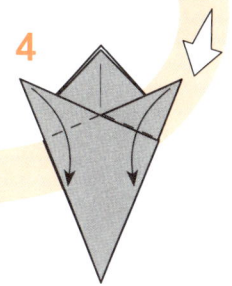

1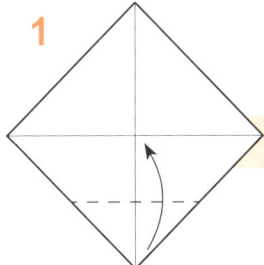

2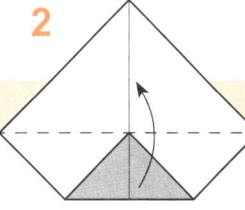

3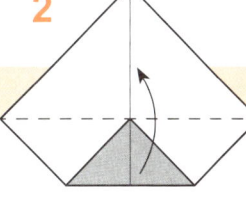

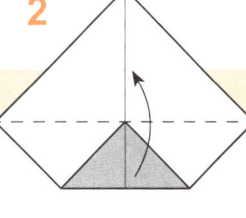

완성

4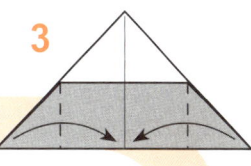

펼쳐 눌러 접으세요.

5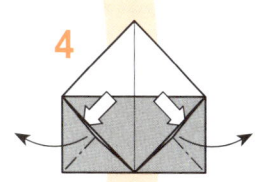

뒤로 접으세요.

7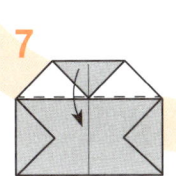

6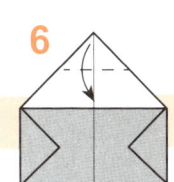

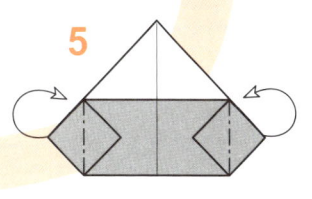

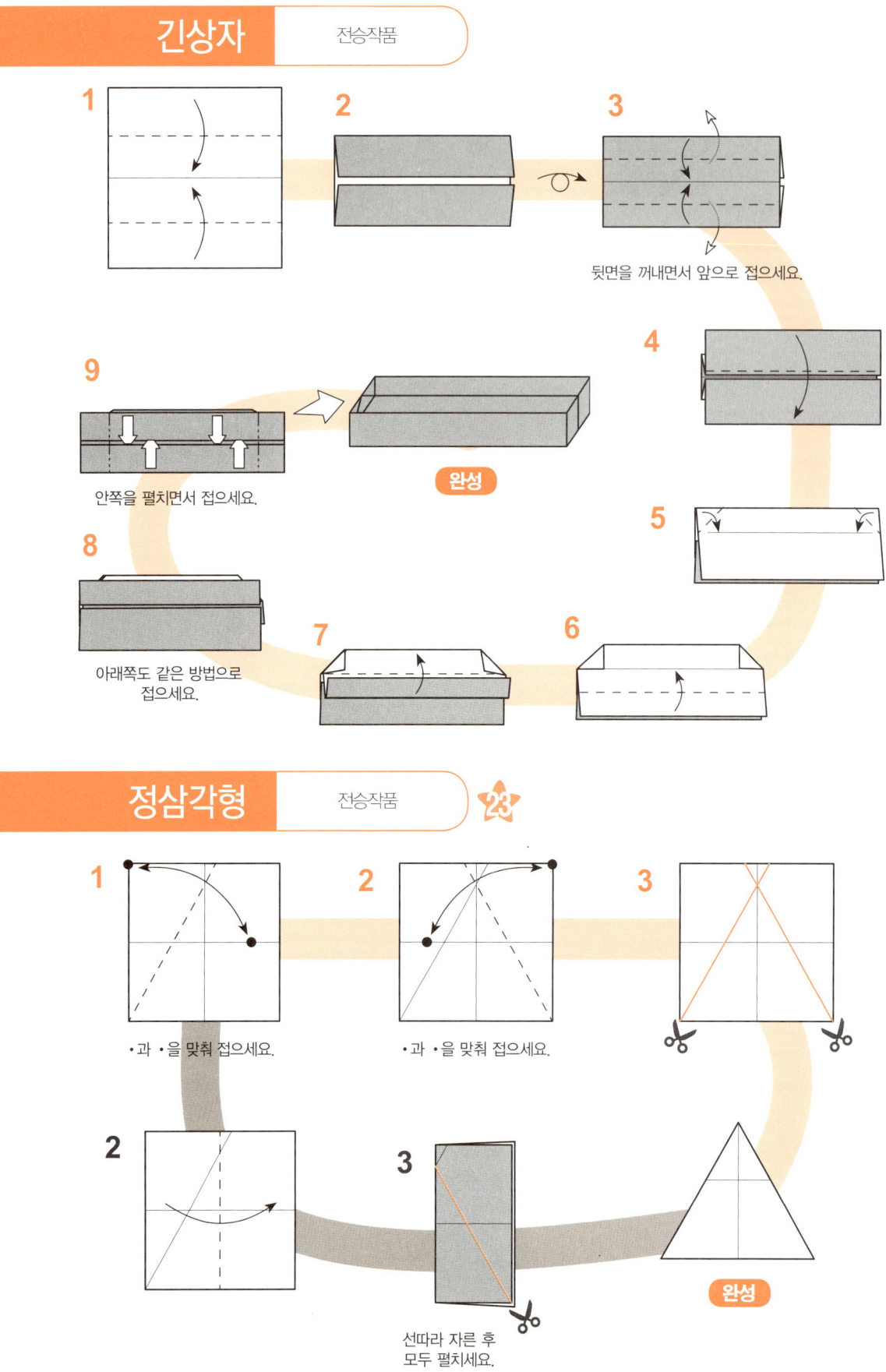

1

2

3

뒷면을 꺼내면서 앞으로 접으세요.

4

9

안쪽을 펼치면서 접으세요.

완성

5

8

아래쪽도 같은 방법으로
접으세요.

7

6

정삼각형 전승작품 **23**

1

•과 •을 맞춰 접으세요.

2

•과 •을 맞춰 접으세요.

3

2

3

선따라 자른 후
모두 펼치세요.

완성

오규석 **정오각형**

1

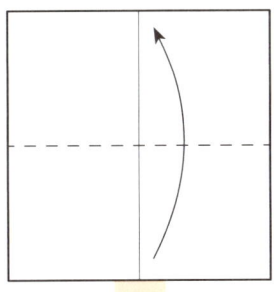

2

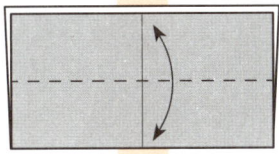

3

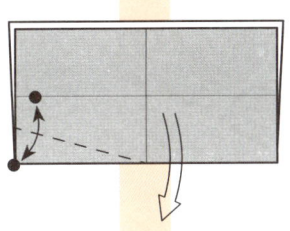

• 과 •을 맞춰 접은 다음
펼치세요.

4

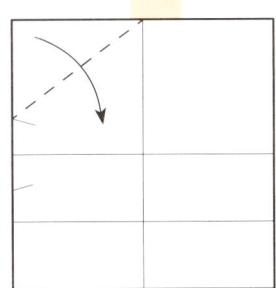

5

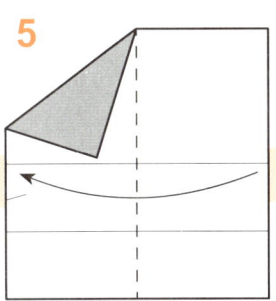

10

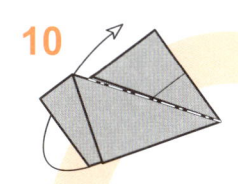

뒤로 접으세요.

9

11

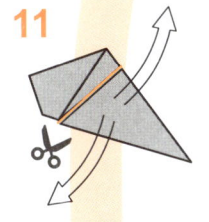

선따라 자르고
모두 펼치세요.

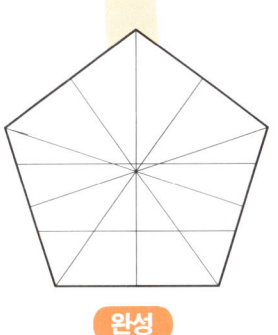

완성

8

7

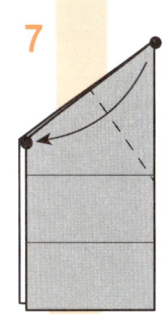

• 과 •을 맞춰 접으세요.

6

1

2

•과 •을 맞춰 접으세요.

3

4

•과 •을 맞춰 접으세요.

5

뒤로 접으세요.

6

선따라 자르고
모두 펼치세요.

7

완성

1

2

3

4

5

6

선따라 자른 후
모두 펼치세요.

완성

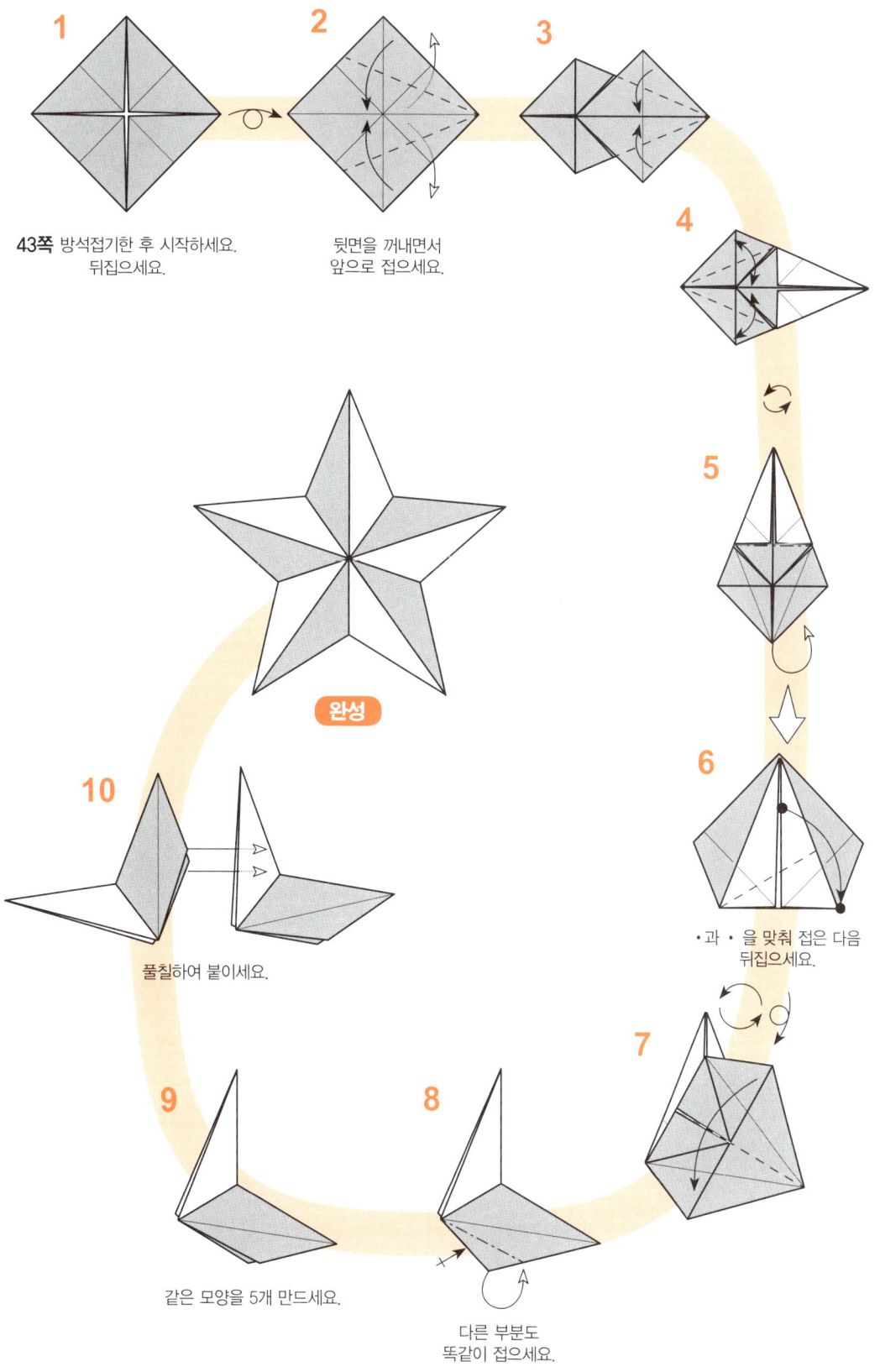

1

43쪽 방석접기한 후 시작하세요.
뒤집으세요.

2

뒷면을 꺼내면서
앞으로 접으세요.

3

4

5

6

• 과 • 을 맞춰 접은 다음
뒤집으세요.

7

8

다른 부분도
똑같이 접으세요.

9

같은 모양을 5개 만드세요.

10

풀칠하여 붙이세요.

완성

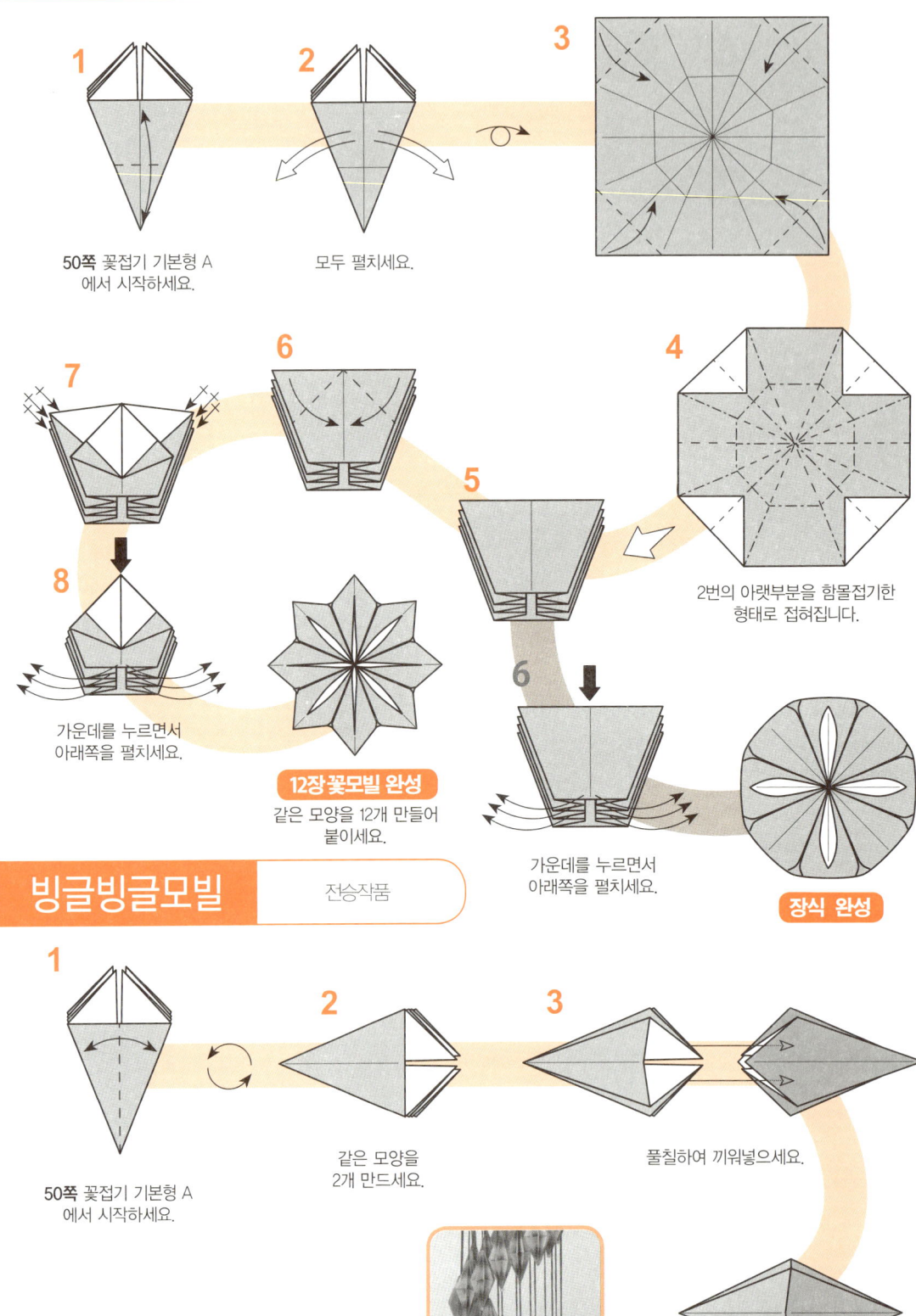

12장 꽃모빌, 장식

1
50쪽 꽃접기 기본형 A
에서 시작하세요.

2
모두 펼치세요.

3

4
2번의 아랫부분을 함몰접기한
형태로 접혀집니다.

5

6
가운데를 누르면서
아래쪽을 펼치세요.

장식 완성

6

7

8
가운데를 누르면서
아래쪽을 펼치세요.

12장 꽃모빌 완성
같은 모양을 12개 만들어
붙이세요.

빙글빙글모빌

전승작품

1
50쪽 꽃접기 기본형 A
에서 시작하세요.

2
같은 모양을
2개 만드세요.

3
풀칠하여 끼워넣으세요.

완성

※끈을 꿰어 장식하세요.

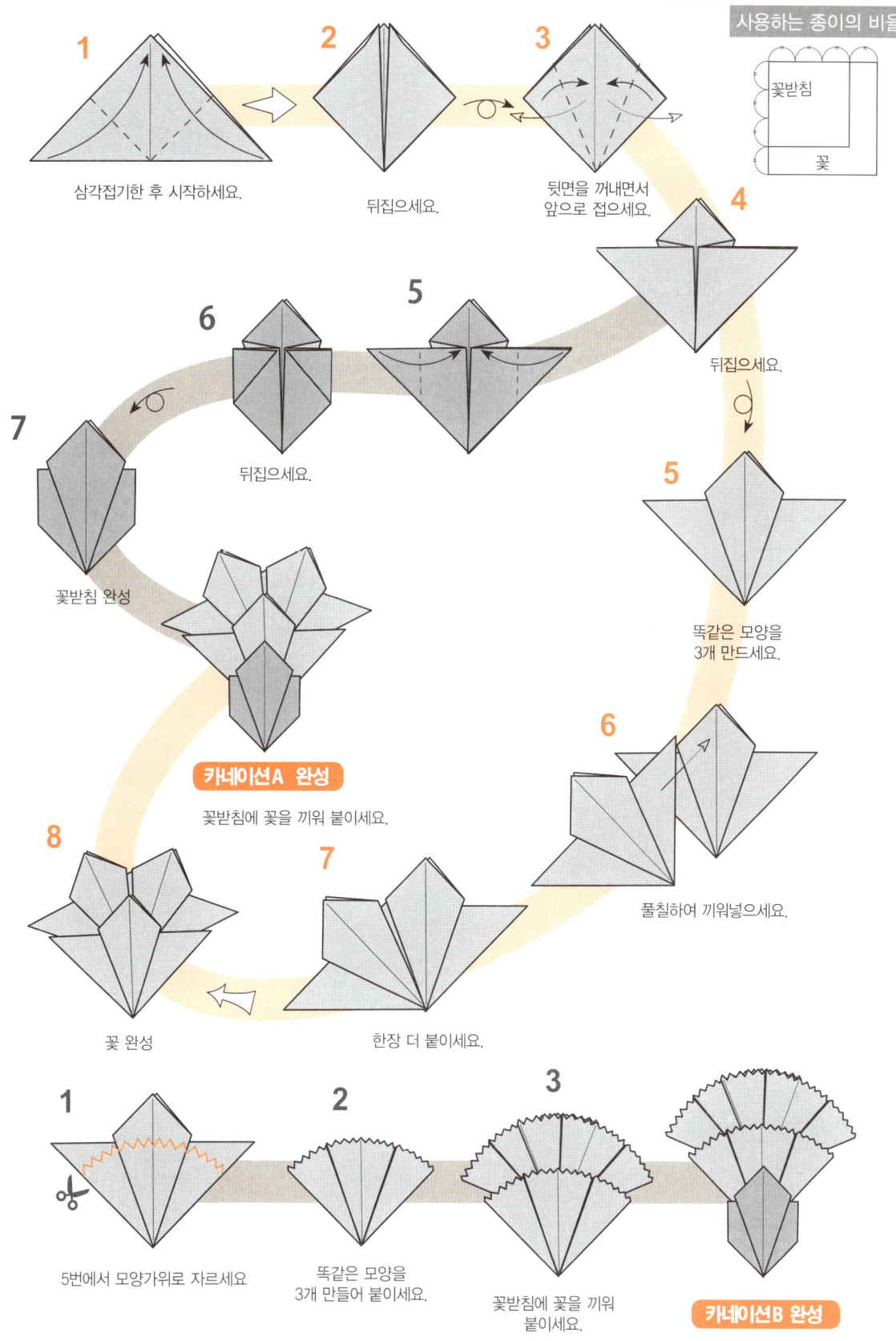

사용하는 종이의 비율

꽃받침

꽃

1 삼각접기한 후 시작하세요.

2 뒤집으세요.

3 뒷면을 꺼내면서 앞으로 접으세요.

4 뒤집으세요.

5 똑같은 모양을 3개 만드세요.

6 풀칠하여 끼워넣으세요.

7 한장 더 붙이세요.

8 꽃 완성

5

6 뒤집으세요.

7 꽃받침 완성

카네이션A 완성
꽃받침에 꽃을 끼워 붙이세요.

1 5번에서 모양가위로 자르세요

2 똑같은 모양을 3개 만들어 붙이세요.

3 꽃받침에 꽃을 끼워 붙이세요.

카네이션B 완성

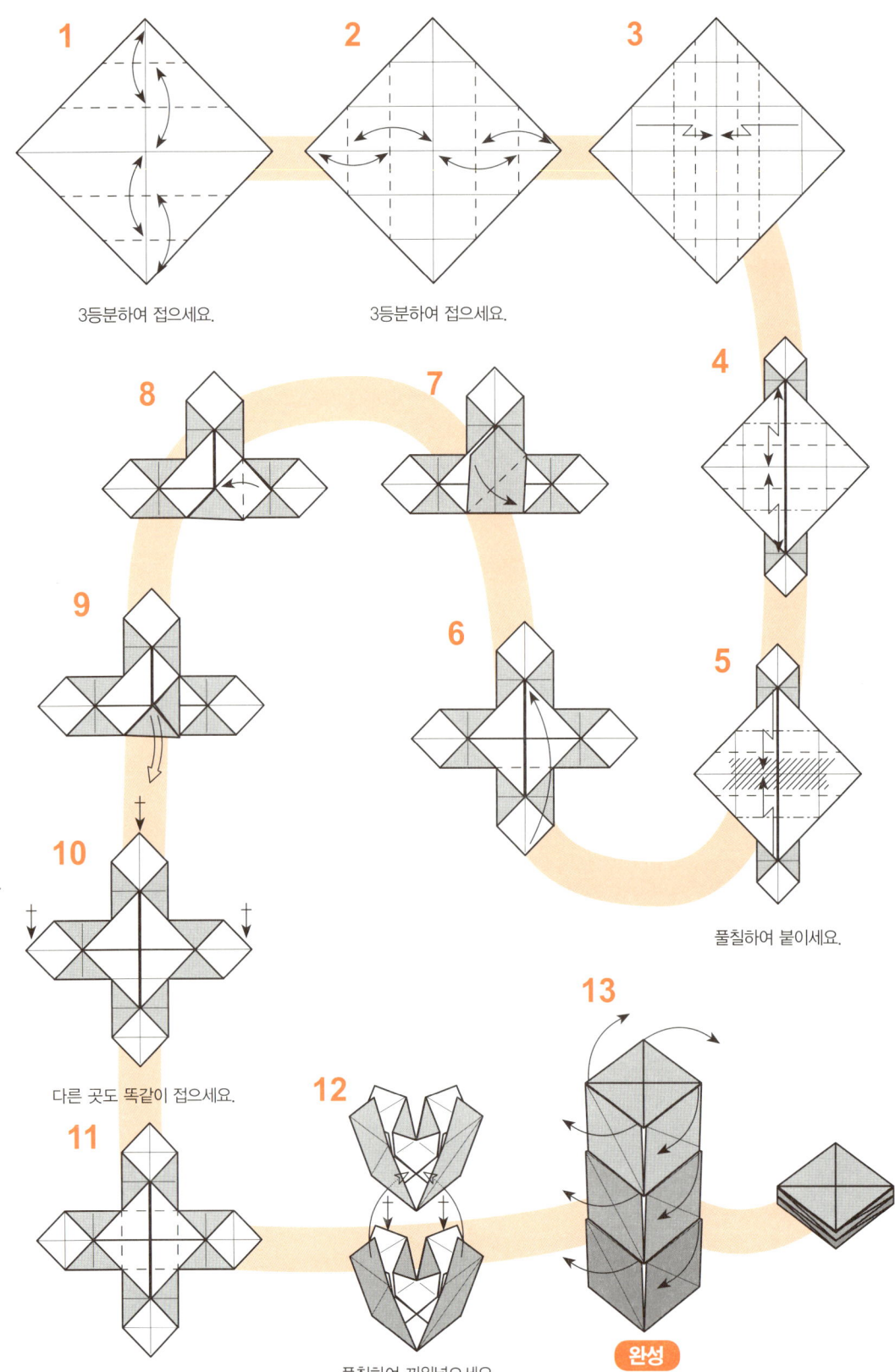

1 3등분하여 접으세요.

2 3등분하여 접으세요.

3

4

5 풀칠하여 붙이세요.

6

7

8

9

10 다른 곳도 똑같이 접으세요.

11

12 풀칠하여 끼워넣으세요.

13 완성

※칼레이도사이클(Kaleidocycle)은 사면체 여러 개를
　고리모양으로 이어붙여 만든 3차원 장난감입니다.
　돌릴 때마다 다른 면을 볼 수 있어요.

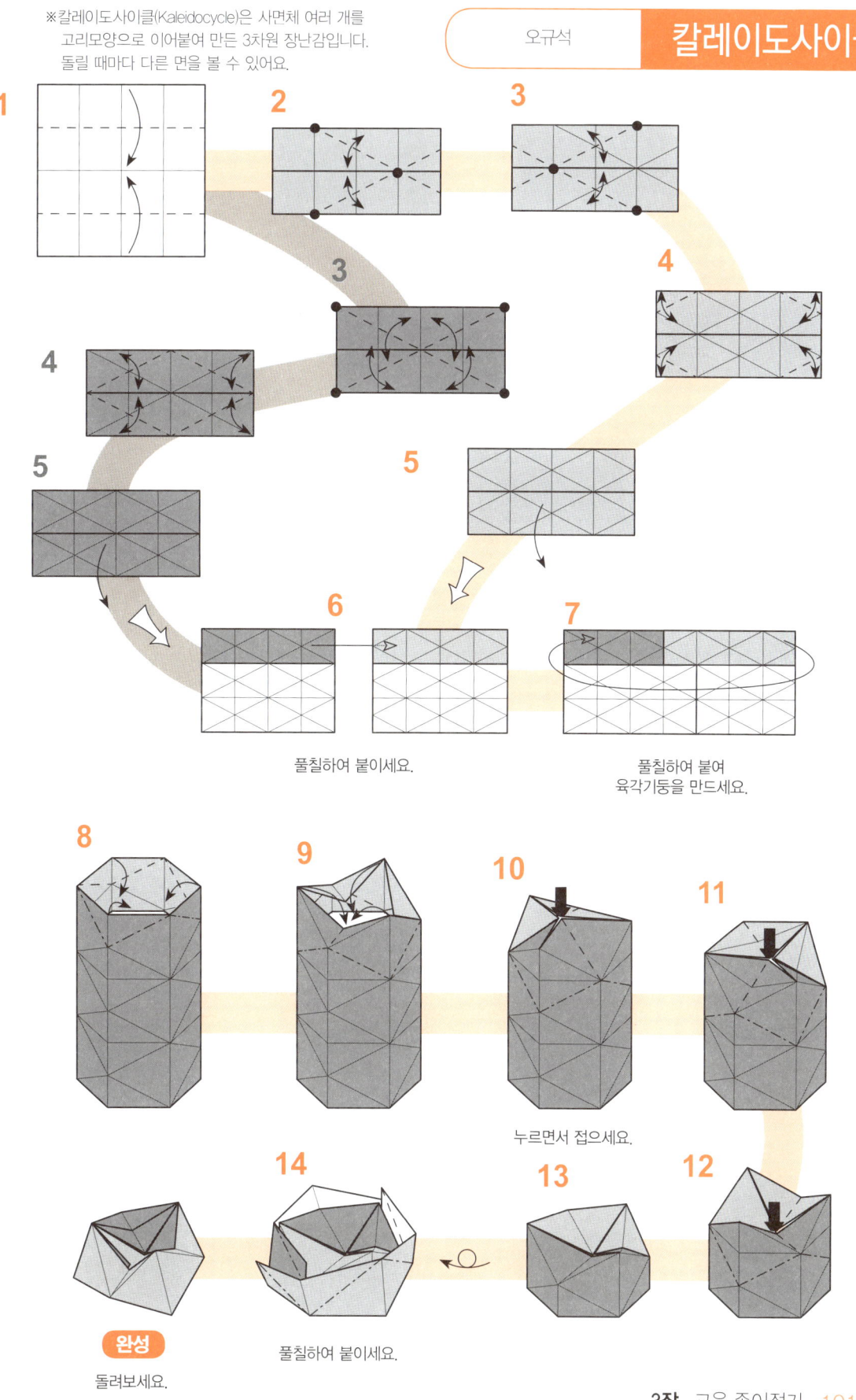

풀칠하여 붙이세요.

풀칠하여 붙여
육각기둥을 만드세요.

누르면서 접으세요.

풀칠하여 붙이세요.

완성

돌려보세요.

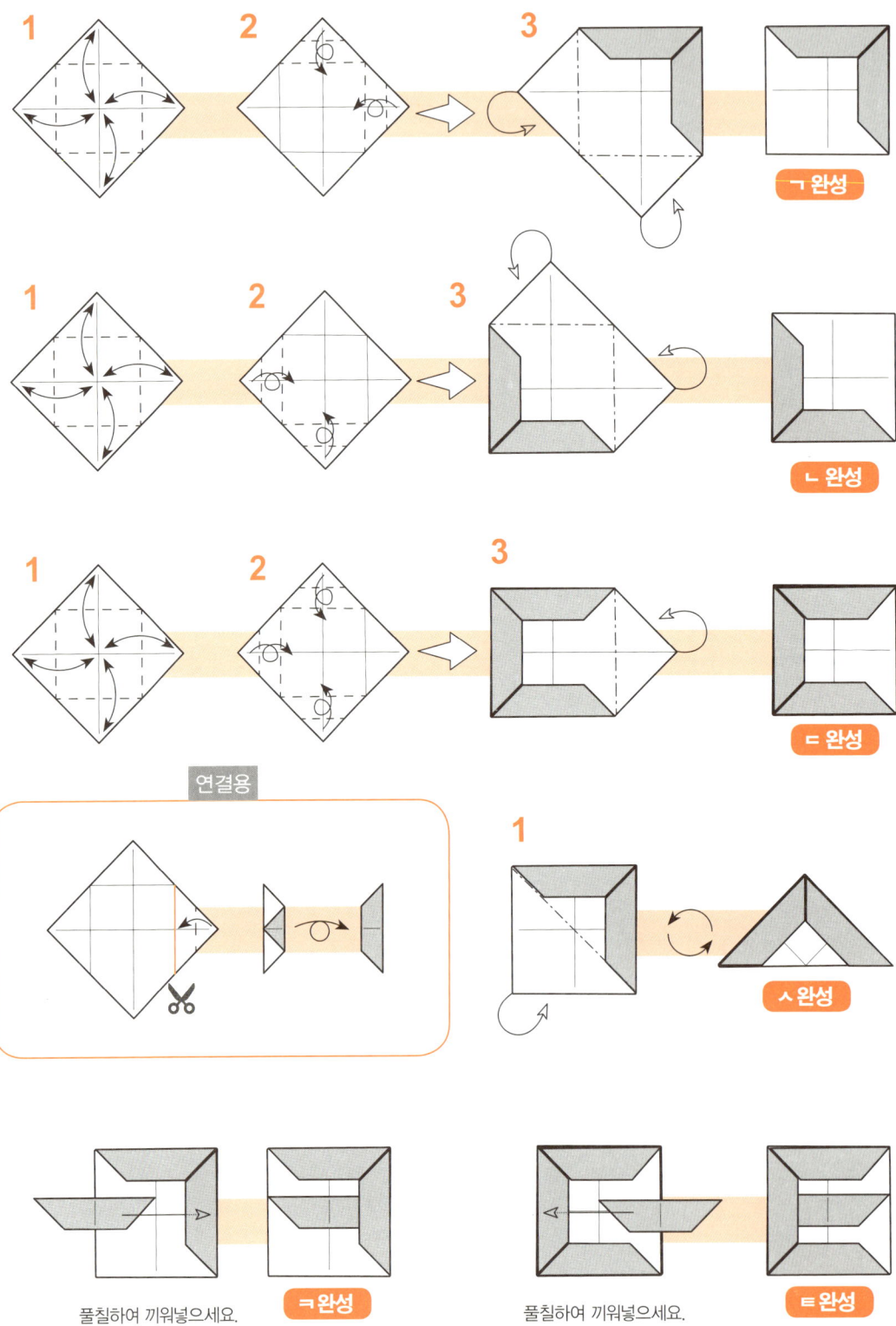

연결용

ㄱ 완성

ㄴ 완성

ㄷ 완성

ㅅ 완성

ㅋ 완성

풀칠하여 끼워넣으세요.

ㅌ 완성

풀칠하여 끼워넣으세요.

한글자음 ㅁ, ㄹ, ㅂ, ㅈ

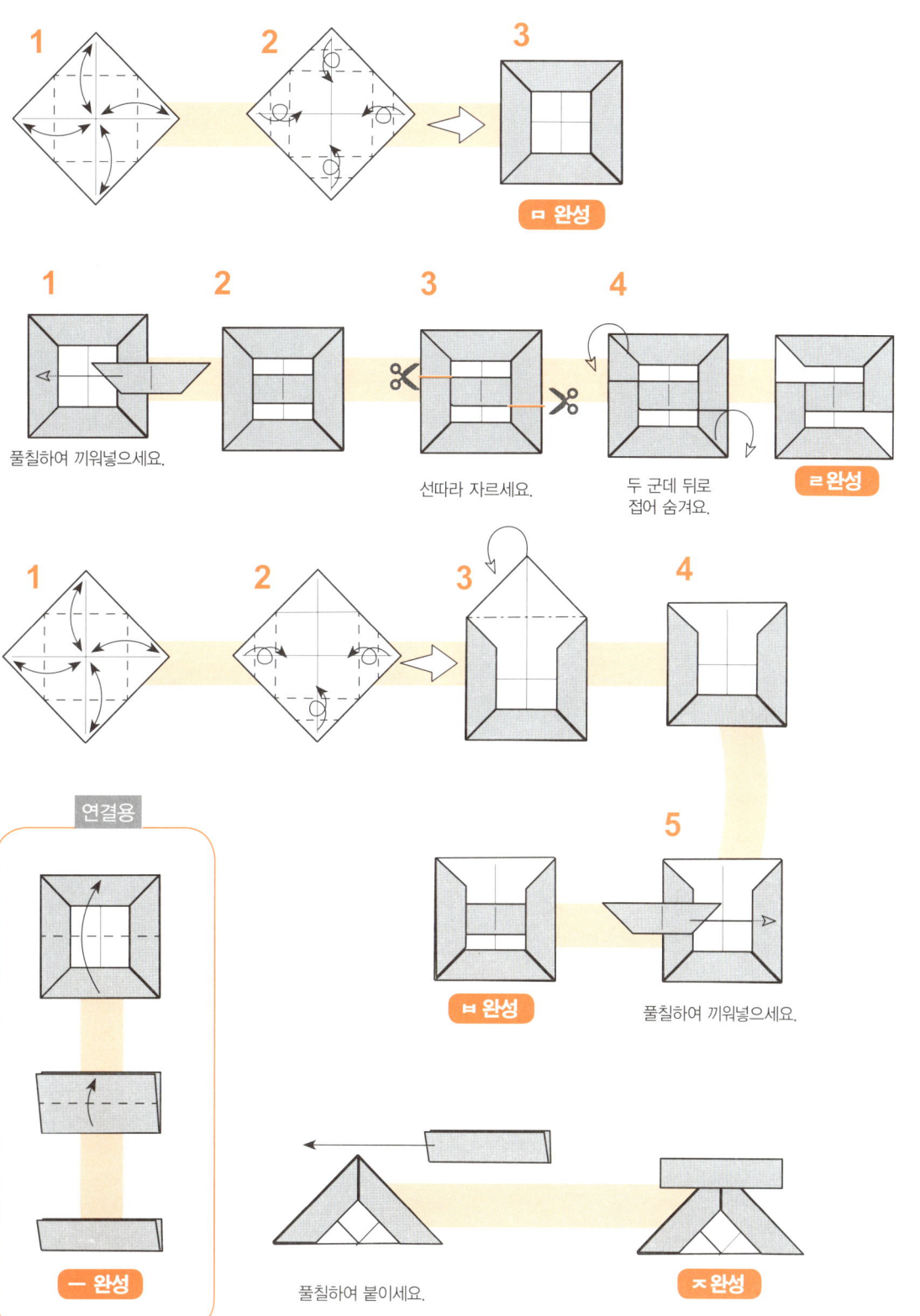

1 **2** **3**

ㅁ 완성

1 **2** **3** **4**

풀칠하여 끼워넣으세요.

선따라 자르세요.

두 군데 뒤로
접어 숨겨요.

ㄹ완성

1 **2** **3** **4**

5

연결용

ㅂ 완성

풀칠하여 끼워넣으세요.

ㅡ 완성

풀칠하여 붙이세요.

ㅈ완성

한글 자음 ㅇ, ㅎ, ㅊ, ㅍ

황우정/서명희

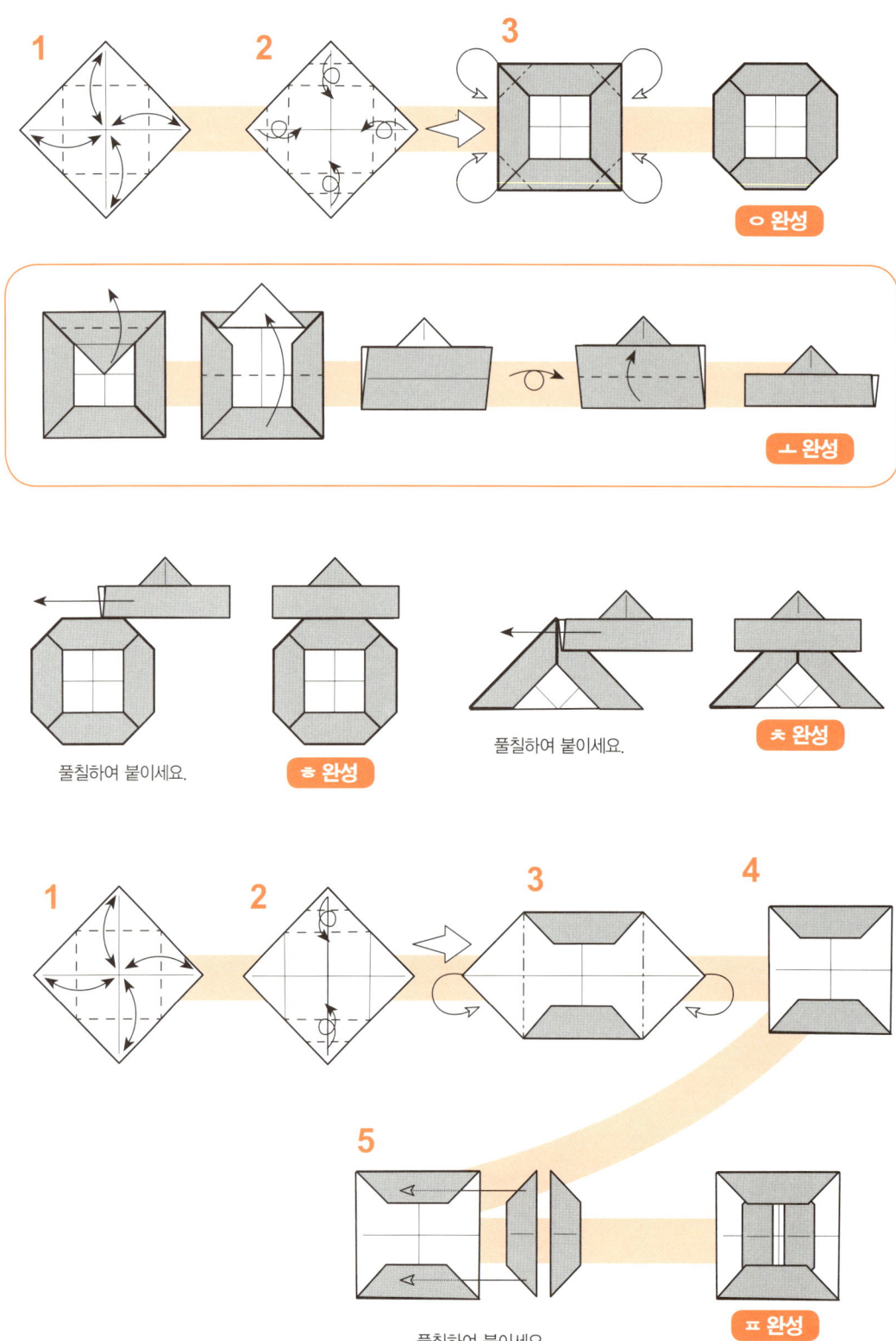

1 **2** **3**

ㅇ 완성

ㅗ 완성

풀칠하여 붙이세요.

ㅎ 완성

풀칠하여 붙이세요.

ㅊ 완성

1 **2** **3** **4**

5

풀칠하여 붙이세요.

ㅍ 완성

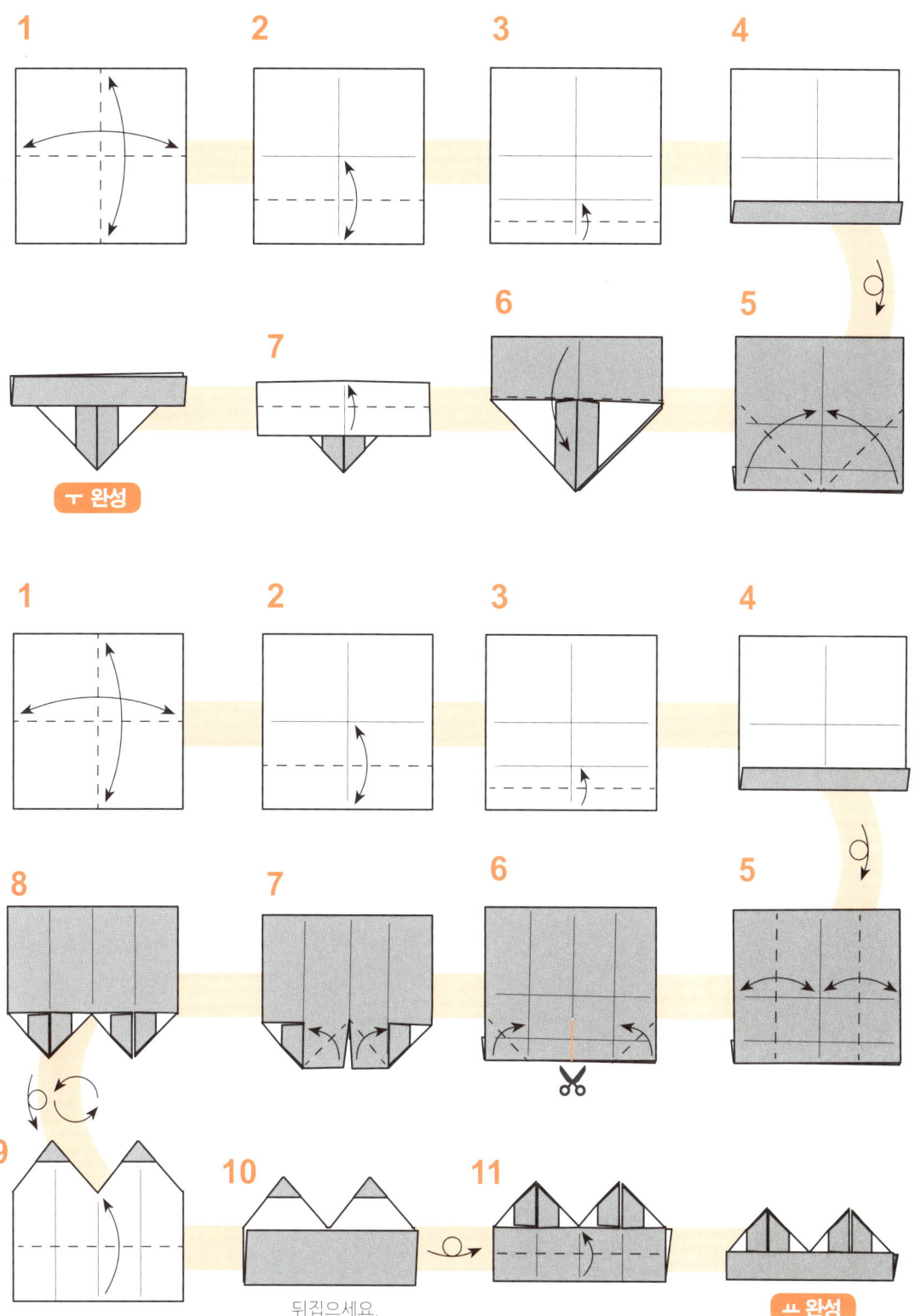

1
2
3
4

7
6
5

ㅜ 완성

1
2
3
4

8
7
6
5

9
10
11

뒤집으세요.

ㅛ 완성

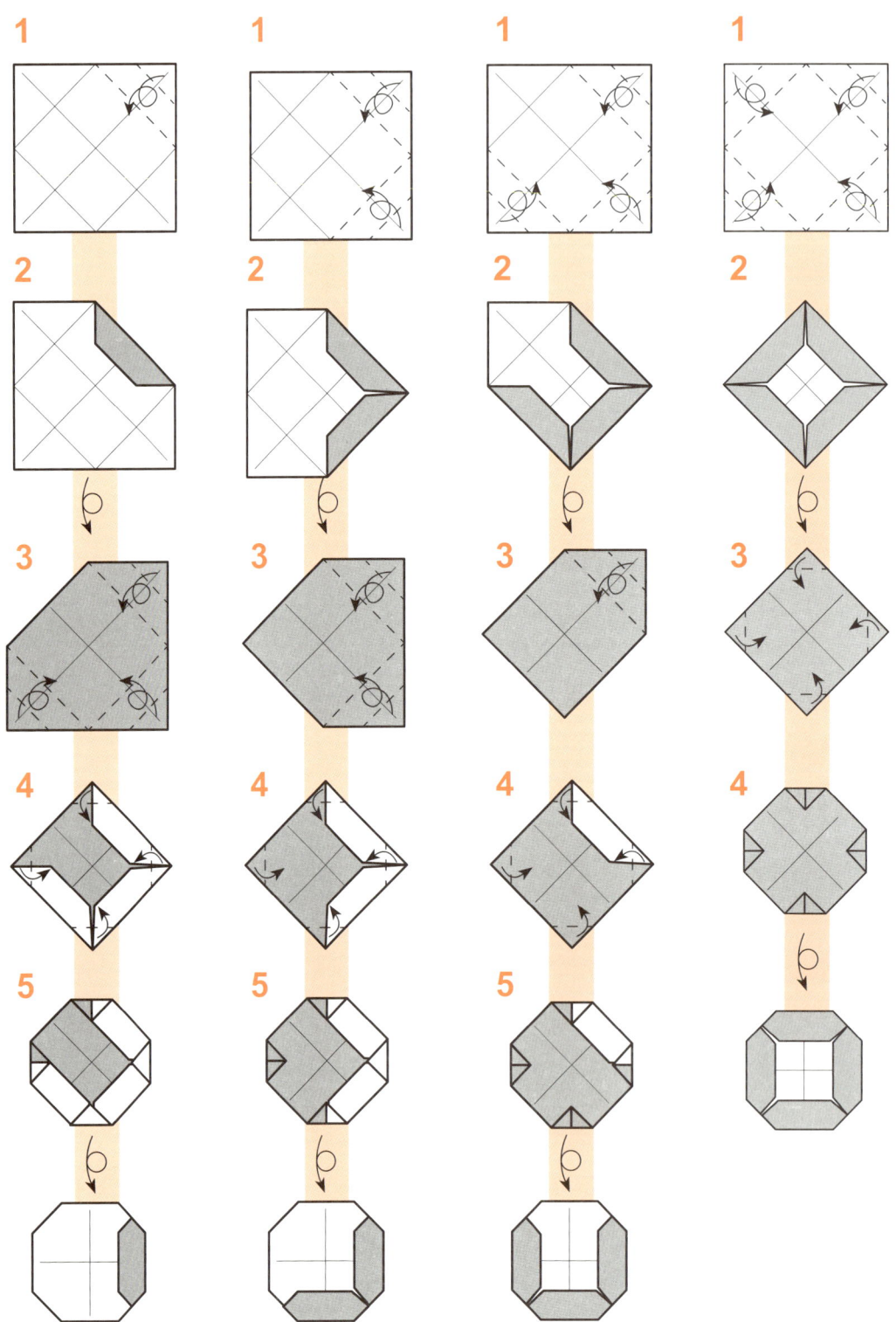

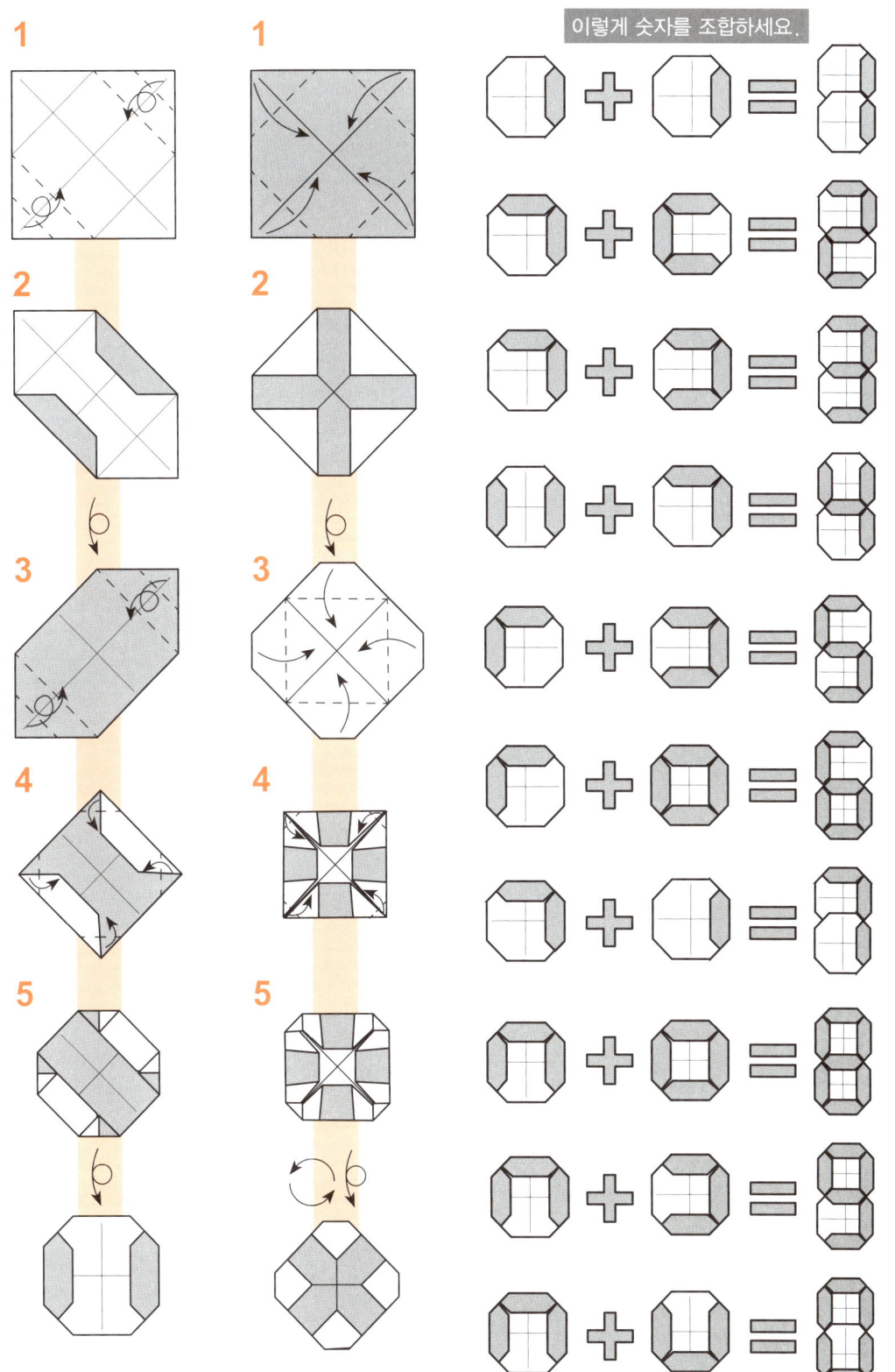

이렇게 숫자를 조합하세요.

1

2

가운데를 부분을 조금
남기고 접으세요.

3

뒤집으세요.

완성

1

2

3등분하여 접으세요.

3

4

5

반대쪽도 똑같이 접으세요.

6

7

말아 접으세요.

완성

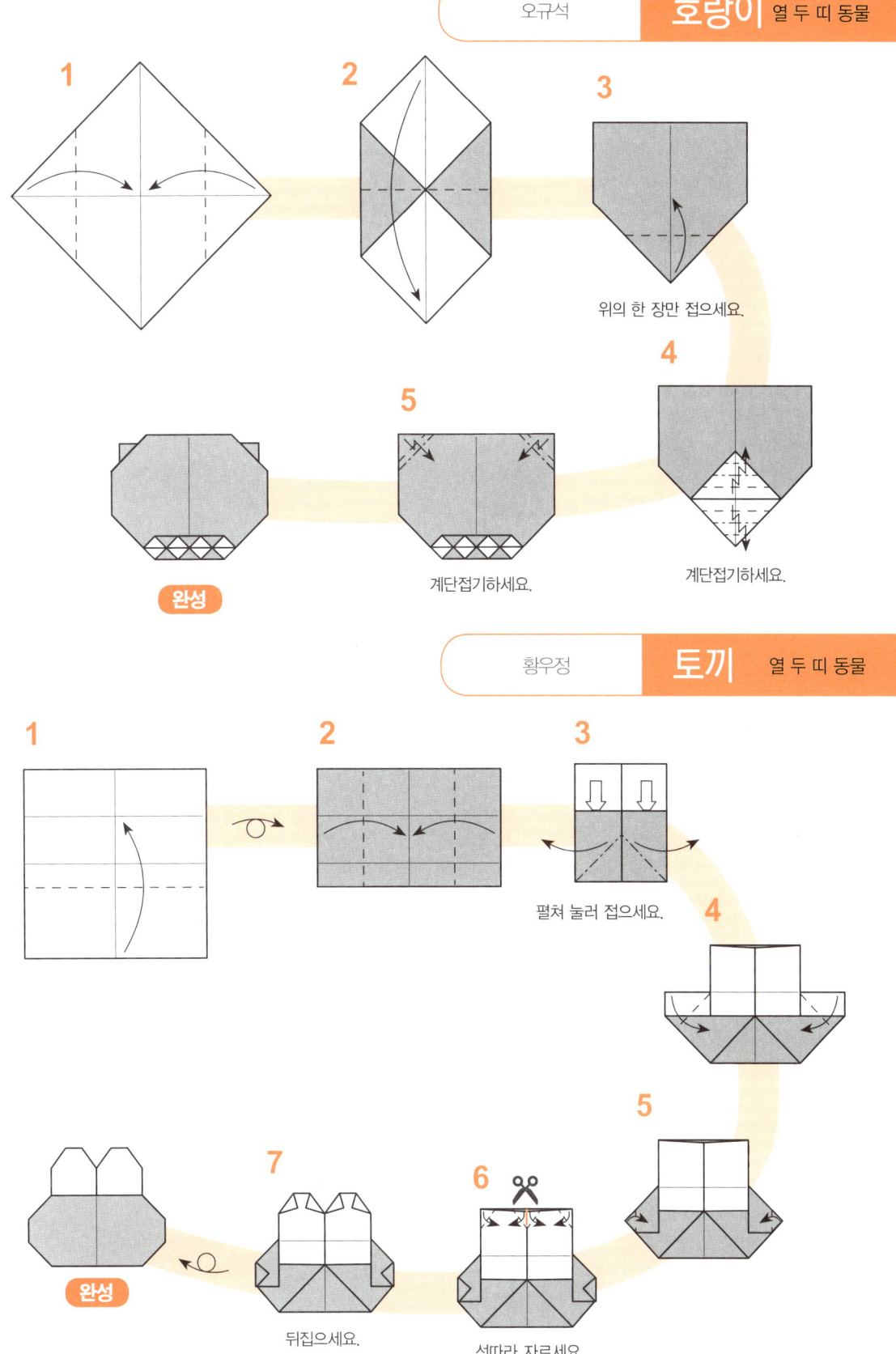

1

2

3

위의 한 장만 접으세요.

4

계단접기하세요.

5

계단접기하세요.

완성

1

2

3

펼쳐 눌러 접으세요.

4

5

6

선따라 자르세요.

7

뒤집으세요.

완성

열 두 띠 동물 용

오규석

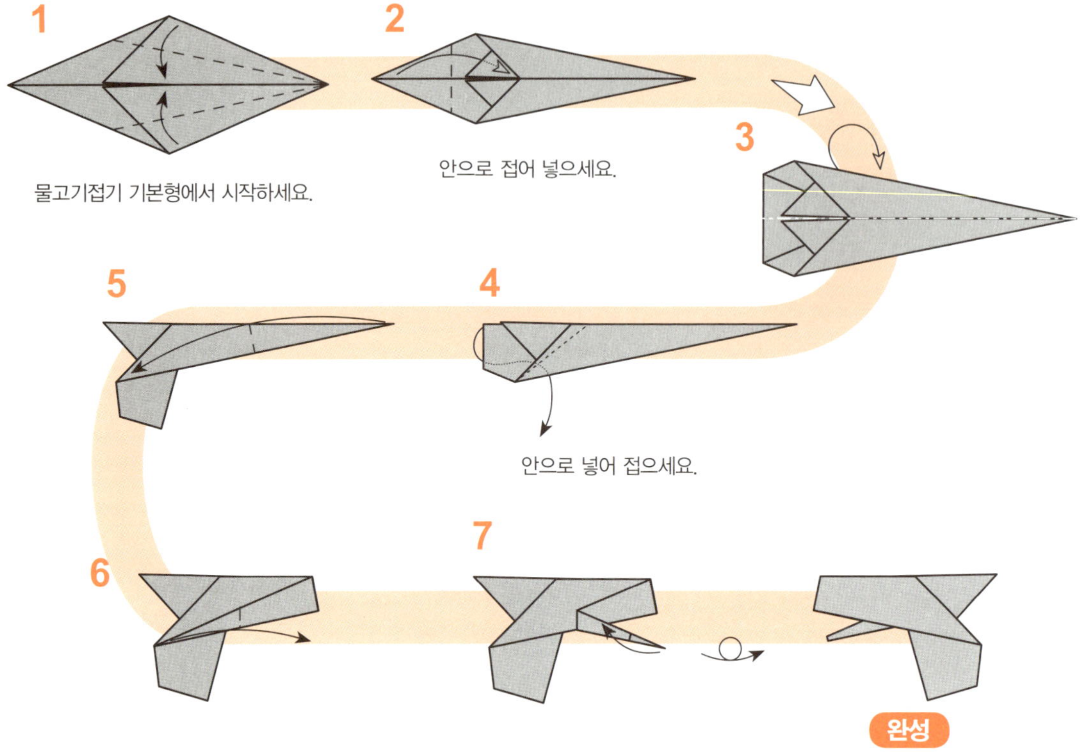
1
물고기접기 기본형에서 시작하세요.
2
안으로 접어 넣으세요.
3
4
안으로 넣어 접으세요.
5
6
7
완성

열 두 띠 동물 뱀

오규석

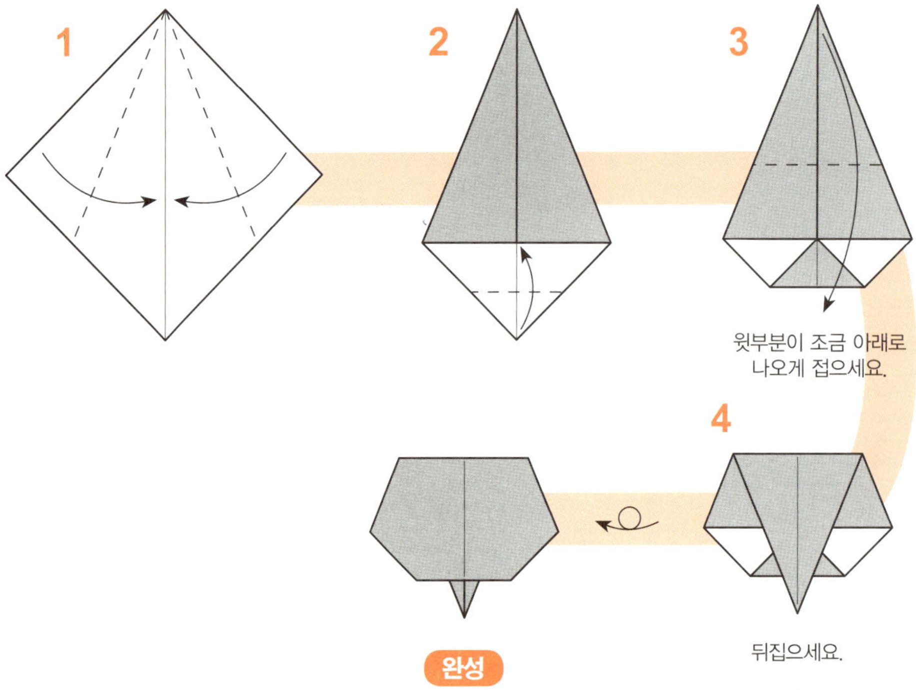
1
2
3
윗부분이 조금 아래로
나오게 접으세요.
4
뒤집으세요.
완성

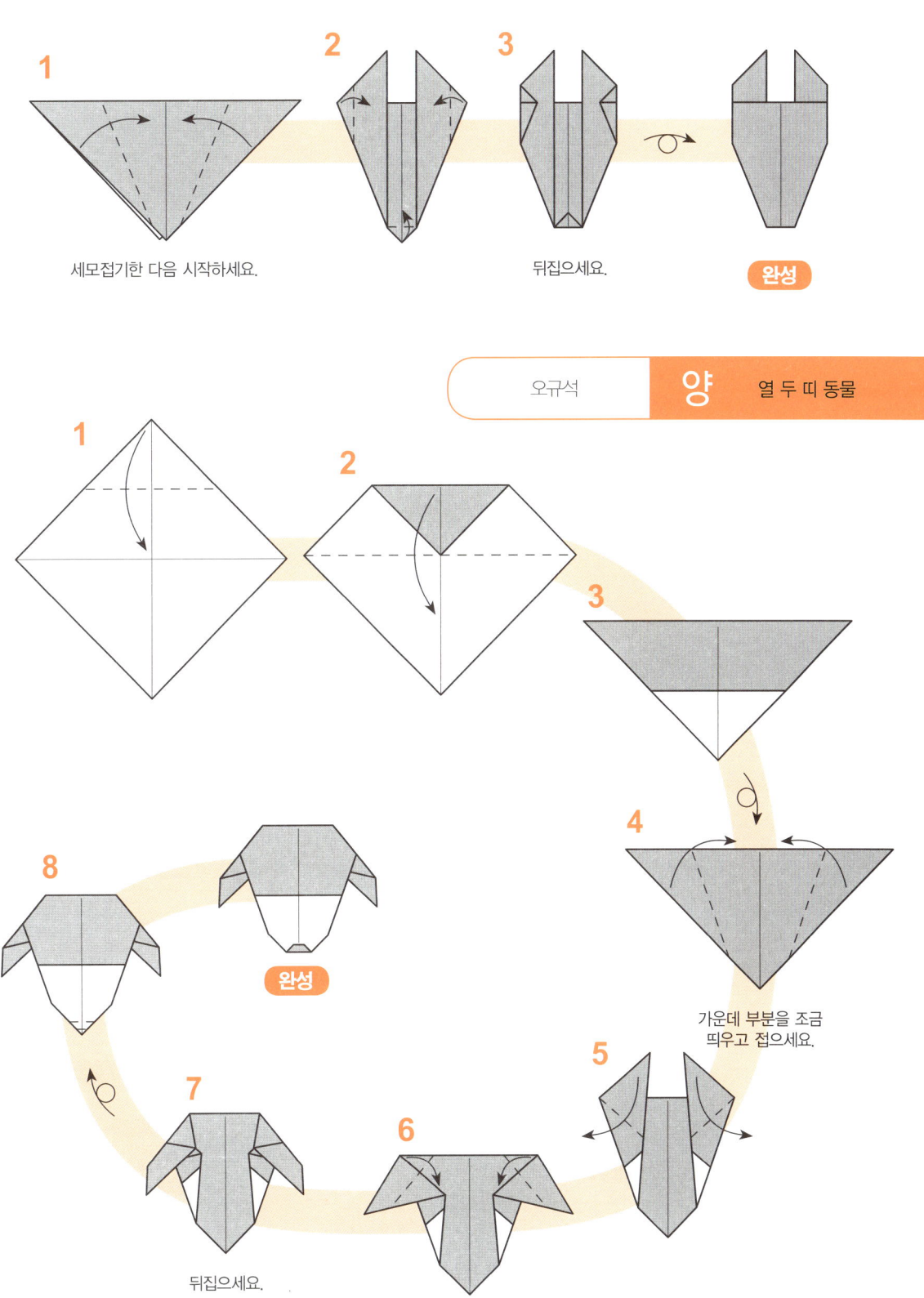

1

세모접기한 다음 시작하세요.

2

3

뒤집으세요.

완성

1

2

3

4

가운데 부분을 조금
띄우고 접으세요.

5

6

7

뒤집으세요.

8

완성

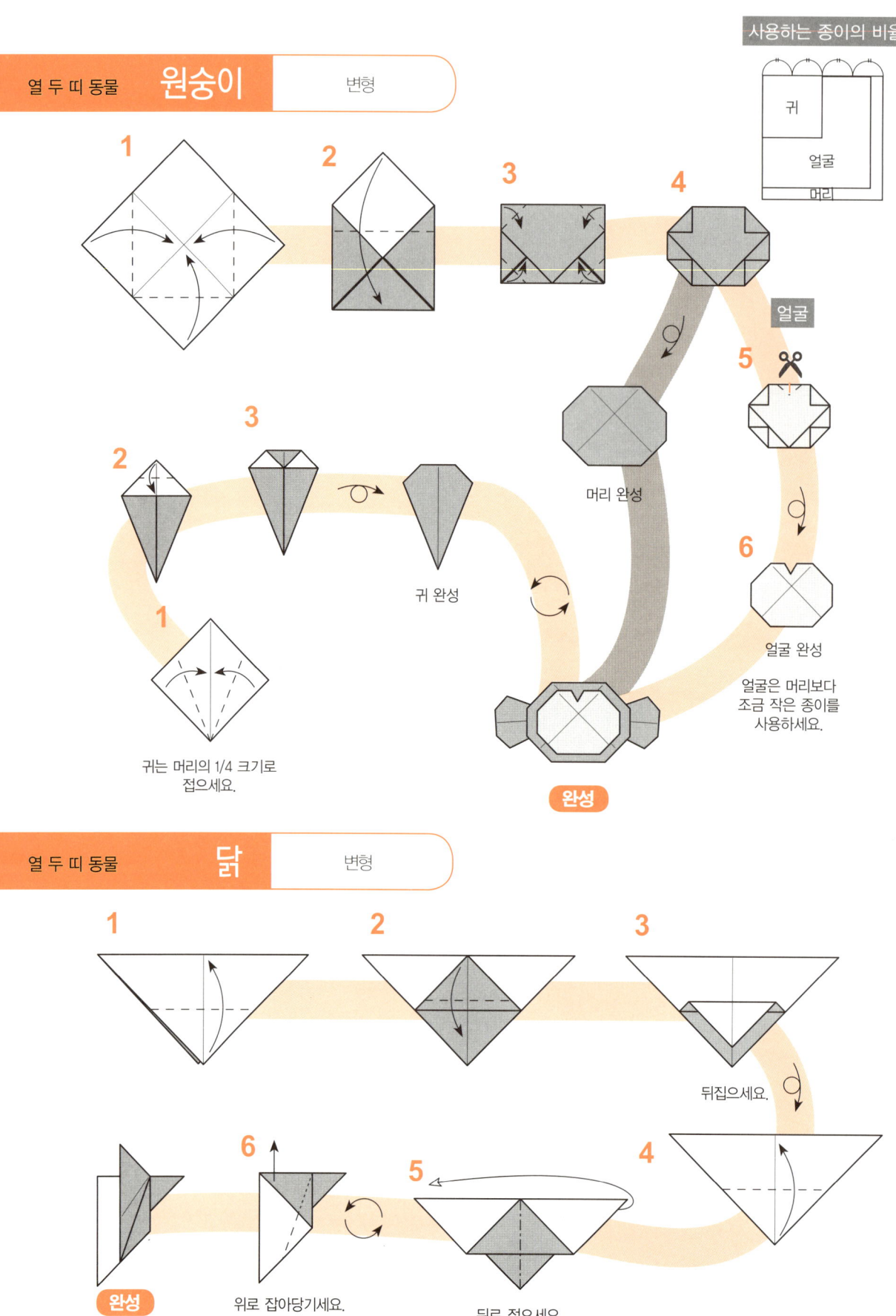

사용하는 종이의 비율

귀
얼굴
머리

1

2

3

4

얼굴

머리 완성

5 ✂

6

얼굴 완성

얼굴은 머리보다
조금 작은 종이를
사용하세요.

3

2

1

귀 완성

귀는 머리의 1/4 크기로
접으세요.

완성

1

2

3

뒤집으세요.

6

5

4

완성

위로 잡아당기세요.

뒤로 접으세요.

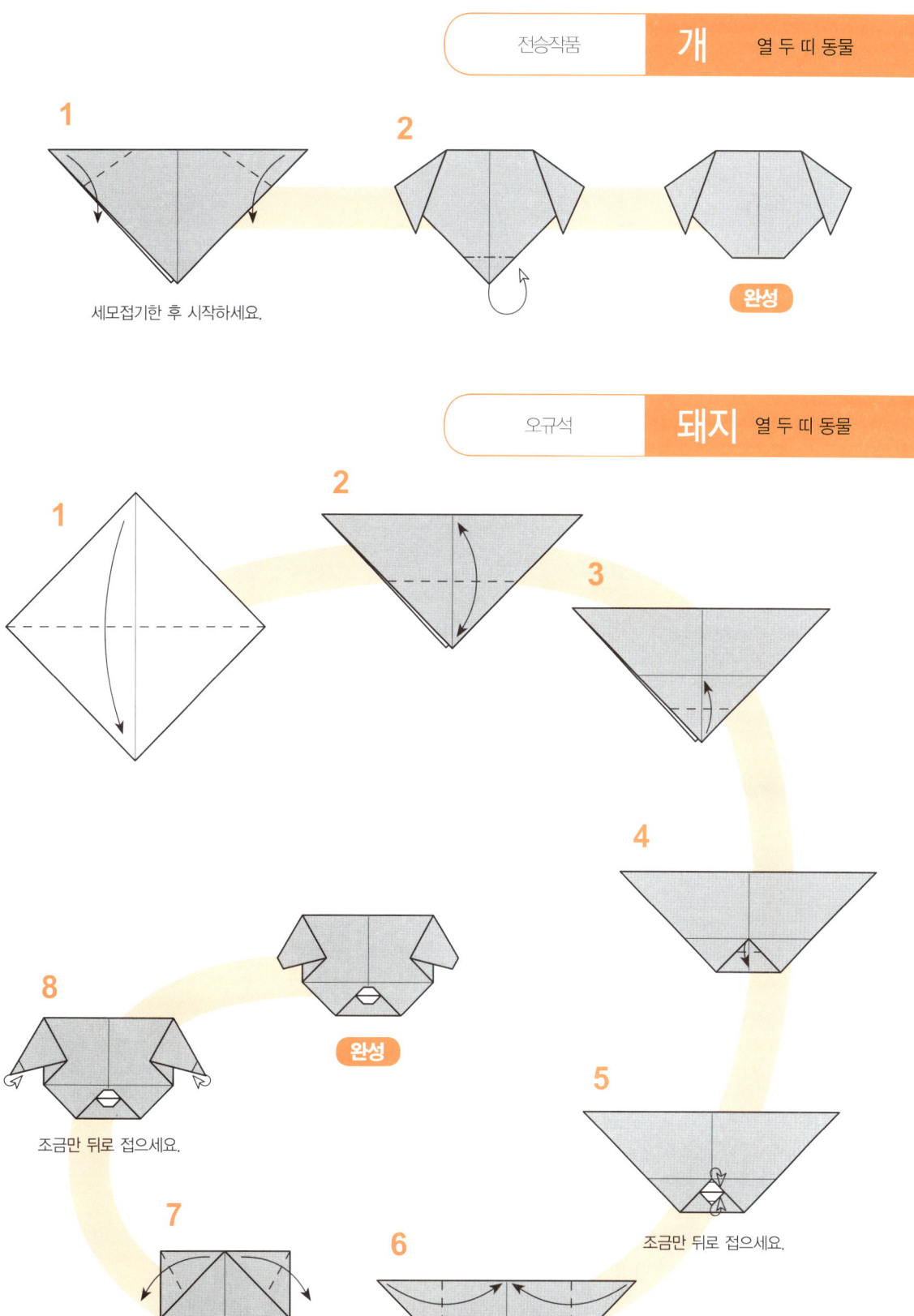

세모접기한 후 시작하세요.

완성

오규석 **돼지** 열 두 띠 동물

조금만 뒤로 접으세요.

완성

조금만 뒤로 접으세요.

조금만 뒤로 접으세요.

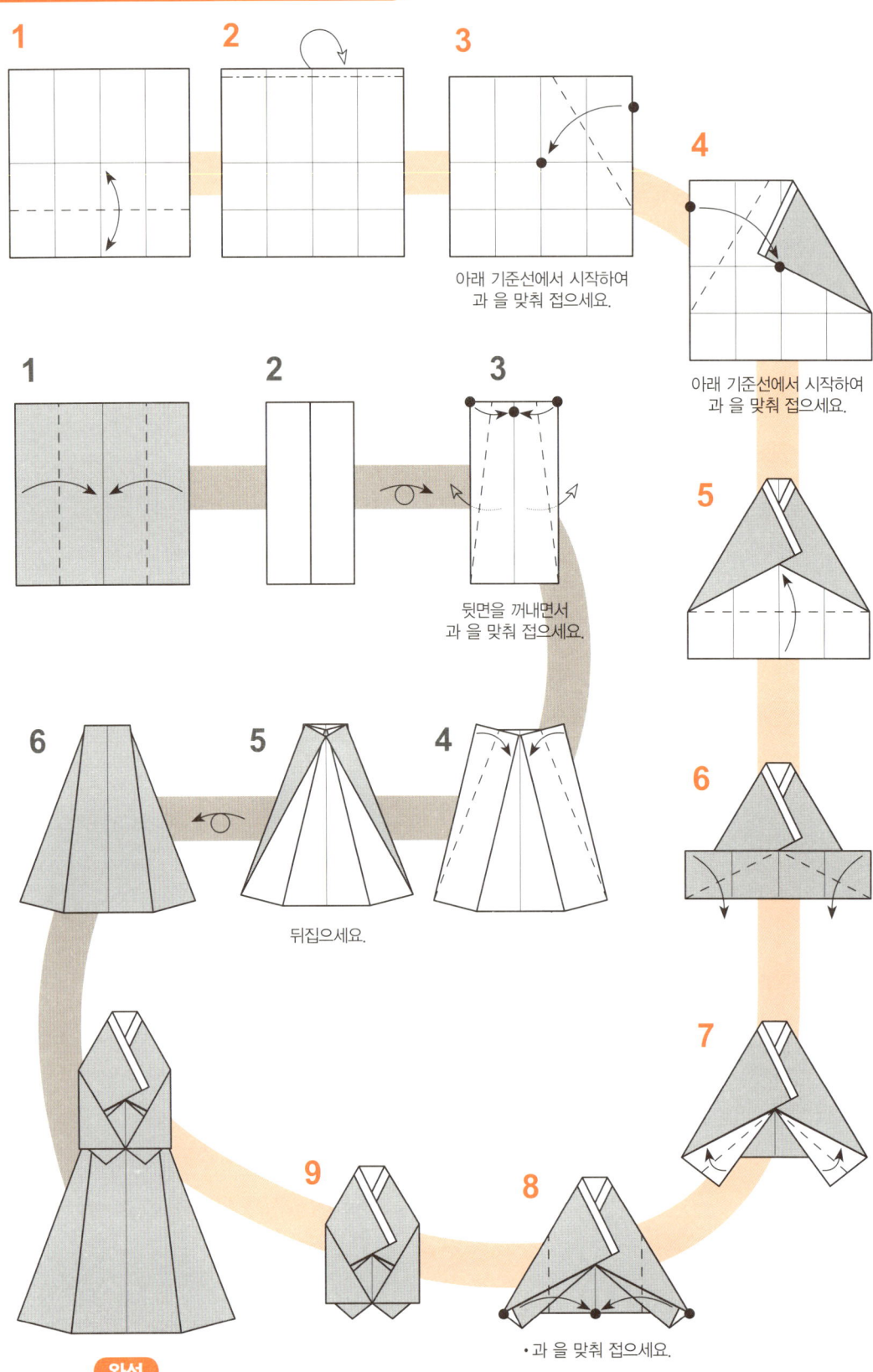

1

2

3

아래 기준선에서 시작하여
과 을 맞춰 접으세요.

4

아래 기준선에서 시작하여
과 을 맞춰 접으세요.

5

6

7

8

•과 을 맞춰 접으세요.

1

2

3

뒷면을 꺼내면서
과 을 맞춰 접으세요.

4

5

뒤집으세요.

6

9

완성

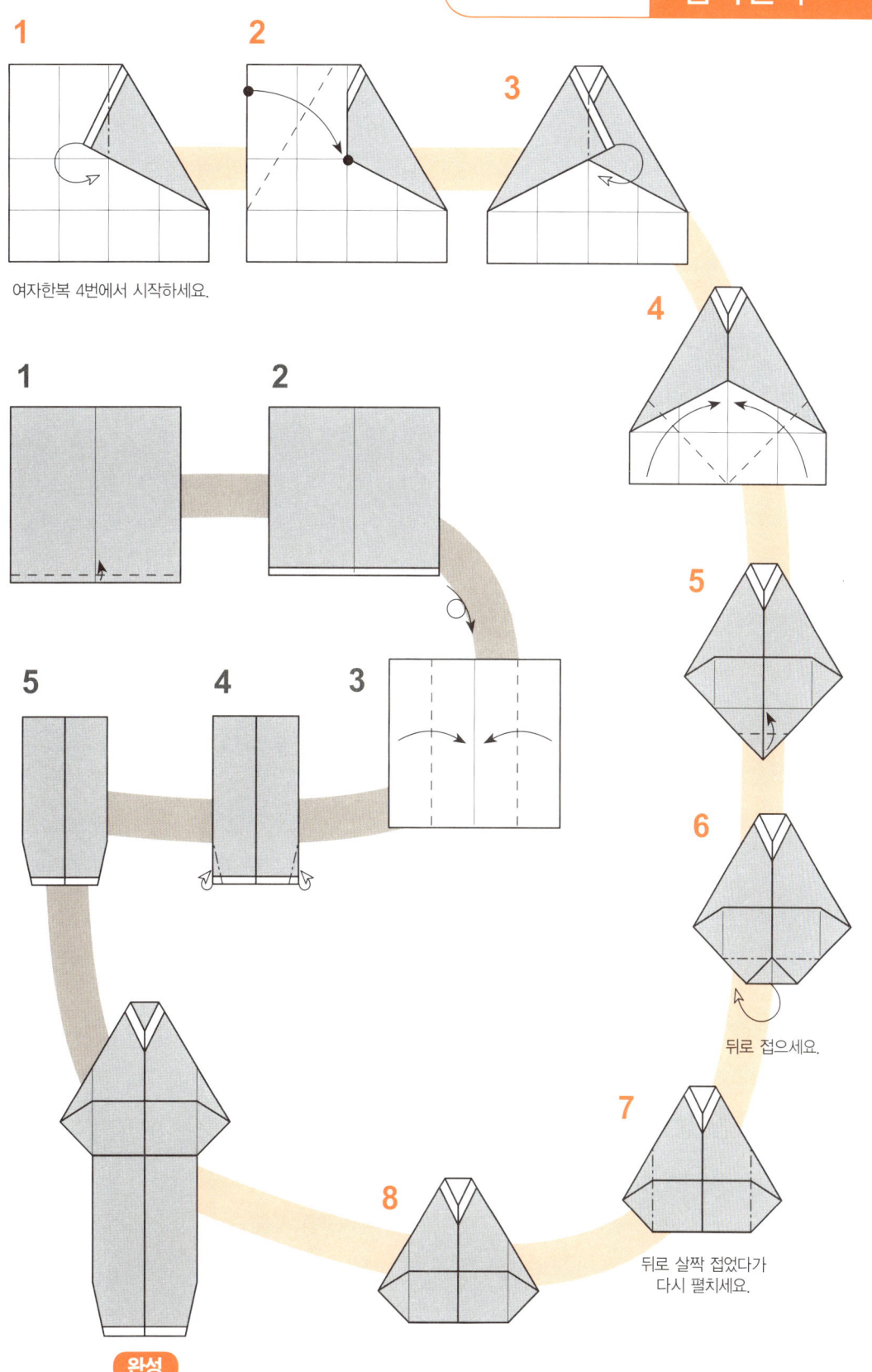

여자한복 4번에서 시작하세요.

뒤로 접으세요.

뒤로 살짝 접었다가
다시 펼치세요.

완성

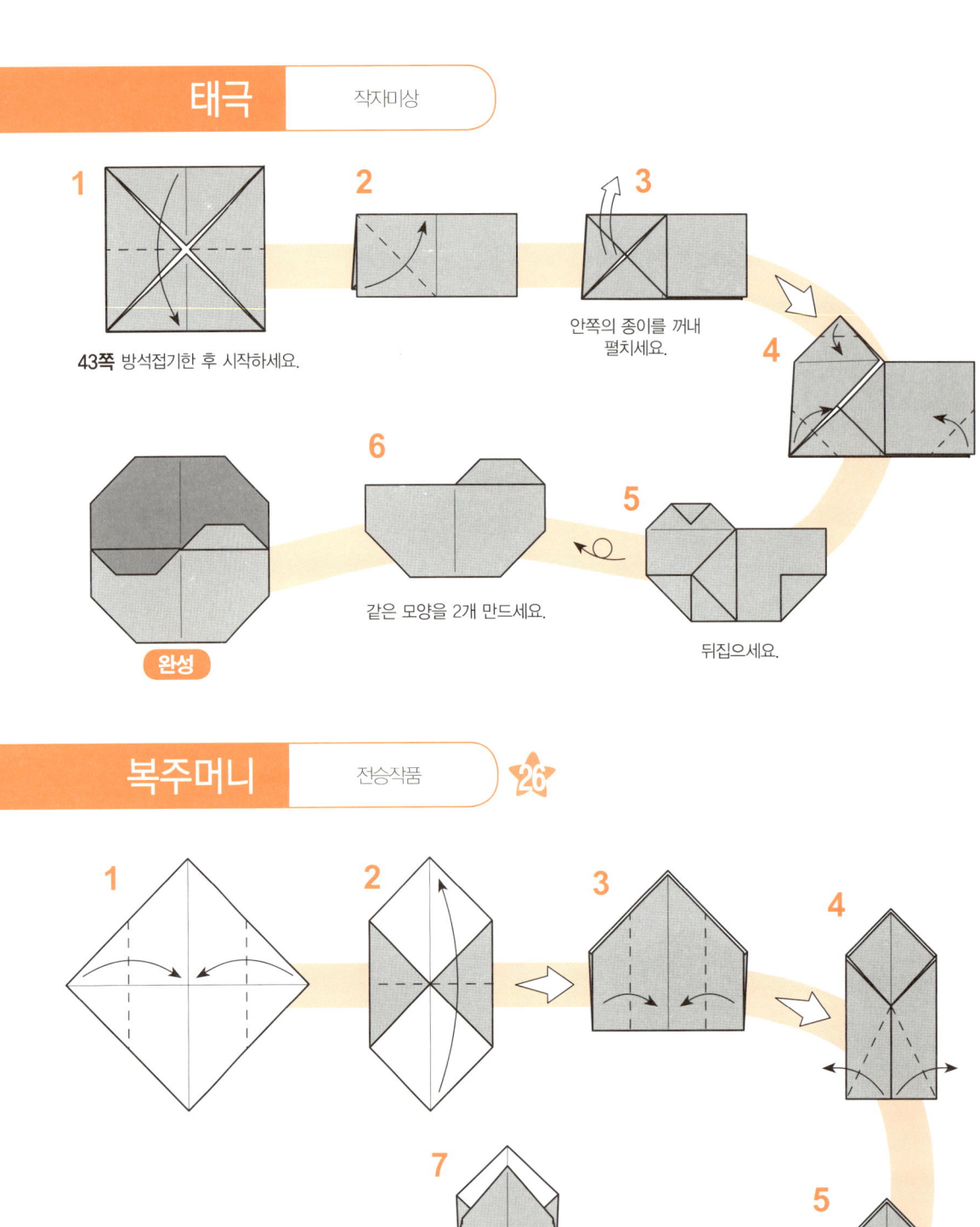

1

43쪽 방석접기한 후 시작하세요.

2

3

안쪽의 종이를 꺼내
펼치세요.

4

5

뒤집으세요.

6

같은 모양을 2개 만드세요.

완성

복주머니   전승작품

1

2

3

4

5

안쪽을 잡아당겨 빼내세요.

6

뒤로 하여 안쪽으로 접으세요.

7

8

모두 아래로 접으세요.

완성

입체복주머니

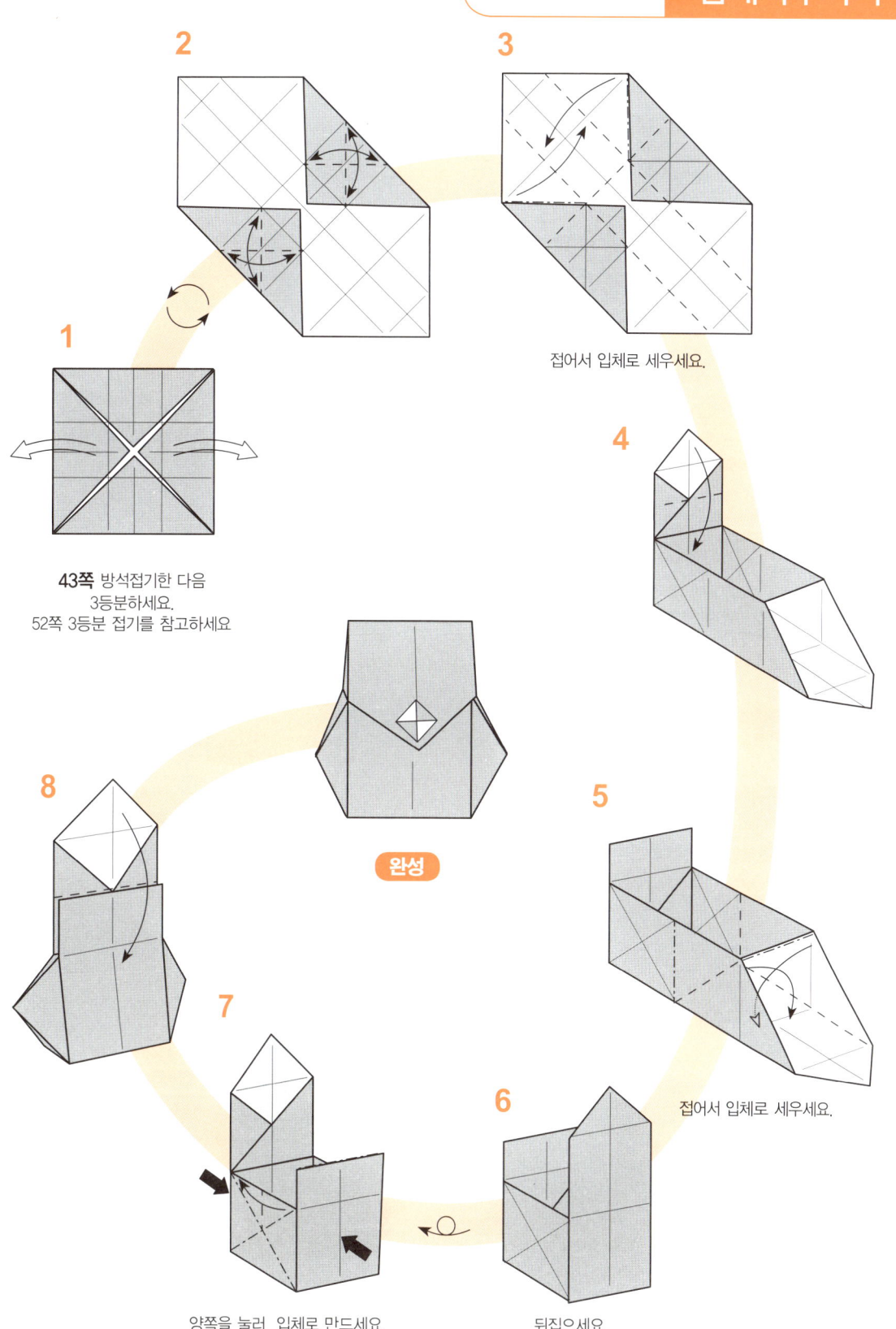

2

3

접어서 입체로 세우세요.

1

43쪽 방석접기한 다음
3등분하세요.
52쪽 3등분 접기를 참고하세요

4

완성

8

5

7

접어서 입체로 세우세요.

6

양쪽을 눌러 입체로 만드세요.

뒤집으세요.

칠교놀이

황우정/서명희

종이접기 칠교놀이에 사용하는 종이의 크기 (15×15cm 종이 기준)

종이의 크기	매수	만드는 형태
① 15×15cm	2장	직각이등변삼각형 2개
② 10.6×10.6cm	1장	직각이등변삼각형 1개
③ 7.5×7.5cm	5장	직각이등변삼각형 2개 정사각형 1개 평행사변형 1개

①
②
③

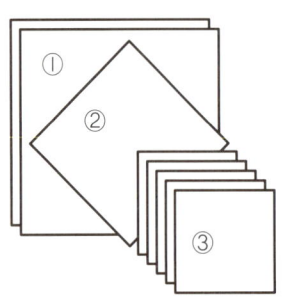

직각이등변삼각형 15cm – 2장 / 10.6cm – 1장 / 7.5cm – 2장 사용

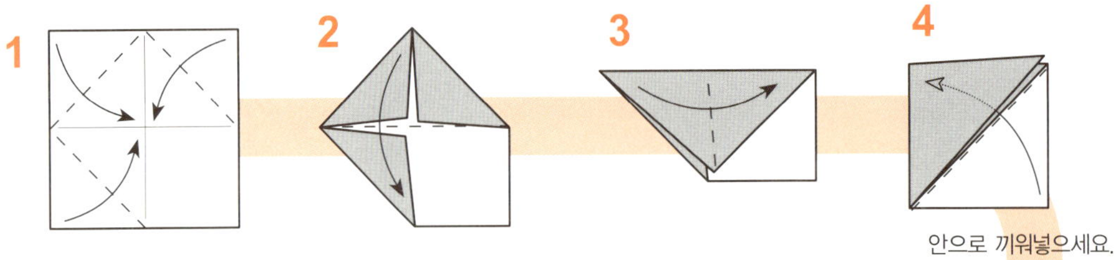

1
2
3
4
안으로 끼워넣으세요.

※10.6cm 종이는 15 x 15cm 종이를 방석접기 한 후 ½ 크기 정사각형 종이로 접어요

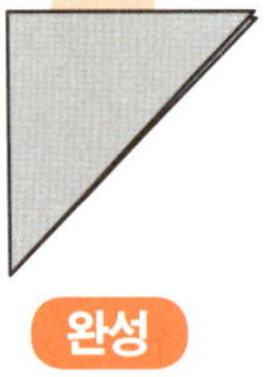

완성

정사각형 7.5cm – 2장 사용

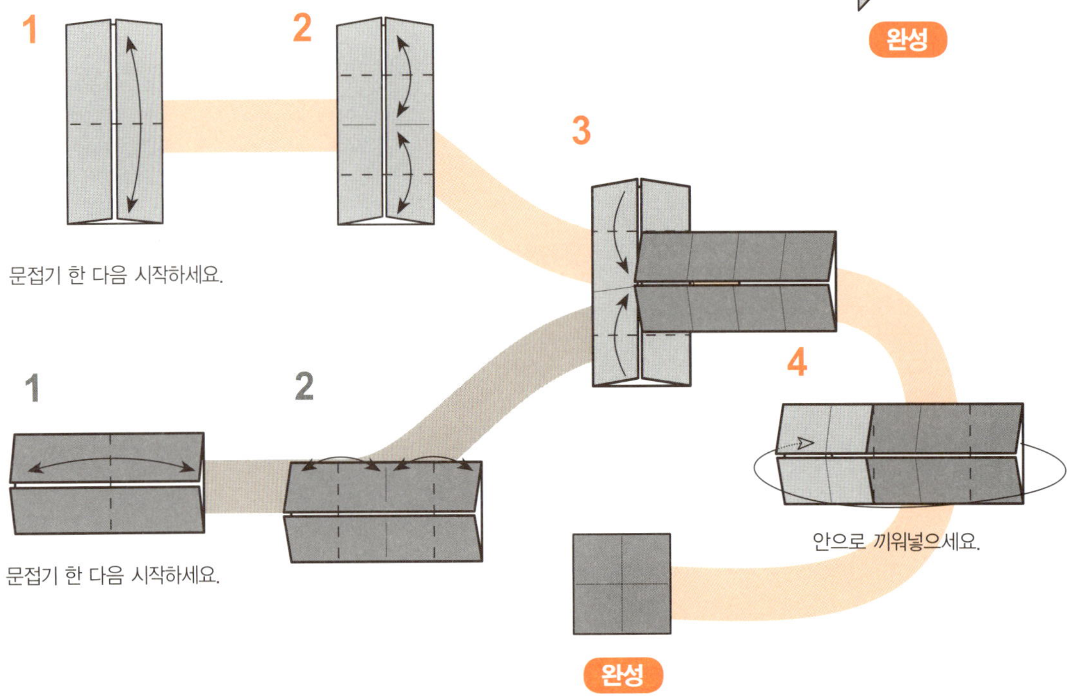

1
2
문접기 한 다음 시작하세요.
3
1
2
문접기 한 다음 시작하세요.
4
안으로 끼워넣으세요.
완성

평행사변형 7.5cm – 1장 사용

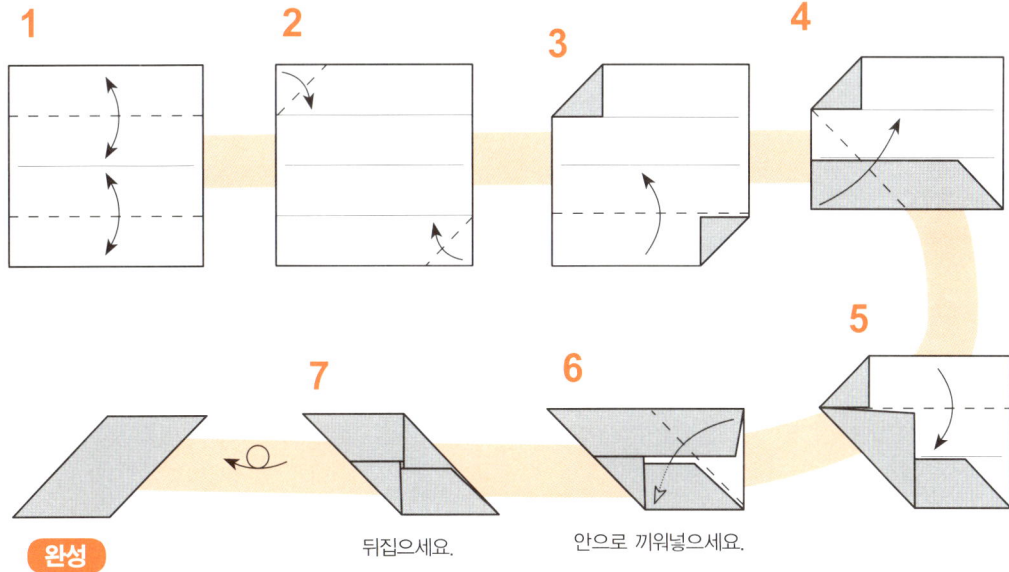

1 **2** **3** **4**

5

7 **6**

완성

뒤집으세요.

안으로 끼워넣으세요.

※종이접기 칠교놀이로 여러가지 모양을 만들어 보세요

작자미상

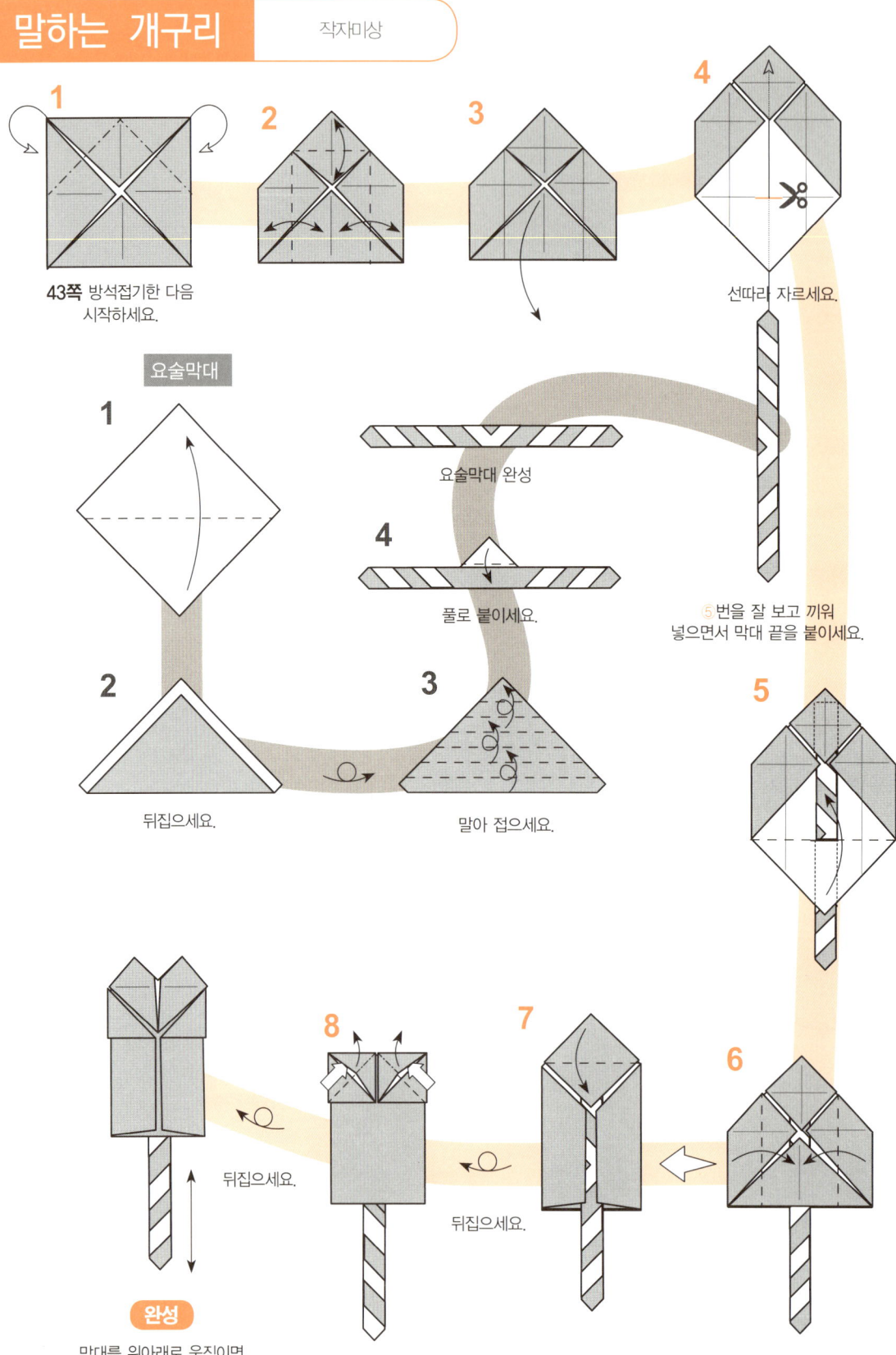

1
43쪽 방석접기한 다음 시작하세요.

2

3

4
선따라 자르세요.

요술막대

1

2
뒤집으세요.

3
말아 접으세요.

요술막대 완성

4
풀로 붙이세요.

⑤번을 잘 보고 끼워 넣으면서 막대 끝을 붙이세요.

5

6

7
뒤집으세요.

8
뒤집으세요.

완성
막대를 위아래로 움직이면 말하는 개구리가 됩니다.

생각이 활짝, 창의력 쑥쑥!

변형과 창작 4

Variation/Creation

창작은 기존 작품을 변형시키는 것에서
부터 시작됩니다. 어떤 형태로 변형이 이
루어지는지, 창작 작품에는 어떤 것들이
있는지 알아봅니다.

1

49쪽 학접기 기본형에서
시작하세요.

2

3

입체 계단접기하세요.

4

사이로 끼워넣으세요.

5

6

7

8

펼쳐 눌러 접으세요.

9

10

반대쪽도 5~8까지
접으세요.

11

안으로 넣어 접으세요.

12

안으로 넣어 접으세요.

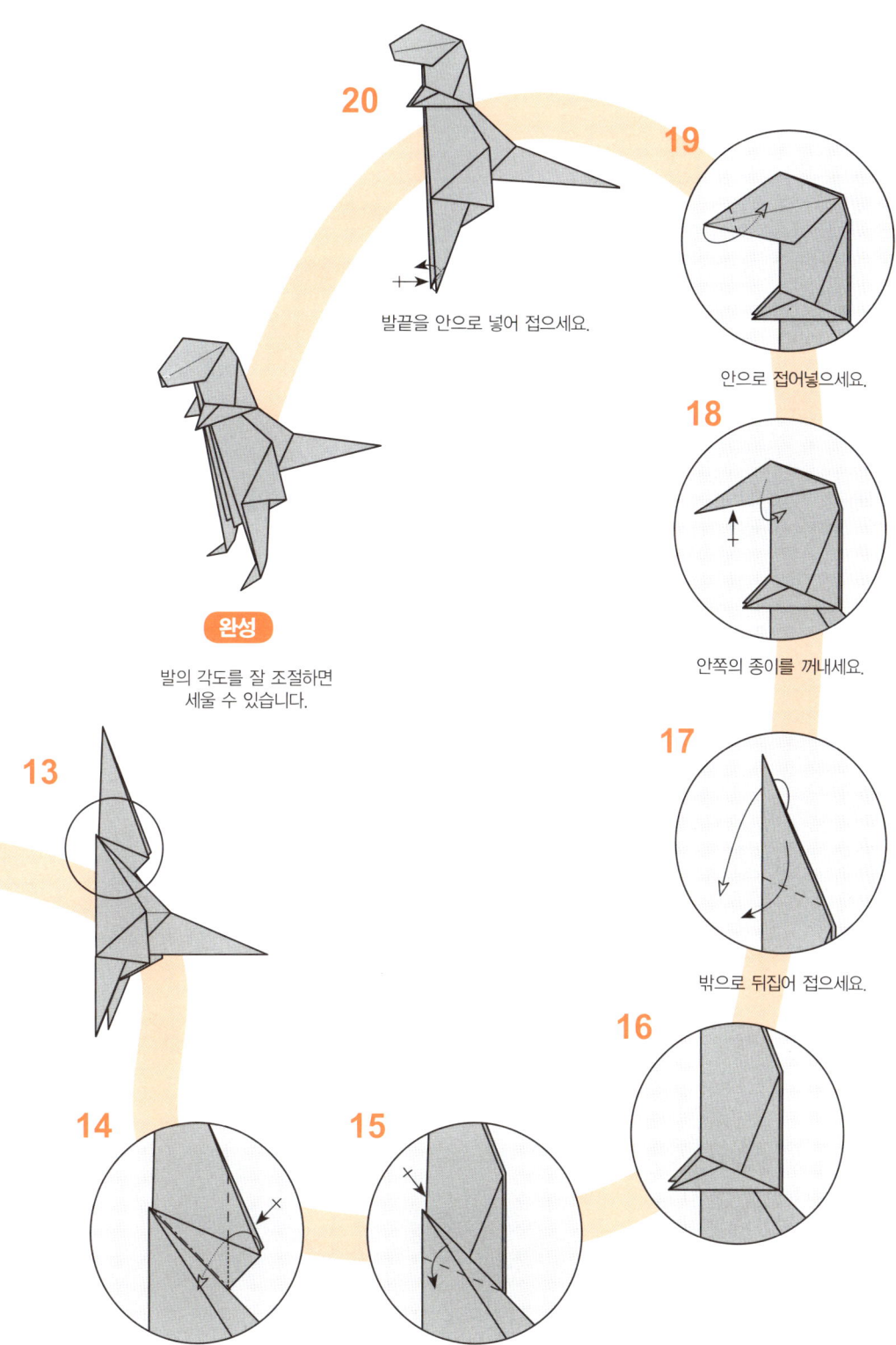

20

발끝을 안으로 넣어 접으세요.

19

안으로 접어넣으세요.

18

안쪽의 종이를 꺼내세요.

17

밖으로 뒤집어 접으세요.

16

완성

발의 각도를 잘 조절하면
세울 수 있습니다.

13

14

15

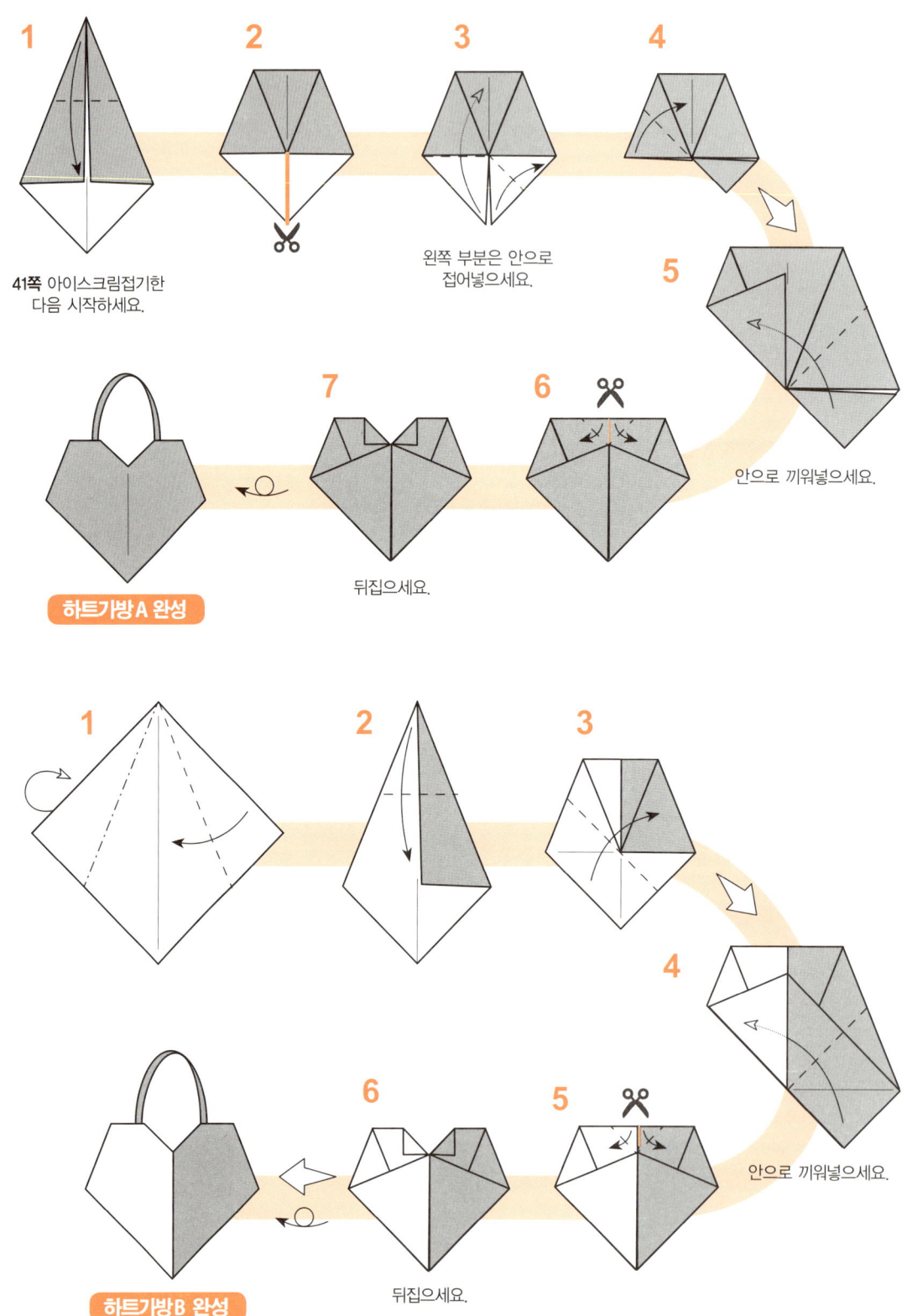

1

41쪽 아이스크림접기한
다음 시작하세요.

2

✂

3

왼쪽 부분은 안으로
접어넣으세요.

4

5

안으로 끼워넣으세요.

6

✂

뒤집으세요.

7

하트가방A 완성

1

2

3

4

안으로 끼워넣으세요.

5

✂

뒤집으세요.

6

하트가방B 완성

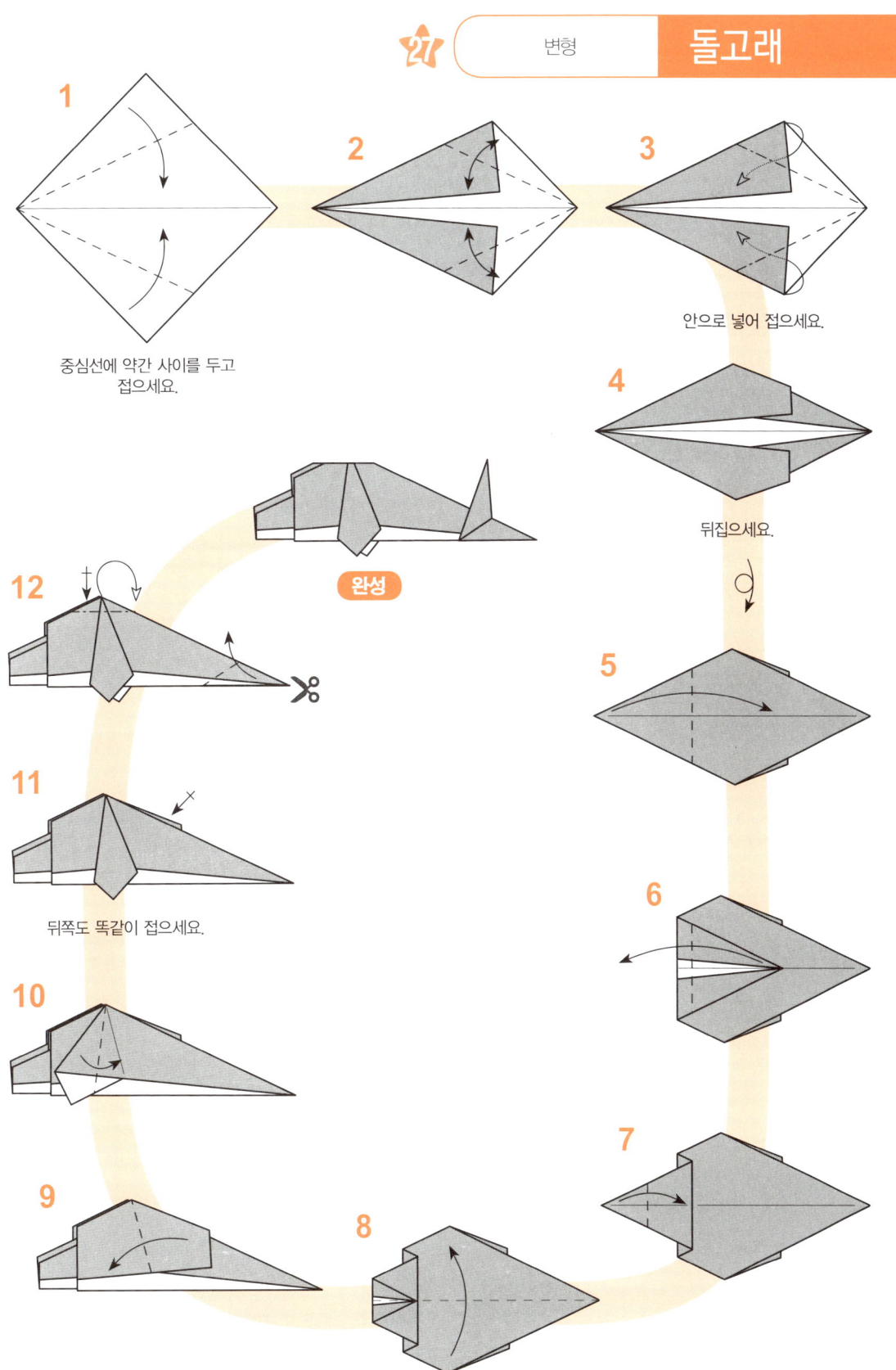

1

중심선에 약간 사이를 두고
접으세요.

2

3

안으로 넣어 접으세요.

4

뒤집으세요.

5

6

7

8

9

10

11

뒤쪽도 똑같이 접으세요.

12

완성

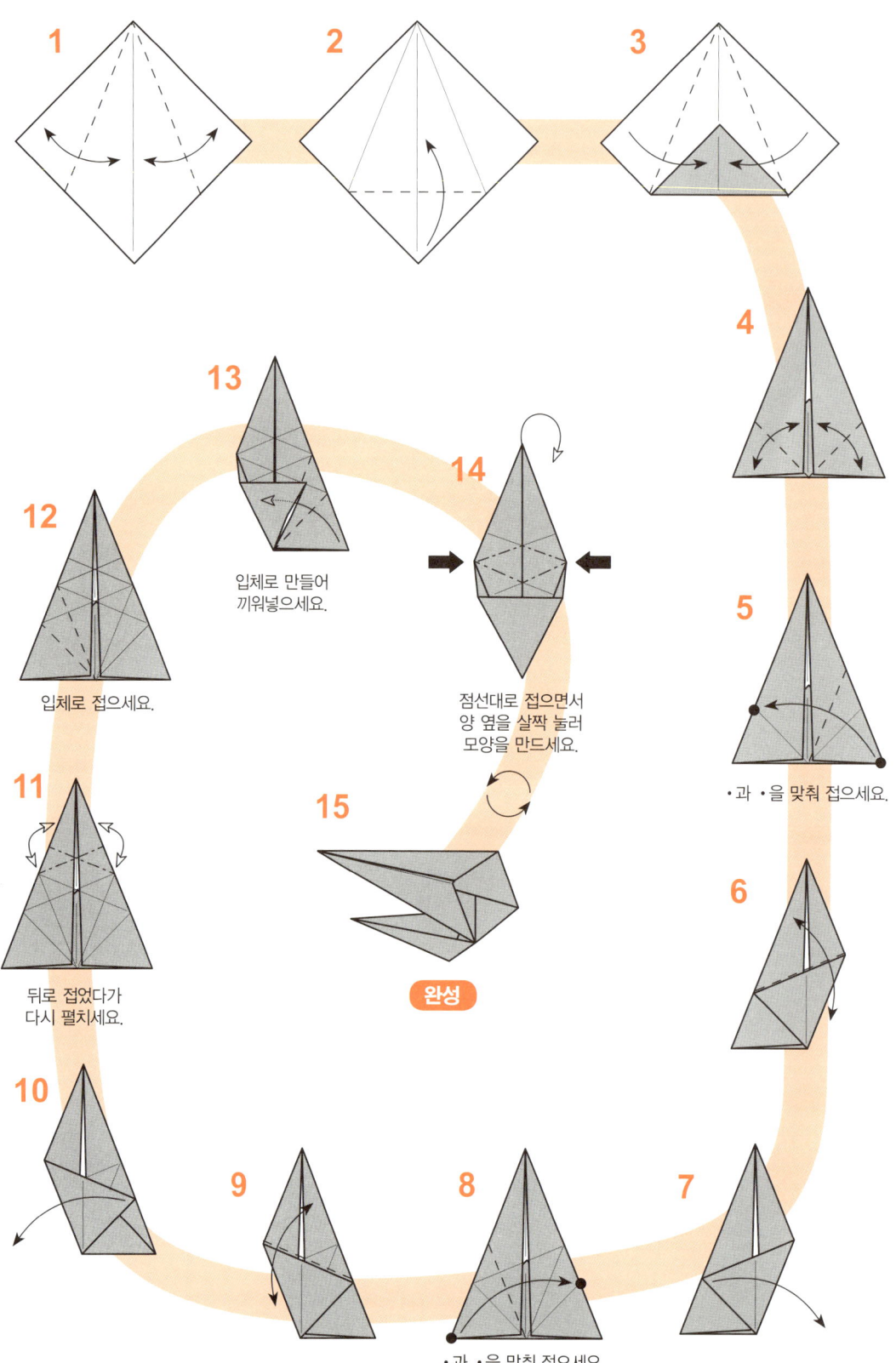

1

2

3

4

5

·과 ·을 맞춰 접으세요.

6

7

8

·과 ·을 맞춰 접으세요.

9

10

11

뒤로 접었다가
다시 펼치세요.

12

입체로 접으세요.

13

입체로 만들어
끼워넣으세요.

14

점선대로 접으면서
양 옆을 살짝 눌러
모양을 만드세요.

15

완성

1

아이스크림접기한 다음
시작하세요.

2

3

4

뒤집으세요.

5

똑같은 모양을
3장 만드세요.

삼각뿔

1

접었다가 다시 펼치세요.

2

뒤집으세요.

3

4

삼각뿔 완성

오목하게 붙이면 꽃받침,
바닥을 삼각으로 붙이면 삼각뿔이예요.

6

받침대(삼각뿔)위에 꽃잎을
3장 붙여 완성하세요.

삼각꽃 완성

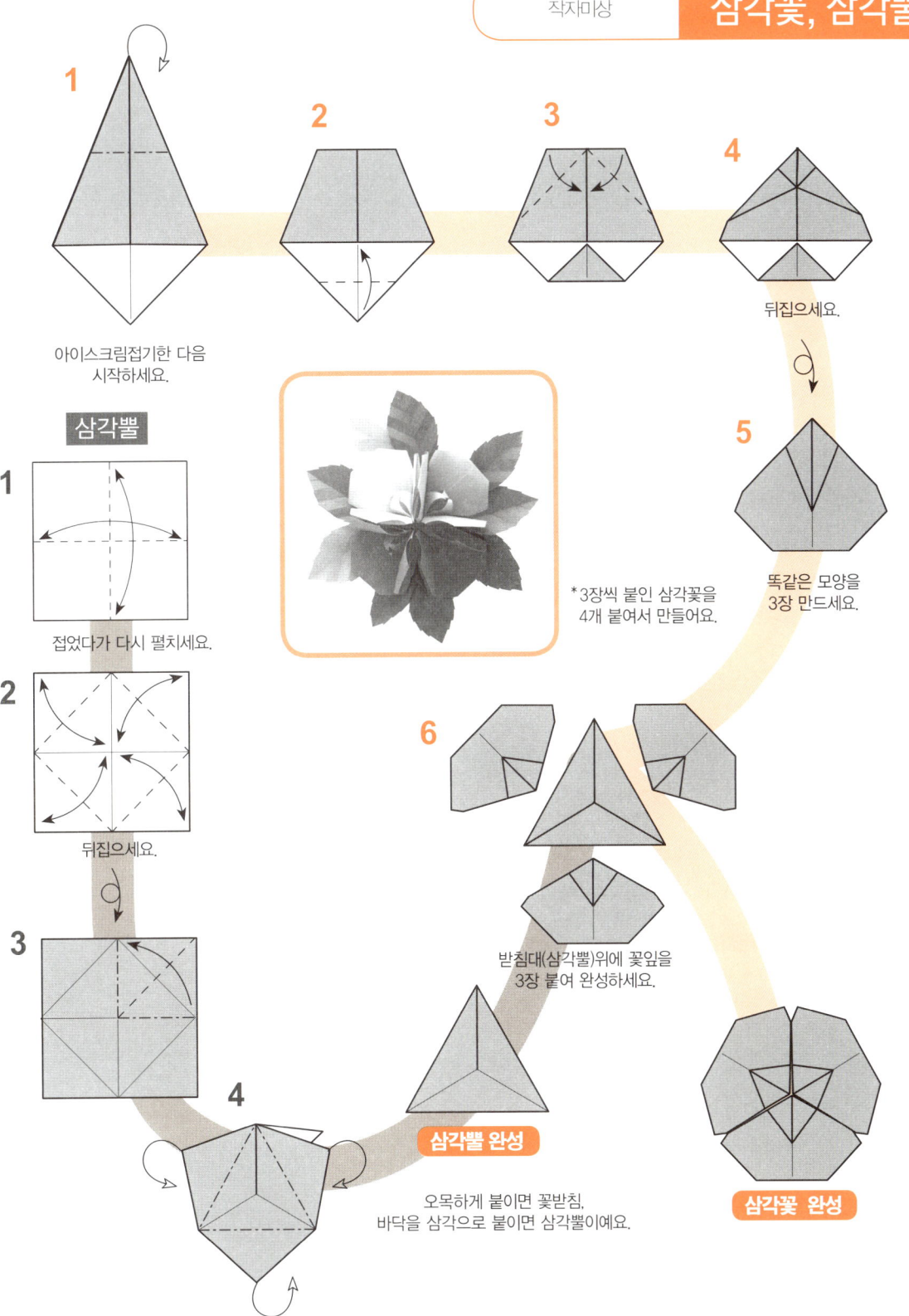

*3장씩 붙인 삼각꽃을
4개 붙여서 만들어요.

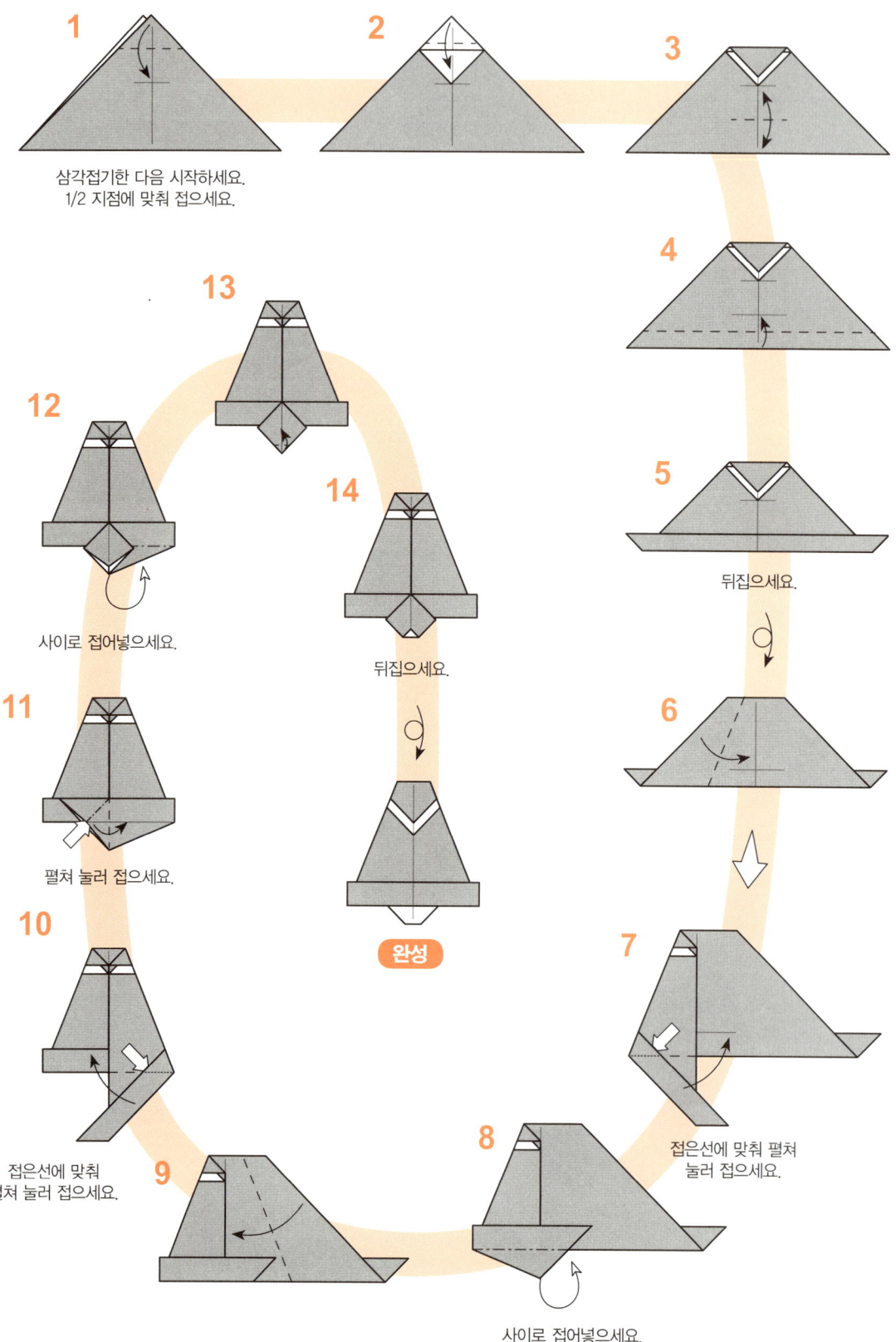

1 삼각접기한 다음 시작하세요.
1/2 지점에 맞춰 접으세요.

2

3

4

5 뒤집으세요.

6

7 접은선에 맞춰 펼쳐
눌러 접으세요.

8 사이로 접어넣으세요.

9

10 접은선에 맞춰
펼쳐 눌러 접으세요.

11 펼쳐 눌러 접으세요.

12 사이로 접어넣으세요.

13

14 뒤집으세요.

완성

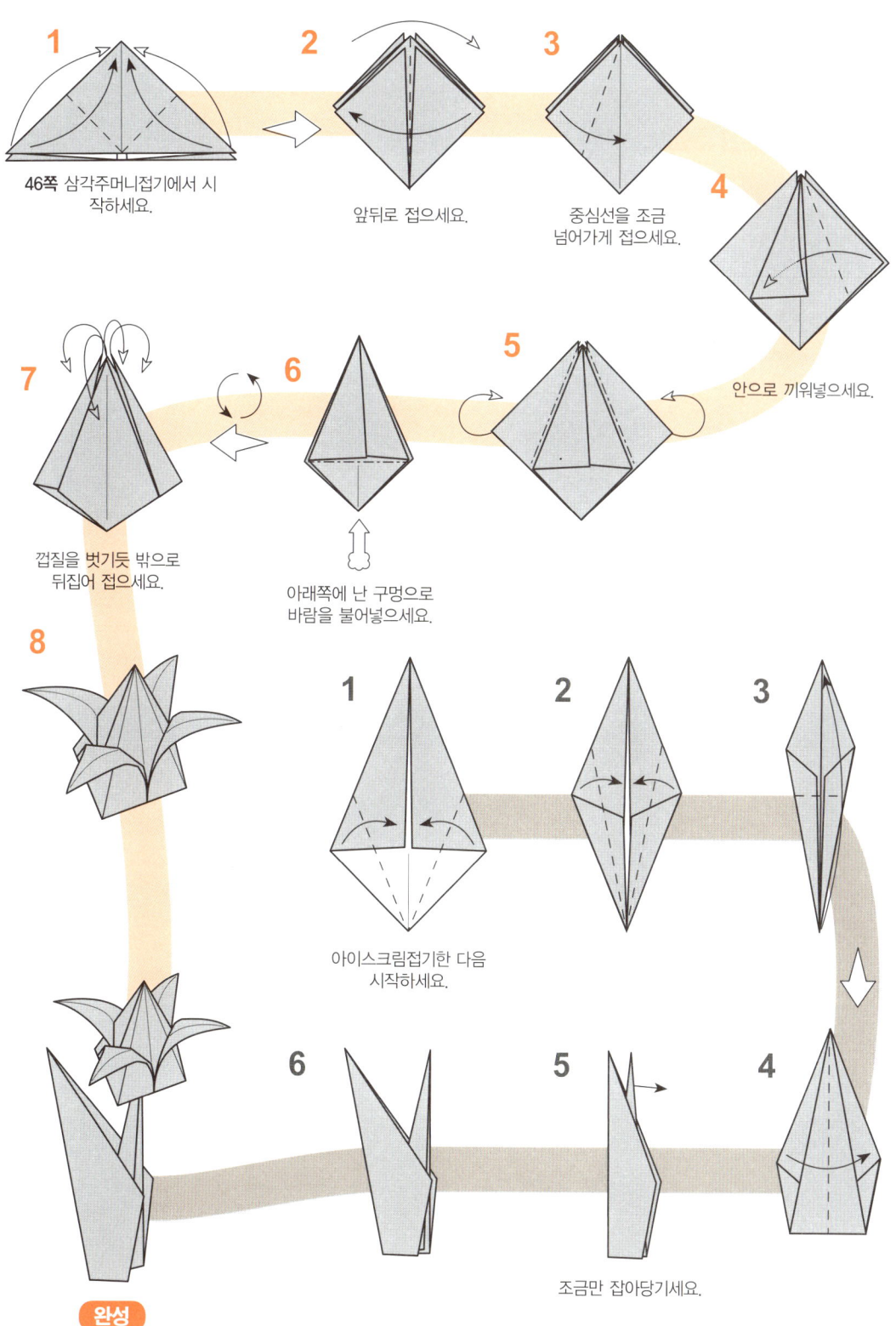

1 46쪽 삼각주머니접기에서 시작하세요.

2 앞뒤로 접으세요.

3 중심선을 조금 넘어가게 접으세요.

4

안으로 끼워넣으세요.

5

6 아래쪽에 난 구멍으로 바람을 불어넣으세요.

7 껍질을 벗기듯 밖으로 뒤집어 접으세요.

8

1 아이스크림접기한 다음 시작하세요.

2

3

4

5

6

조금만 잡아당기세요.

완성

1장 별

오규석/박종일

28

1
46쪽 삼각주머니접기 기본형에서 시작하세요.
2
뒷면을 꺼내면서 접으세요.
3
뒤집으세요.
4
•과 •을 맞춰 접으세요.
5
6
7
과 을 맞춰 접으세요.
8
9
10
뒤집으세요.
완성

고추

신한교

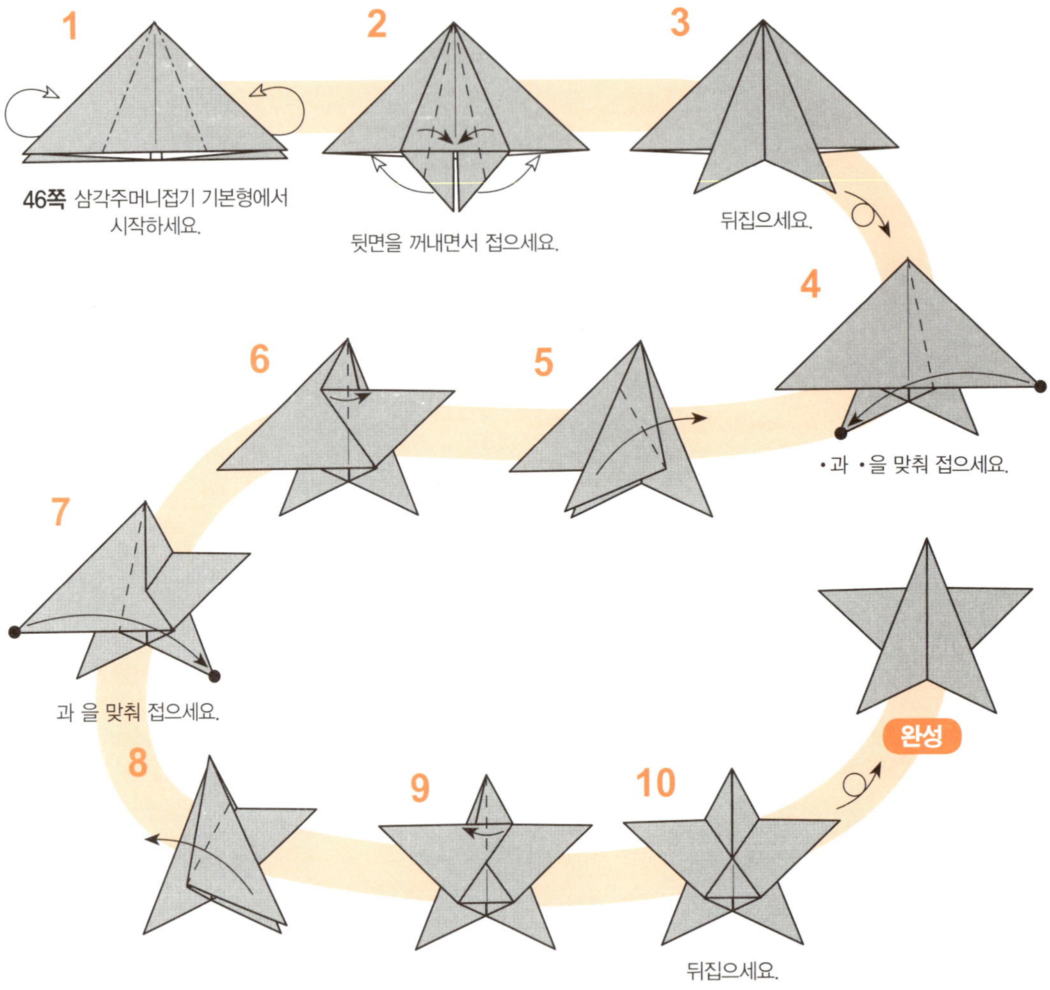

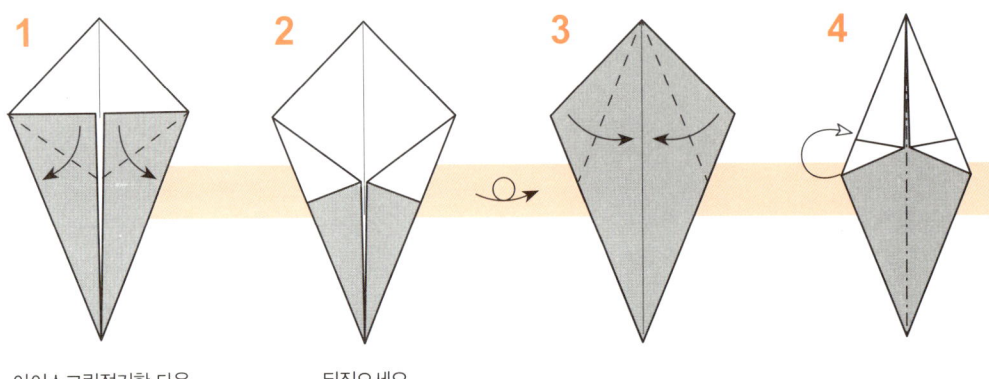

1
아이스크림접기한 다음 시작하세요.
2
뒤집으세요.
3
4

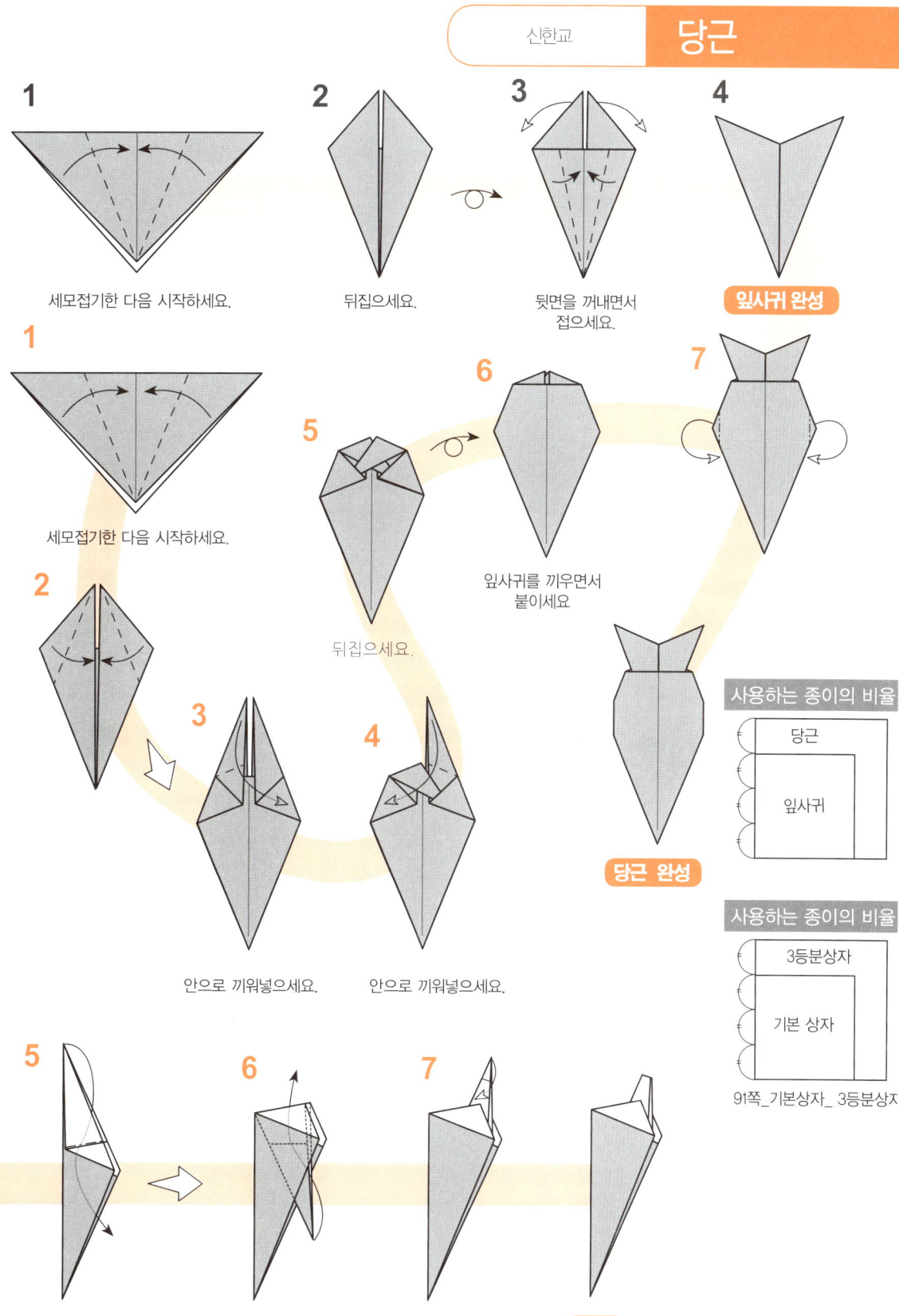

1

세모접기한 다음 시작하세요.

2

뒤집으세요.

3

뒷면을 꺼내면서
접으세요.

4

잎사귀 완성

1

세모접기한 다음 시작하세요.

2

3

안으로 끼워넣으세요.

4

안으로 끼워넣으세요.

5

뒤집으세요.

6

잎사귀를 끼우면서
붙이세요

7

당근 완성

5

안으로 넣어 접으세요.

6

안으로 넣어 접으세요.

7

안으로 접어넣으세요.

완성

사용하는 종이의 비율

| 당근 |
| 잎사귀 |

사용하는 종이의 비율

| 3등분상자 |
| 기본 상자 |

91쪽_ 기본상자_ 3등분상자

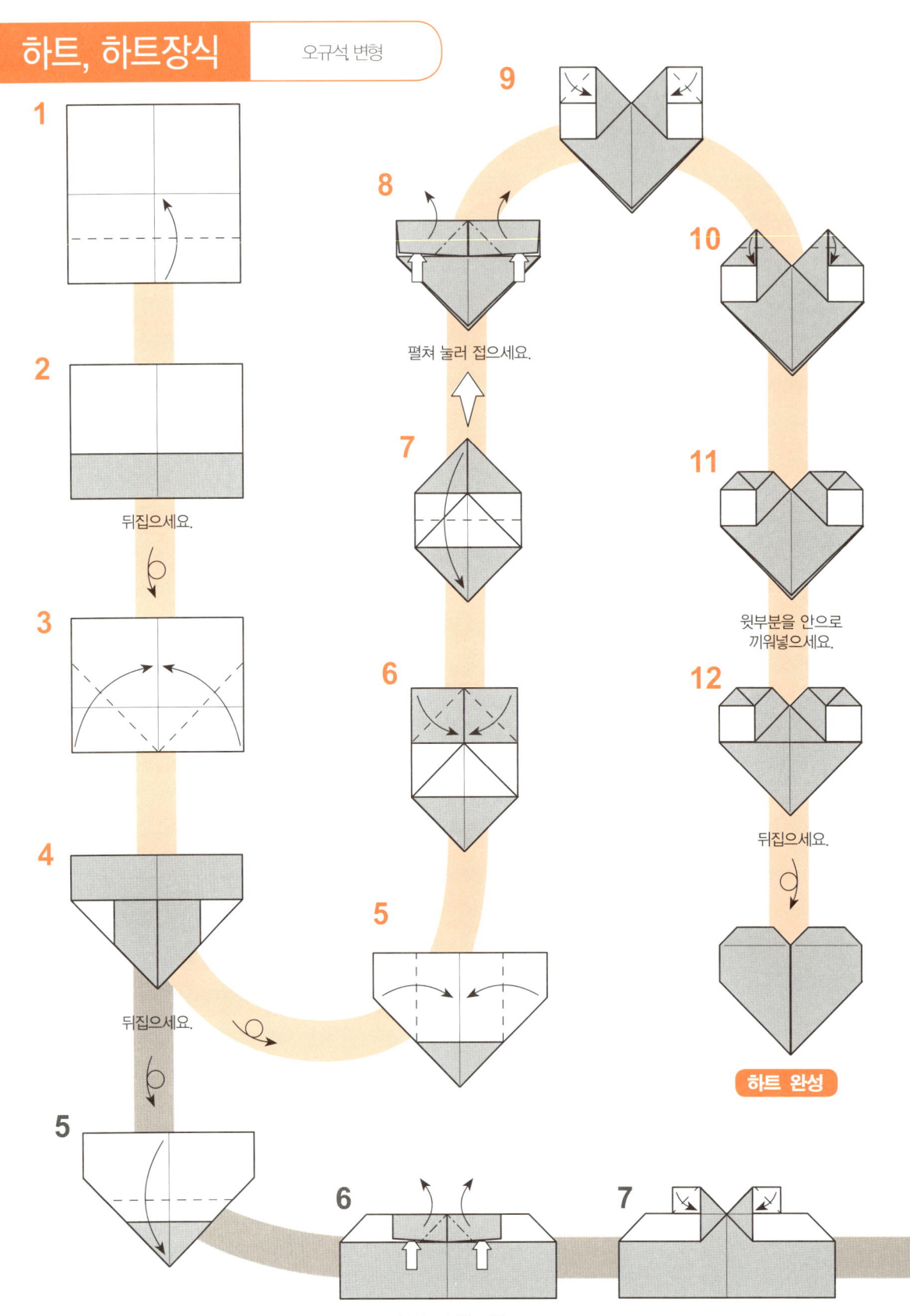

1

2

뒤집으세요.

3

4

뒤집으세요.

5

5

6

펼쳐 눌러 접으세요.

7

6

펼쳐 눌러 접으세요.

7

8

펼쳐 눌러 접으세요.

9

10

11

윗부분을 안으로
끼워넣으세요.

12

뒤집으세요.

하트 완성

열대어 A, B

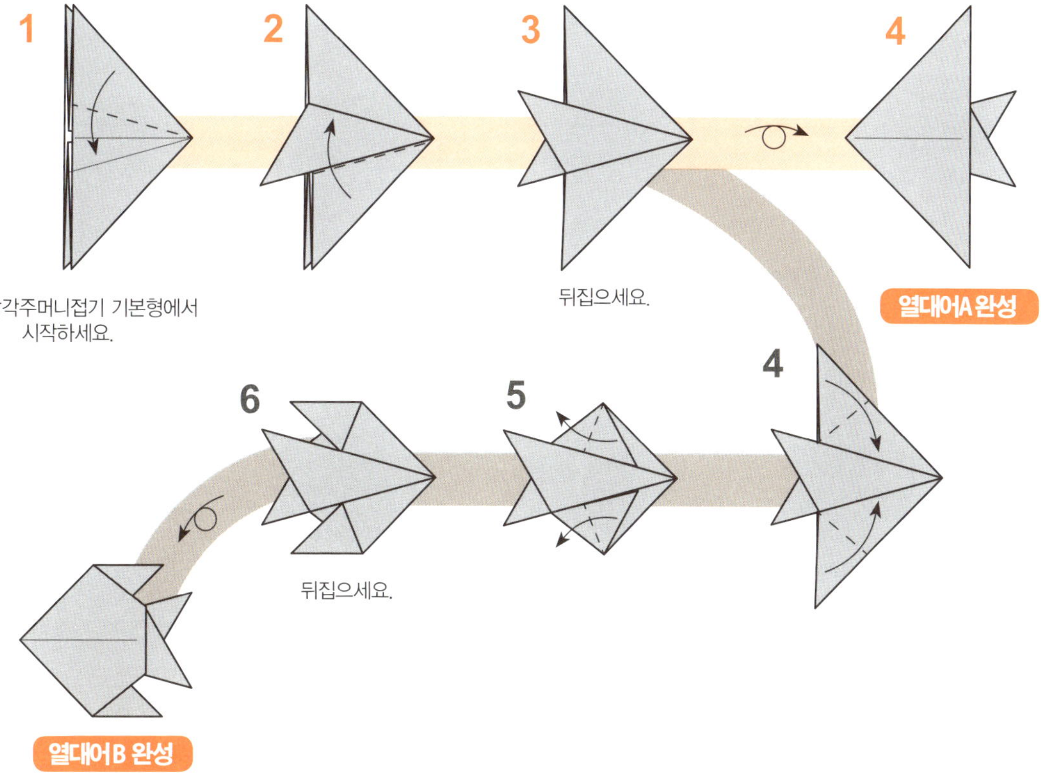

1

2

3

46쪽 삼각주머니접기 기본형에서
시작하세요.

뒤집으세요.

4

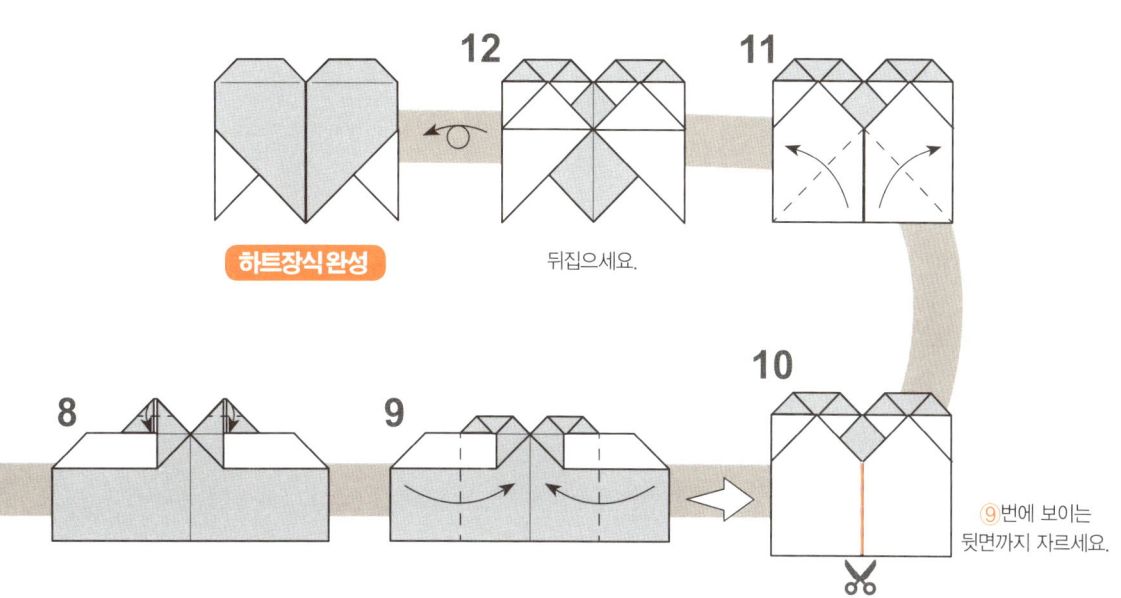

열대어A 완성

6

5

4

뒤집으세요.

열대어B 완성

12

11

하트장식 완성

뒤집으세요.

10

8

9

⑨번에 보이는
뒷면까지 자르세요.

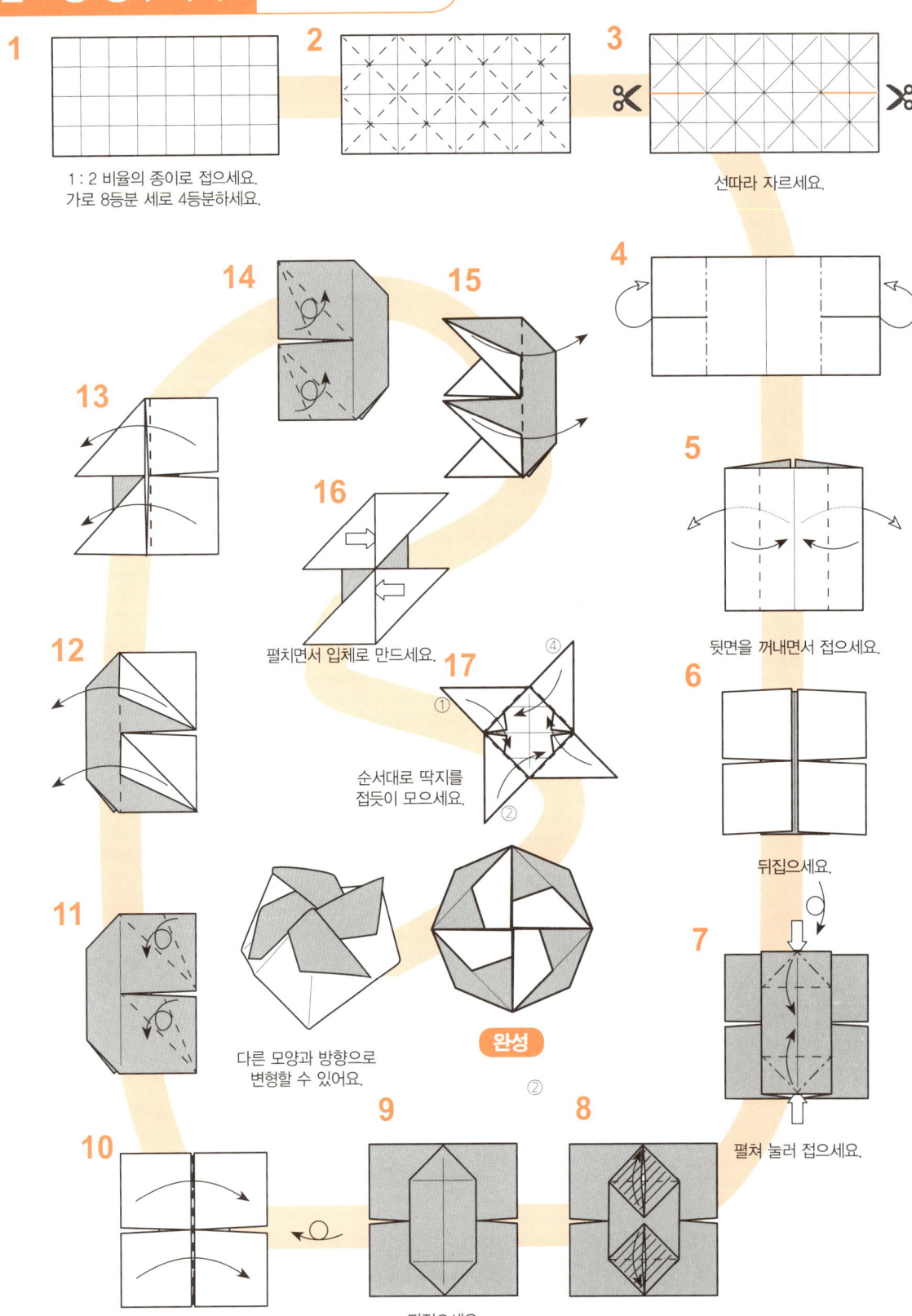

1
1 : 2 비율의 종이로 접으세요.
가로 8등분 세로 4등분하세요.

2

3
선따라 자르세요.

4

5
뒷면을 꺼내면서 접으세요.

6
뒤집으세요.

7
펼쳐 눌러 접으세요.

8
풀칠하여 붙이세요.

9
뒤집으세요.

10

11

12

13

14

15

16
펼치면서 입체로 만드세요.

17
순서대로 딱지를
접듯이 모으세요.

다른 모양과 방향으로
변형할 수 있어요.

완성

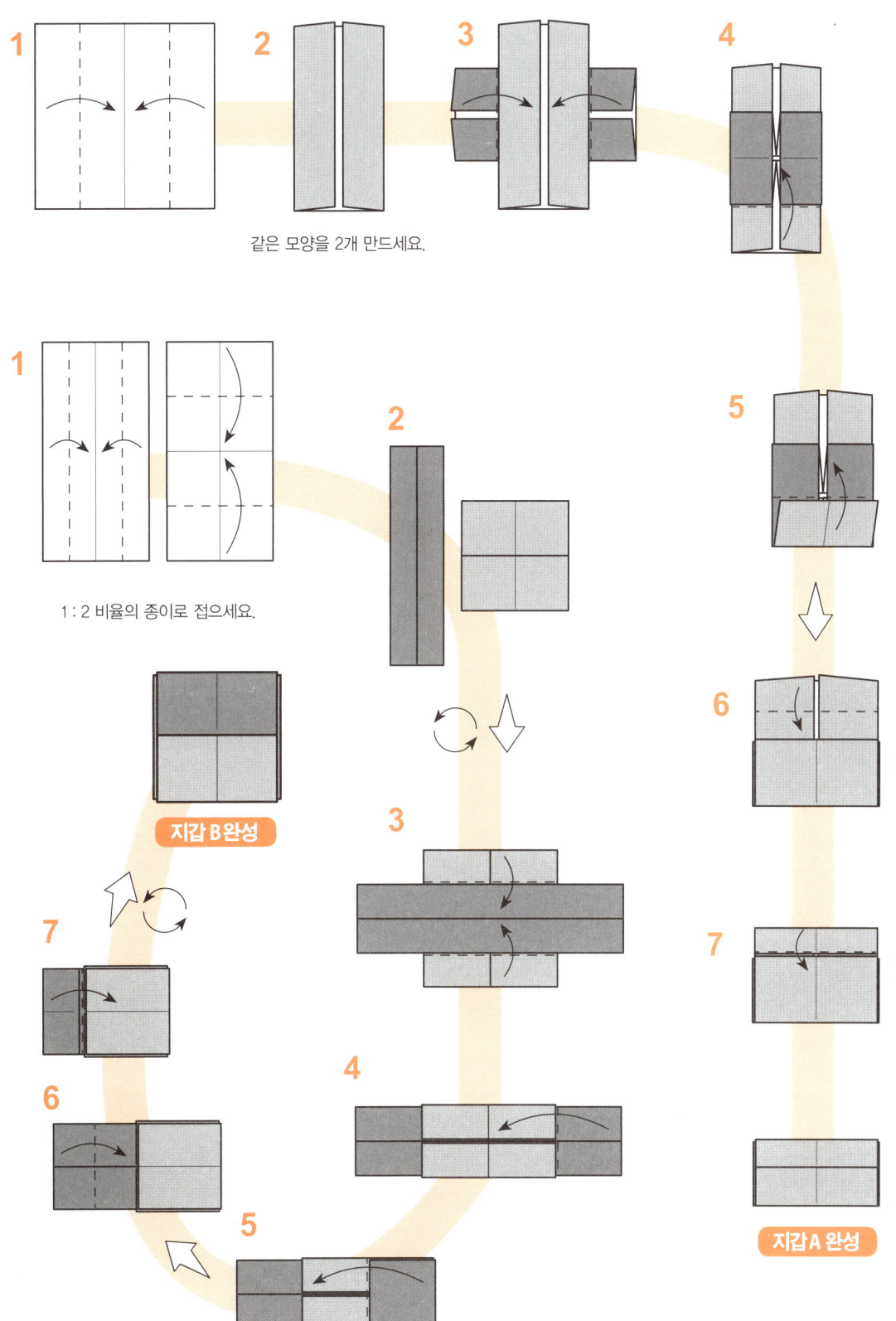

1

2

같은 모양을 2개 만드세요.

3

4

1

1 : 2 비율의 종이로 접으세요.

2

5

3

6

지갑 B완성

7

4

7

6

5

지갑A 완성

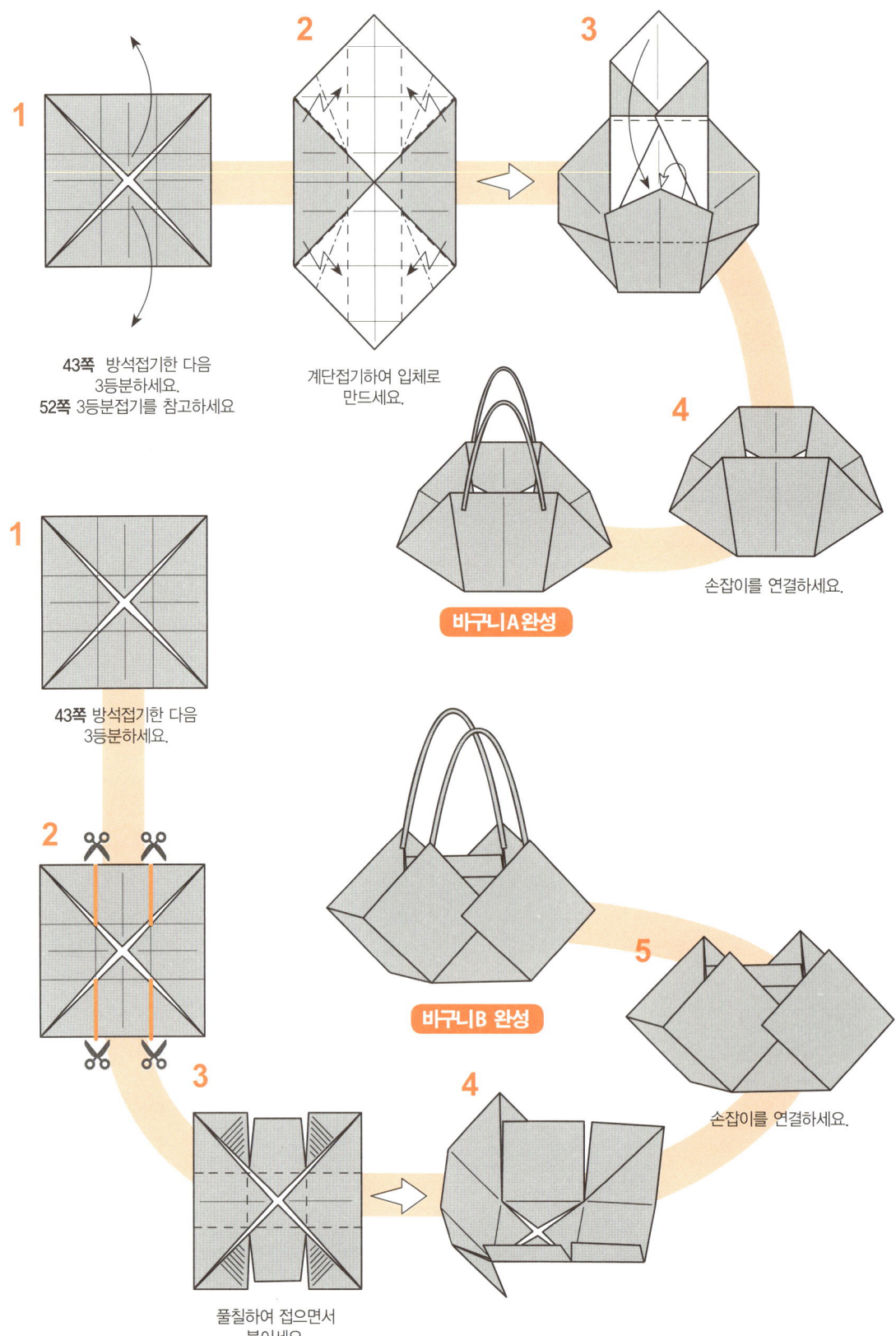

바구니 A,B

신한교, 서명희

1 43쪽 방석접기한 다음 3등분하세요.
52쪽 3등분접기를 참고하세요

2 계단접기하여 입체로 만드세요.

3

4 손잡이를 연결하세요.

바구니A완성

1 43쪽 방석접기한 다음 3등분하세요.

2

3 풀칠하여 접으면서 붙이세요.

4

5 손잡이를 연결하세요.

바구니B 완성

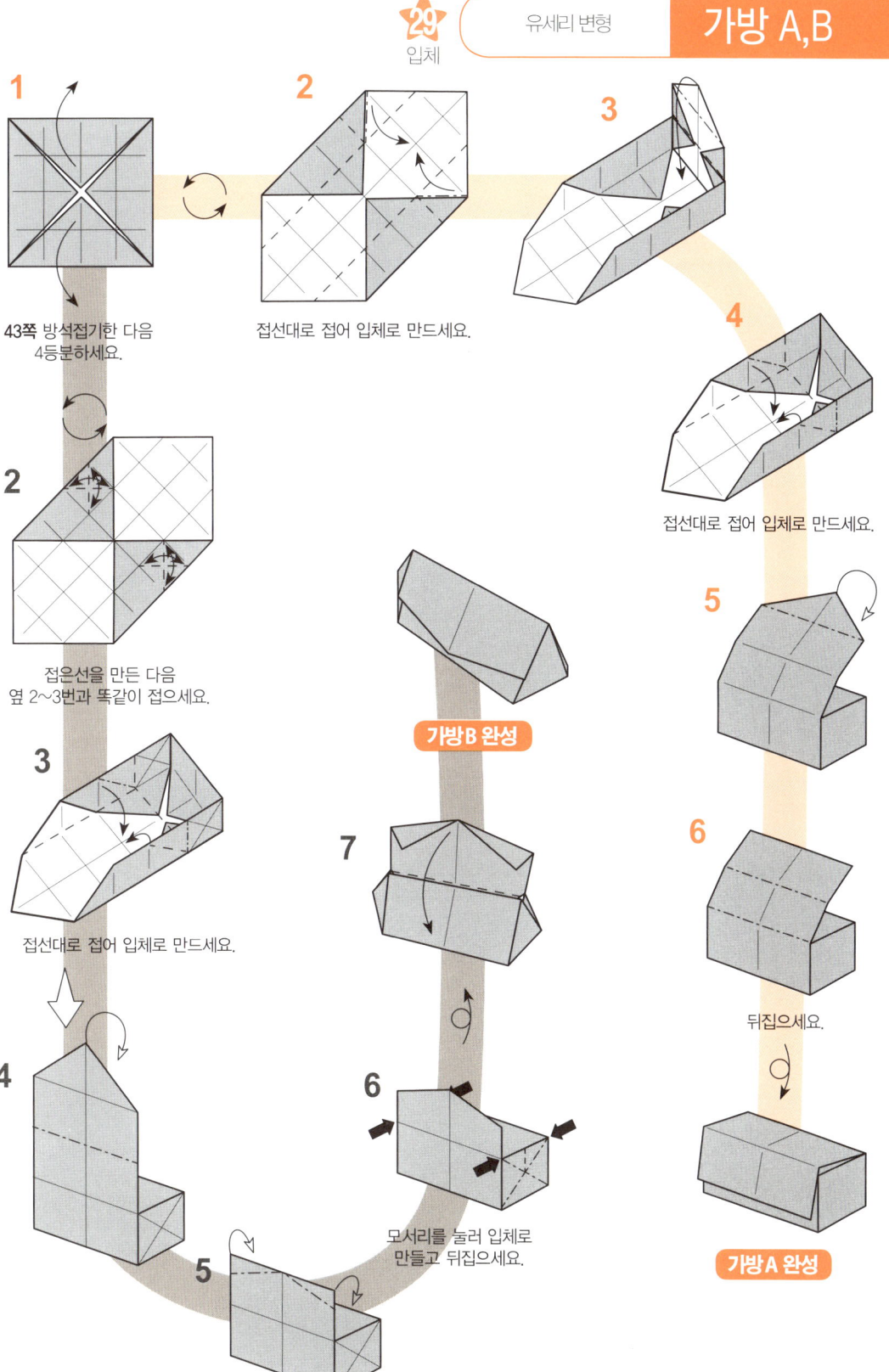

1

43쪽 방석접기한 다음
4등분하세요.

2

접선대로 접어 입체로 만드세요.

3

4

접선대로 접어 입체로 만드세요.

2

접은선을 만든 다음
옆 2~3번과 똑같이 접으세요.

3

접선대로 접어 입체로 만드세요.

가방B 완성

5

6

뒤집으세요.

7

4

6

모서리를 눌러 입체로
만들고 뒤집으세요.

가방A 완성

5

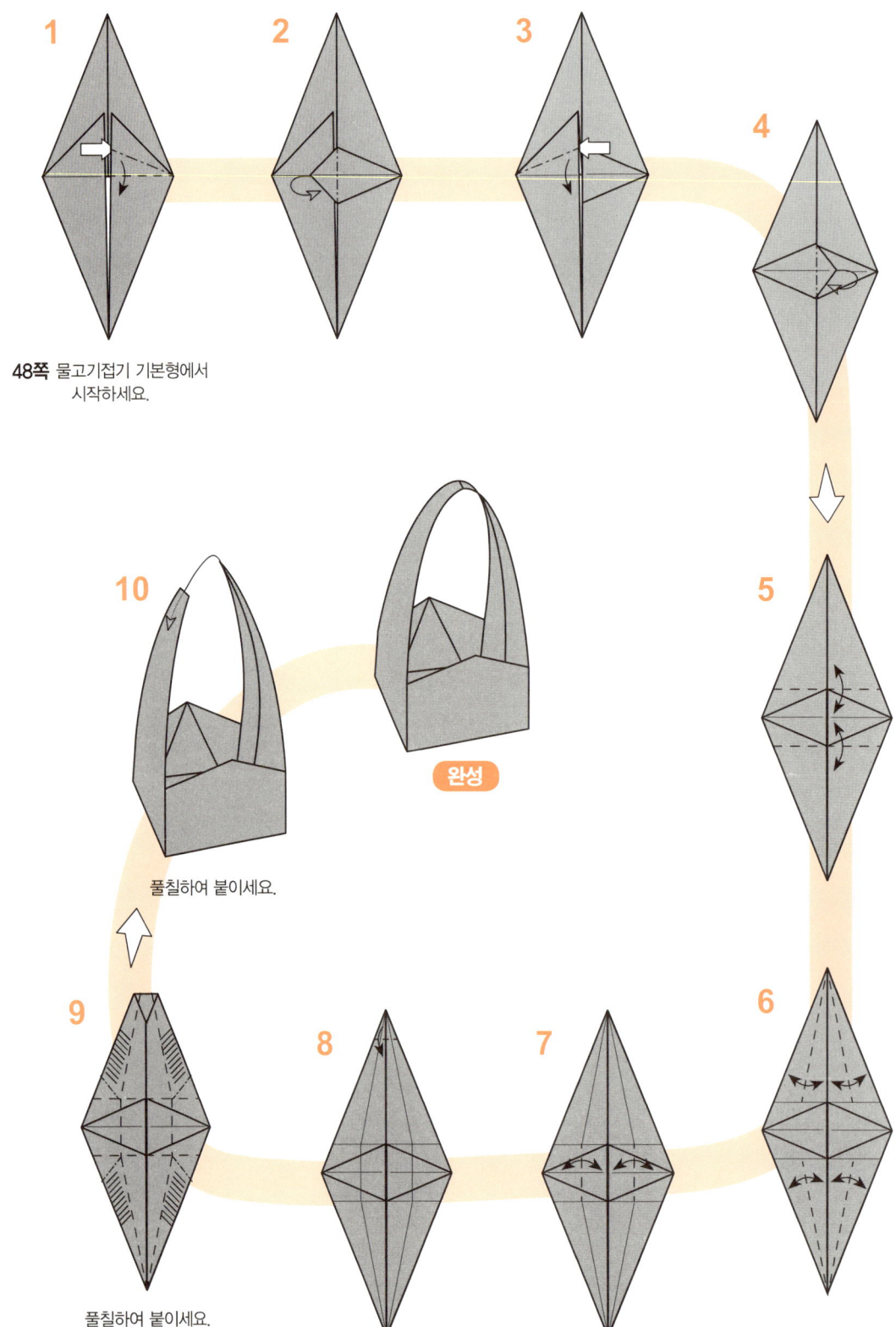

48쪽 물고기접기 기본형에서
시작하세요.

풀칠하여 붙이세요.

완성

풀칠하여 붙이세요.

쥐돌이 상자

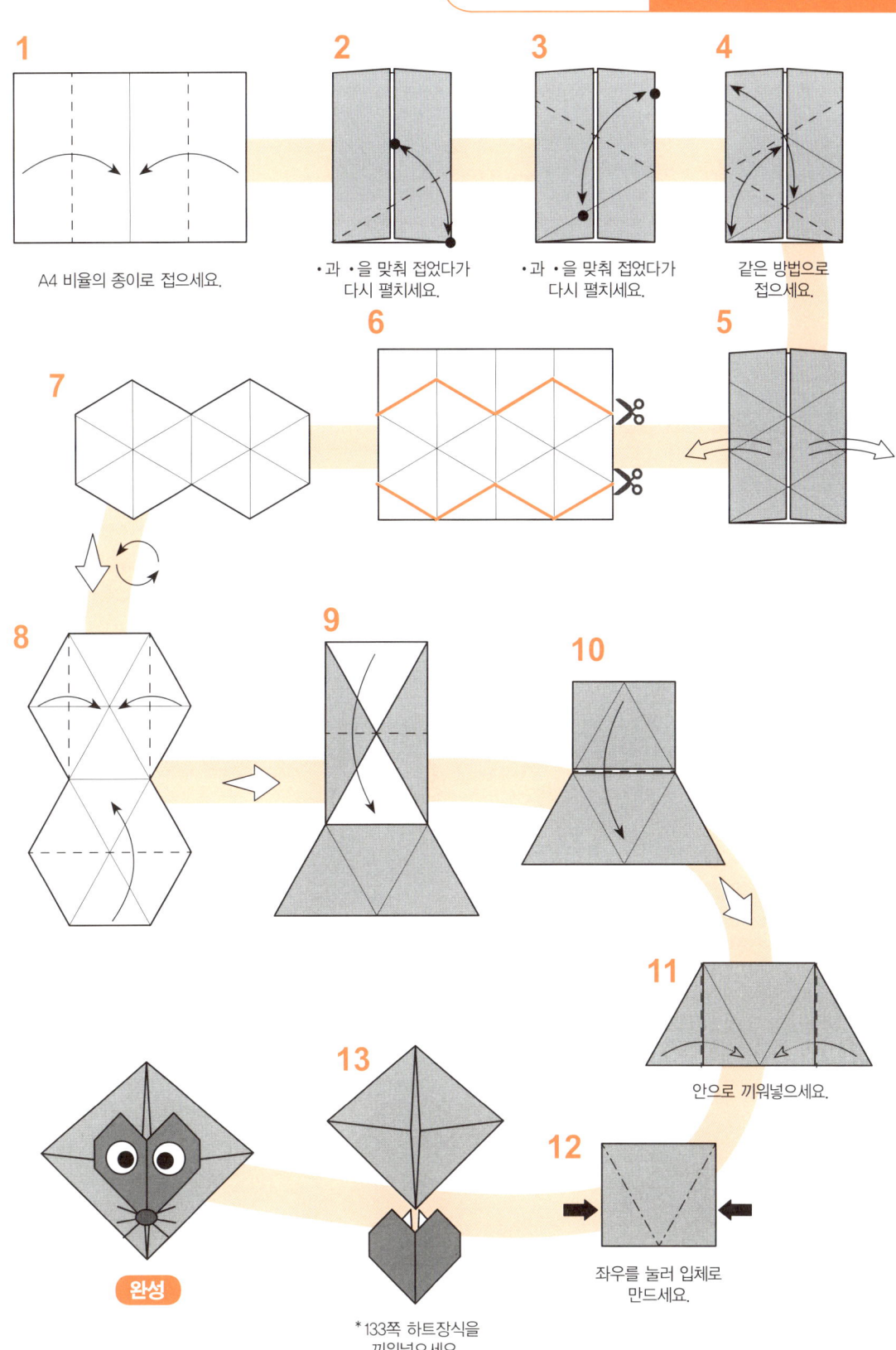

1
A4 비율의 종이로 접으세요.

2
•과 •을 맞춰 접었다가
다시 펼치세요.

3
•과 •을 맞춰 접었다가
다시 펼치세요.

4
같은 방법으로
접으세요.

6

5

7

8

9

10

11
안으로 끼워넣으세요.

13
*133쪽 하트장식을
끼워넣으세요.

12
좌우를 눌러 입체로
만드세요.

완성

1

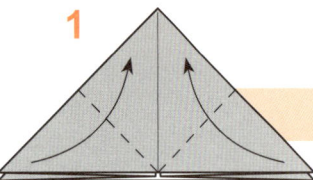

46쪽 삼각주머니접기 기본형에서
시작하세요.

2

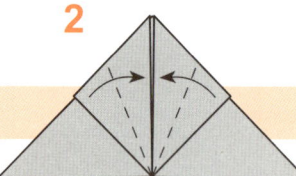

3

안으로 접어넣으세요.

6

안으로 접어넣으세요.

5

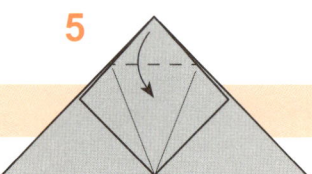

4

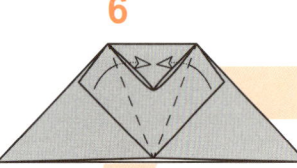

7

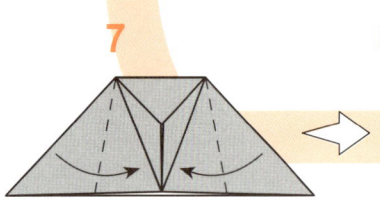

8

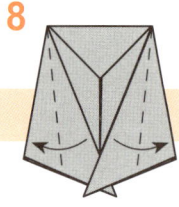

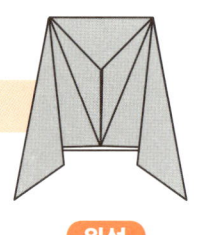

완성

배   오규석

1

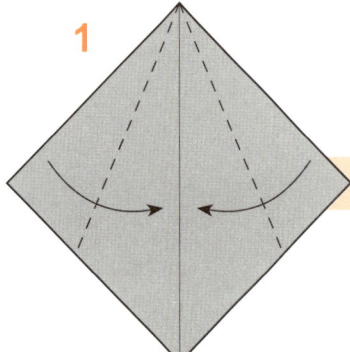

가운데를 조금 띄우고 접으세요.

2

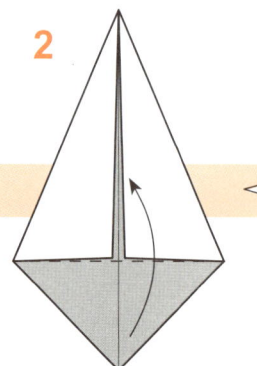

3

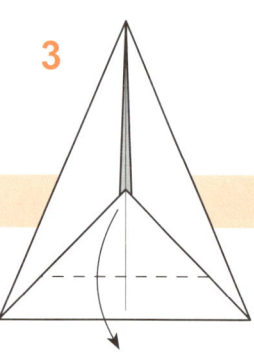

사각뿔 향주머니

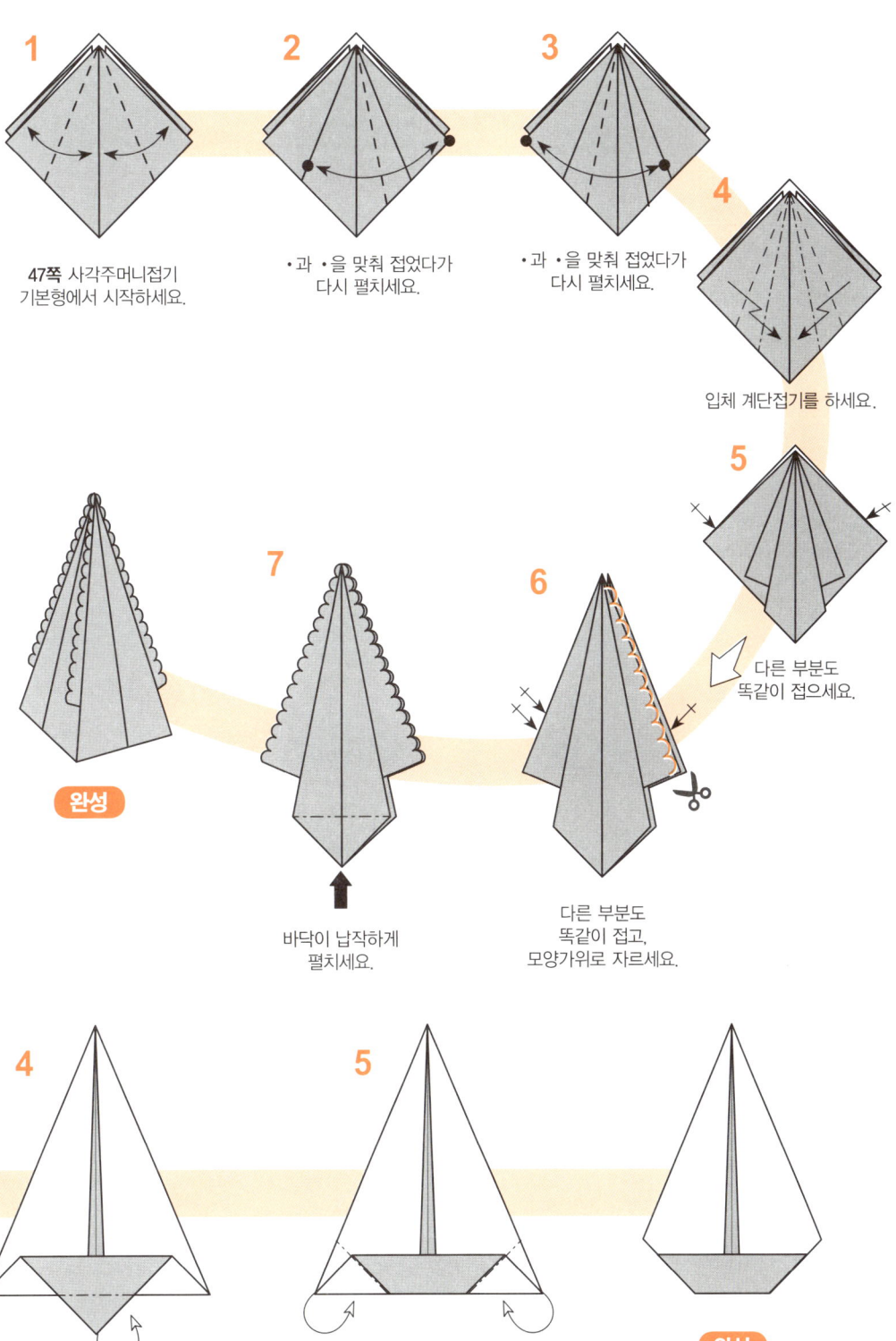

1

47쪽 사각주머니접기 기본형에서 시작하세요.

2

•과 •을 맞춰 접었다가 다시 펼치세요.

3

•과 •을 맞춰 접었다가 다시 펼치세요.

4

입체 계단접기를 하세요.

5

다른 부분도 똑같이 접으세요.

6

다른 부분도 똑같이 접고, 모양가위로 자르세요.

7

바닥이 납작하게 펼치세요.

완성

4

5

완성

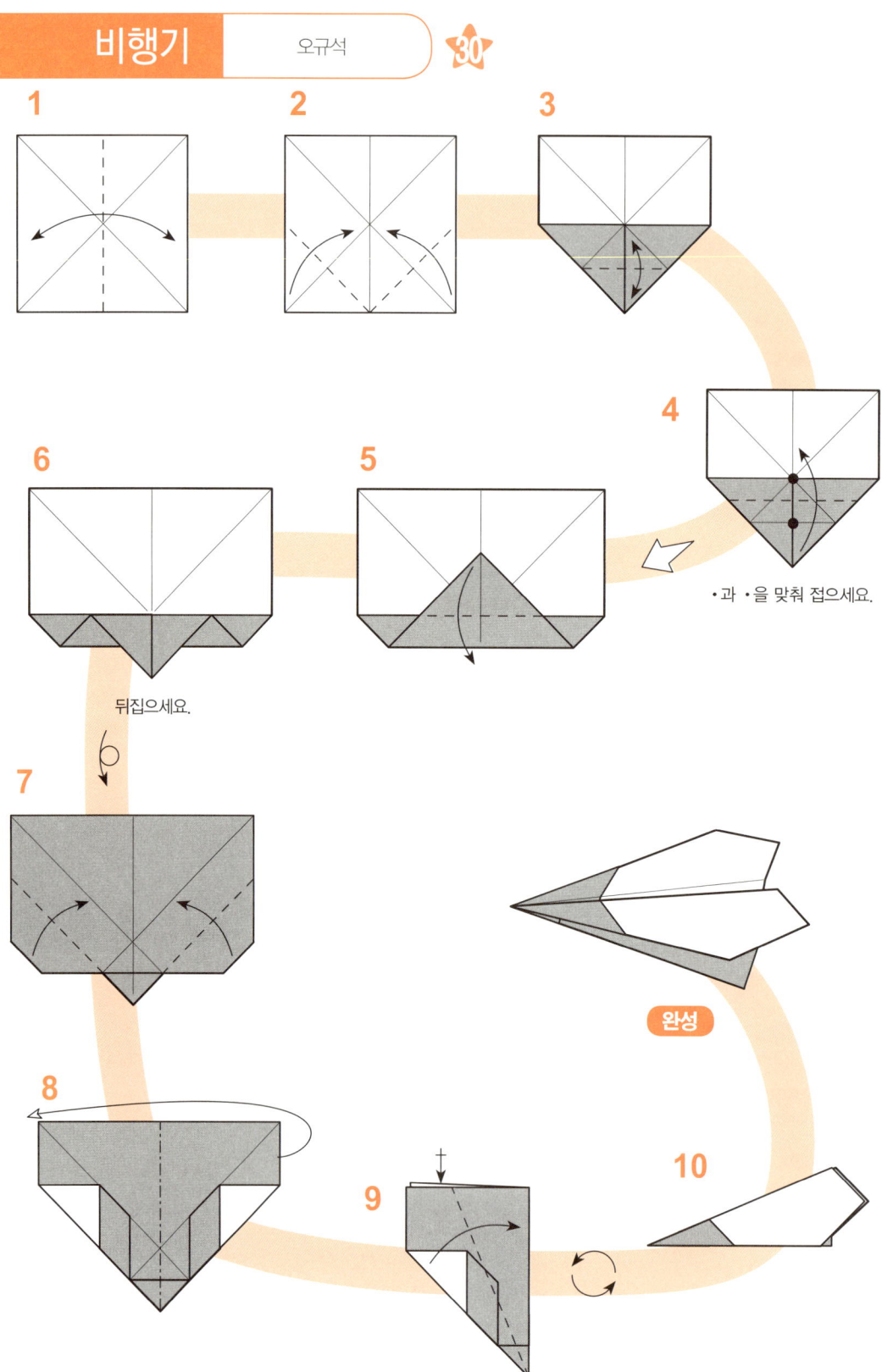

1

2

3

4

•과 •을 맞춰 접으세요.

5

6

뒤집으세요.

7

8

9

10

완성

생각이 활짝, 창의력 쑥쑥!

종 이 접 기
학습교안 연구실 5

Learning lesson

1. 종이접기의 정의

국립국어원의 표준국어대사전에 수록된 종이접기 정의는 다음과 같다.

종이−접기 [———끼]「명사」
　종이를 접어서 학, 배, 비행기 등의 모양을 만드는 일.

현대 종이접기는 그 정의를 '정사각형의 종이 한 장을 자르지 않고 접기만 하여 여러 가지 모양을 만드는 놀이'로 하고 있다. 그러나 종이접기의 발달과정을 보면 필요에 따라 다양한 모양의 종이를 사용하고 가위질이나 풀칠하여 여러 장으로 작품을 만들기도 한다. 또한 최근에는 놀이에서 벗어나 예술로도 발전하고 있으므로, 일반론적인 종이접기 정의는 '종이를 접어서 특정 모양을 만드는 행위' 그 자체를 포괄한다고 볼 수 있다.

2. 종이접기의 어원

종이접기는 '종이'라는 명사에 '접다'라는 동사의 명사형인 '접기'가 붙어서 만들어진 합성어이다. 종이접기에 관련된 단어 중 표준국어대사전에 수록되어 있는 '접지摺紙'가 '[1]종이를 앞 또는 뒤로 접음. 또는 그렇게 접은 종이 [2]제본할 때 페이지 순서대로 인쇄된 종이를 접음. 또는 그렇게 한 종이'라는 뜻으로 등재되어 있다. 중국에서는 종이접

기를 접지摺紙라고 표현하고 있으므로 종이접기의 어원이 접지일 가능성도 있지만, 우리나라에서 접지라는 말은 지금도 책을 만들 때 제본용어로 흔히 사용되고 있으므로 그것이 종이접기의 어원이라고 보기는 어렵다. 조선시대의 생활상을 보여주는 중요한 사료인 조선왕조실록에도 접지摺紙라는 단어는 찾아볼 수 없다.

조선 후기에 만들어진 실첩 접기라든가 지혜지智慧紙, 불교 의식에 사용되는 지방 등은 그 자체를 만드는 것이 목적이기 때문에 특별히 '종이를 접는 행위'를 지칭하는 단어를 사용하지는 않았을 것이다. 그렇다면 근대교육이 시작된 개화기 및 일제강점기 시기로 이어지게 되는데, 그 당시 일본은 독일의 프뢰벨식 종이접기를 받아들이면서 종이접기를 오리가미자이쿠折紙細工 또는 오리가미折紙라는 단어로 표현했다. 일제강점기때의 교과서는 일본어로만 쓰여졌으므로 해방을 전후하여 만들어진 초등학교 저학년 수공과 교과서에 사용된 '종이접기'라는 단어가 최초의 우리말 표현이 아닐까 한다.

또 하나 주목할 점은 1956년에 발행된 제1차 국정교과서와 그 이후의 자료들을 보면 종이접기 이외에 '색종이 접기'나 '색종이 공작'이라는 말이 자주 쓰인다는 점이다. 서양에서는 앞뒤의 색이 다른 색종이(colored paper)가 일반적으로 쓰이지 않으며, 색종이를 사용하는 일본에서도 특별히 종이접기와 색상을 연관시키지 않았다. 종이를 염색하여 사용

한 우리나라인 만큼 종이접기에 색상(교육)이라는 의미를 추가로 부여한 것이 아닐까 싶다.

종이접기를 뜻하는 단어

영미권	paperfolding 또는 origami
일본	折り紙
중국	摺紙
독일	Papierfalten
이탈리아	carta piegata
스페인	papiroflexia
프랑스	pliage de papier
네덜란드	papiervouwen

3. 세계 종이접기의 역사

종이접기가 언제, 어디서, 누구에 의해 시작되었다는 기록은 없다. 따라서 남아 있는 유물이나 기록된 문헌을 바탕으로 유추해야 한다. 종이접기 역사 연구가들에 의하면, 종이접기는 서양과 일본에서 각각 독자적으로 발전하다가 19세기에 서로 만나 영향을 주고받은 후 다시 전 세계로 퍼져나갔다고 한다.

일본의 경우 문헌에서 확인되는 가장 오래 된 종이접기의 흔적은 1680년 이하라 니시츠루井原西鶴가 읊은 '로세이가 꾼 꿈의 나비는 오리스에盧齊が夢の蝶はおりすえ'라는 문구이다. 여기서 말하는 오리스에는 오초 · 메초(숫나비 · 암나비)라 불리는 종이접기로, 지금도 결혼식 때 사용되고 있다. 18세기에는 종이학이나 얏코산奴さん 같은 전승종이접기가 등장하여 풍속화나 기모노에 삽입되었는데, 란마주시

키欄間図絵(1734)라는 책에 그 도안이 남아 있다.

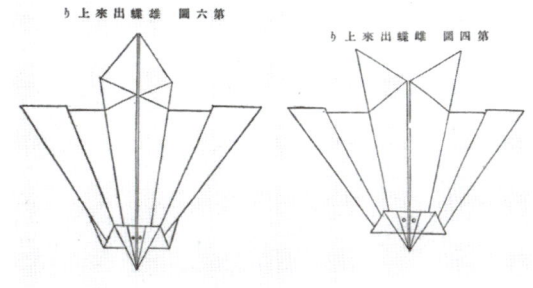

오초 · 메초, 야마구치 와키코,
標準解説折紙と紐結び(1937)

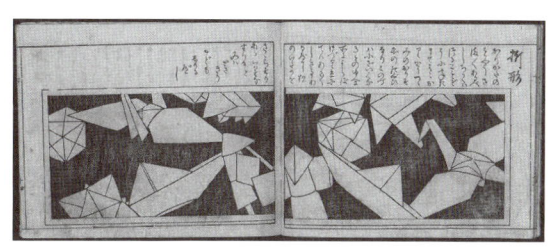

란마주시키(欄間図絵)(1734)

서양의 경우 요하네스 데 사크로보스코(Johannes de Sacrobosco)가 13세기에 쓴 천구론天球論의 1490년도판 삽화 중 종이배와 유사한 모양이 등장한다. 그리고 존 웹스터(John Webster)가 1614년경 발표한 말피 공작부인(The Duchess of Malfi)이라는 희극에는 '아이들이 파리를 넣어 두려고 만드는 종이감옥(those paper prisons boys used to keep flies in)'이라는 문구가 등장하는데, 이것은 종이로 만든 공(Waterbomb)으로 생각된다. 17~18세기 독일에서 발급된 세례증명서는 딱지(지혜지) 접기의 형태로 접혀졌으며, 19세기 초 유럽에서 만들어진 기사나 말의 종이접기가 게르마니아 국립 박물관(German National Museum)에 소장되어 있다.

천구론의 종이배. 이전 판본과 그림이 달라지면서
종이배 형태가 등장했다.

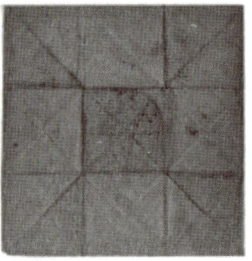

세례증명서. Joan Sallas,
Gefaltete Schönheit(2010)에 수록됨

종이접기가 등장한 시기에는 동서양의 교류가 거의 없었으므로 서로에게 영향을 끼치기 어려웠다. 19세기 중순 독일의 프리드리히 프뢰벨(Friedrich Froebel)은 그의 교육법인 가베(GABE)의 제15작업으로 종이접기를 채택하였는데, 일본의 종이접기 역사 연구가인 하토리 쿄시로羽鳥 公士郎는 프뢰벨의 교육법이 일본에 전해진 후 동서양의 종이접기가 융합되어 다시 전 세계로 퍼져나간 것으로 보고 있다.

요시자와 아키라吉澤章는 1950~60년대에 도면을 그릴 때 독자적인 기호 체계를 사용하였는데, 이 시기에 비슷한 기호 체계가 새뮤얼 랜들렛(Samuel Randlett)에 의해서도 만들어졌다. 오늘날 전 세계에서 사용되는 종이접기 기호는 이 요시자와-랜들렛 체계를 바탕으로 하고 있어, 사용된 언어와 상관 없이 기호와 약속을 알고 있다면 누구나 이해할 수 있게 해 준다. 따라서 종이접기의 기호와 약속은 종이접기인들이 사용하는 하나의 '언어'라고 생각해 볼 수 있다.

4. 우리나라 종이접기의 역사

우리나라에서는 아직 종이접기에 관한 기록이 발견되지 않았다. 조선왕조실록朝鮮王朝實錄에 지갑(紙甲: 종이로 만든 갑옷)과 유지모(油紙帽: 기름먹인 종이로 만든 모자)가 언급되고 있지만, 이들이 현대 종이접기의 범주에 속하는 것으로 볼 수 있을 지는 더 연구가 필요하다. 우리나라에 남아 있는 종이 유물은 대부분 조선 후기의 의례/생활용품으로 종이로 만든 고깔모자, 천도재薦度齋와 같은 불교 의식에 사용되었던 불교식 위패인 지방紙榜, 돈이나 담배등을 넣고 다니던 귀주머니, 실이나 헝겊 조각을 보관할 때 사용한 실첩 등이 있다.

실첩 접기 중 딱지 모양으로 접히는 것은 접기 방법이 오묘하여 지혜를 키워 준다 하여 지혜지智慧紙로 알려져 있는데, 이는 수집상이 전한 것으로 확실한 근거가 있는 것은 아니다. (이야기가 있는 종이 박물관/김경 저/김영사, 2007) 또 고깔모자는 원래 옷감으로 만드는 것이고, 실첩 접기는 중국과 일본에도 전해지고 있어 우리나라 고유의 접기는 지방만으로 보아야 할 것이다. 세종실록 65권, 세종 16년 7월 17일 임진 2번째기사(1434년)를 보면 〈자치통감〉 인쇄에 사용될 종이를 생산하기 위해 승려를 동원했다는 기록이 있기 때문에 불교 사찰에서

오랜 기간 동안 종이를 만들어왔다면 오리거나 접어 형태를 만드는 문화가 생겨난 것은 자연스러운 일이라 하겠다.

한국에서 근대 종이접기가 시작된 것은 일제강점기 시절 일본식 교육이 이루어지면서부터로 보여진다. 프뢰벨의 유치원 학습법에 포함된 종이접기는 일본의 전통 오리가미와 결합되었고 교육적 목적을 위해 조선에서도 유치원이나 소학교小學校에서 종이접기를 가르치게 된 것이다. 조선총독부에서 수공예교재로 사용했던 折紙細工(1936)을 보면 일본의 전승 종이접기들이 다수 소개되고 있는 것을 알 수 있다.

한국인에 의해 출판된 최초의 종이접기 책은 경향신문 1946년 10월 31일자 신간소개에 등장한 '종이접기수공책'(조선아동문화협회/이순이 모음)인데, 안타깝게도 이 책은 현재 찾을 수 없다. 이 외에 '문교부 인정 초등공작 4학년용'(오세근/조선과학문화사/1948) 18페이지에 백합꽃 접기가, '미술1'(문교부/1954)의 8, 11, 12페이지에 종이접기가 소개되고 있으며 '문교부인정필 미술과 만들기 종이접기'(안병용 엮음/문화교육출판사/1959)와 '標準工作'(大韓工作教育研究所 編/三洋文化社/1960)이 남아 있다. 그러나 1963년 발간된 제2차 미술교과서에서는 종이접기를 거의 찾아볼 수 없는 것을 보면 1960년 전후로 종이접기가 폭넓게 교육계에서 활용되다가 바로 사그라진 것으로 보인다. 물론 '어린이 놀이와 공작'(1977)에 지금에 못지않은 종이접기 교육방법이 기록된 것을 보면 그 중간의 자료를 아직 찾지 못한 것뿐일 수도 있다.

종이접기수공책(이순이 모음) 광고.
경향신문 1946년 10월 31일자

1980년대에는 일본의 종이접기책을 복사하여 재생산한 책들이 몇 권 출판되었는데, 능력개발사에서 미니 컬러 백과 시리즈의 13권으로 나온 '종이공작 백과'와 성심도서에서 딱다구리문고 1권으로 나온 '종이 접기 백과', 해문출판사의 팬더공작 시리즈 1권 '색종이 공작' 등이 있다. 1990년대부터는 여러 출판사 및 연구회에서 많은 책들이 출판되었지만 대부분 일본의 전승 종이접기를 소개하거나 외국의 책을 번역 출판한 것에 불과했다. 우리나라 최초의 창작 종이접기 책은 1998년 발행된 종이접기백선 8(김상헌. 도서출판종이나라)이다.

1989년 우리나라에도 종이접기 협회가 만들어져 자격증을 발급하면서 종이접기가 일반인들에게 널리 알려져 주로 유치원/초등학교에서 창의성 발현, 색채감각, 손놀림 등 교육적 목적으로 이용되고 있다. 최근에는 인터넷, TV 등을 통해 창작 종이접기가 많이 알려지고 네이버 까페에 종이접기 애호가들이 모이면서 우리나라에도 창작종이접기의 불꽃이 지펴졌다. 현재 국내의 창작종이접기는 소수 중고등학생들과 몇몇 작가들에 의해 주도되고 있지만 그 수준은 매우 높아 조만간 세계적인 작가(Master of Origami)가 배출될 것으로 기대된다.

5. 종이접기의 발달과정

의례儀禮 종이접기 (Ceremonial) : 고깔, 지방
생활生活종이접기 (Useful) : 귀주머니, 지혜지
유희遊戲 종이접기 (Recreational)
 – 전승 종이접기 (Traditional) :종이학, 종이배,
   딱지, 바람개비 등 작자미상의 작품
예술藝術 종이접기 (Art)
교육教育 종이접기 (Educational)
 – 유초등 종이접기 (Children)
 – 수학적 종이접기 (Mathematical)
 – 과학적 종이접기 (Science)
 – 의학적 종이접기 (Medical)

6. 종이접기의 교육적 가치와 목적

 우리나라 종이접기는 '교육종이접기'가 매우 발달되어 있다는 것이 특징이다. 외국의 경우, 종이접기는 취미나 예술 활동일 뿐 교육쪽에서 활용되는 경우는 그리 많지 않다. 영국의 종이접기 역사 연구가인 데이비드 리스터(David Lister)는 그 이유를 프뢰벨 이후 유치원 교육자들이 '제시된 작품을 단순히 따라 접는 것은 창의성 발달에 도움이 되지 않는다'고 여겼기 때문이라고 한다. 그러나 우리나라에서는 '종이를 접는 것이 목적이 아니라, 접은 것들을 조합하여 새롭게 표현하는 활동'을 통해 창의성을 발달시킬 수 있다는 생각을 가졌다. 그렇기 때문에 종이접기의 가장 중요한 원칙인 '정사각형 종이 한 장을 자르거나 풀칠하지 않고 접기만 하여 완성한다'는 것에서 벗어나, 다양한 형태의 종이들로 각각을 만들어 붙이고 꾸며서 완성하고

있다. 그리고 이러한 활동으로 인해 수많은 **변형**(Variation)이 이루어진다. 변형이란 원래 모습에서 접는 기준점을 변경하여 다른 느낌을 주거나, 다른 개념을 가진 형태로 만드는 것을 말한다. 예를 들어 딱지를 연결하여 꽃병을 만들거나 겹쳐서 문양 장식을 만드는 식이다. 이것도 창의력 발현의 또 다른 형태로 볼 수 있다.

 그러나 문제점도 있다. 종이접기 또한 저작물로서 최초로 만들어 발표한 작가의 권리가 존중되어야 하는데, 변형과 조합이 건너건너 발생되다 보니 원작자의 이름은 전해지지 않아 '작자 미상'이 되거나 비슷한 작품에 대해 여러 사람이 권리를 주장하는 경우도 생기고 있다. 우리나라의 교육종이접기를 세계화하기 위해서는 이 문제를 먼저 해결해야 하므로 합리적인 가이드라인을 만들 필요가 있다.

종이접기의 교육적 효과에 대하여는 다음과 같이 정리할 수 있다.
 – 손의 운동능력을 발달시켜 두뇌개발의 효과가 있다.
 – 관찰, 상상, 조작, 변형을 통해 창의성을 증진시킨다.
 – 수학적, 기하학적 개념을 이해하게 된다.
 – 인내심과 주의 집중력을 길러 준다.
 – 언제 어디서나 재미있게 즐길 수 있는 놀이문화가 형성된다.
 – 언어적 상호작용을 통해 언어능력이 발달된다.
 – 조형 활동을 통해 색채감과 균형감, 공간감을 갖게된다.(종이접기 활동이 유아의 도형 인식과 공간 개념에 미치는 영향 / 조세진, 광주대학교 대학원, 2012)

이 외에도 종이접기의 교육적 효과로 '디자인 능력을 키워준다'를 들 수 있다. 현대사회는 내가 가진 능력을 어떻게 보여주느냐가 중요한 사회이다. 아무리 뛰어난 능력을 가지고 있어도 그것을 드러내지 못하고, 주변에서 알아주지 않으면 그뿐이다. 10년 전까지만 해도 디자인이라고 하면 순수미술보다 격이 떨어지는 산업화의 산물로 여겼지만 요즘은 어떠한가. 똑같은 기능을 가진 휴대전화가 수십 종이 진열되어 있는데도 불구하고 그 중에서 날개 돋친 듯 팔리는 것은 '특정 기종'이다. 그 특종 기종을 선택하게 하는 이유가 바로 '디자인'이다.

그렇다면 종이접기와 디자인 능력은 어떤 관계가 있는가? 두산세계대백과는 디자인의 정의를 '주어진 어떤 목적을 달성하기 위하여 여러 조형요소造形要素가운데서 의도적으로 선택하여 그것을 합리적으로 구성하여 유기적인 통일을 얻기 위한 창조활동이며, 그 결과의 실체가 곧 디자인이다.'라고 한다. 여기서 주목할 것은 디자인이 각 조형 요소를 만들어내는 데 있는 것이 아니라, 이미 만들어져 있는 조형요소를 선택하고 구성하는 활동이라는 것이다. 위에서 예를 든 휴대전화를 보자면 휴대전화의 모양을 결정짓는 구성, 즉 숫자와 액정과 각종 버튼 자체를 새롭게 제작하는 것이 아니라 그들의 위치와 색깔, 버튼의 모양, 전체적인 조화를 이루는 것이 디자인이라는 얘기다. 이것은 종이접기의 구성활동에 그대로 적용된다.

교육종이접기에서는 배우는 이가 각각의 종이접기를 창작하기를 요구하지 않는다. 선생님이 가르쳐준 종이접기를 따라하는 것은 그 자체만으로 앞에서 언급했던 교육적 가치를 이끌어낼 수 있으며, 만들어진 종이접기들을 배치하여 완성작품을 만듦으로써 디자인 능력을 개발시킬 수 있다.

여름방학의 단골 숙제인 곤충채집을 예로 들어보자. 이미 도시에서는 곤충을 찾아보기 힘들 뿐 아니라 자연보호를 생각하자면 살아있는 곤충을 잡는 것 또한 권장할 일이 아니다. 하지만 아이들의 단골 관심사인 곤충을 주제로 또 다른 생명의 세계를 겪어보는 것 또한 꼭 필요한 과제이다. 물론 이것을 그림으로 그릴 수도 있고, 클레이로 만들 수도 있다. 그러나 솔직히 말해서, 그 완성품은 '재능'의 차이가 크다고 단언할 수 있다. 반면 종이접기로 이것을 표현한다면?

곤충을 접는 많은 접기 방법 중 자신이 접을 곤충을 '선택'하고, 그것을 어떤 색깔로 접을 지 '결정'하며, 어떻게 배치할 것인지 '구성'를 생각하고, 필요에 따라 그림을 그리는 등의 활동을 통해 '조화'롭게 꾸밀 수도 있다. 이 모든 과정은 현대 디자인의 정의를 그대로 따른다. 다시 말하면 '곤충'을 접는 것은 재료를 준비할 뿐이며 그것을 '디자인'화 하는 것이 최종 목적으로 주어진다. 이 재료를 준비하는 것이 그림이나 클레이만큼 어려운 것도 아니다. 선생님의 지도에 따라, 혹은 책을 보고서, 그대로 따라 접으면 원하는 모양이 나온다. 그리고 좀 더 발전적인 아이들은 곤충을 보다 사실적으로 보이게 하기 위해 나름대로 무엇인가를 추가할 지도 모른다. 이것이야말로 창의성의 발현이다. 이것이 다른 여타의 활동보다 종이접기를 꼭 해야 하는 중요한 이유가 된다.   - 오규석 -

종이접기 지도서 / 지도 계획

월	주	학습주제	지도내용	준비물
첫째달	1	종이접기 기본 기호 및 기본접기와 기본형 익히기	* 기본기호 알기 * 기본 접기 알기 * 기본형 알기	색종이, 가위, 풀, 파일
	2	컵받침 팔각문양 삼각접기	* 삼각접기를 익힌다. * 다양한 무늬의 문양을 만들어 본다. * 30~31쪽 종이접기 작품모음집을 참고하여 색채 감각을 키워요	색종이, 가위, 풀, 파일
	3	하트가방 아이스크림 접기	* 아이스크림 접기를 익힌다. * 단면과 양면으로 변형되는 하트모양을 접어서 가방으로 이용한다. * 사탕을 담아서 선물한다.	색종이, 색지,가위, 풀, 파일
	4	8장조립액자 물고기접기 기본형	* 물고기접기 기본형을 익힌다. * 다양한 모양으로 물고기접기 기본형을 변형하고 8장을 조립하여 액자로 활용한다.	색종이, 가위, 풀, 파일
둘째달	5	입체튤립 삼각주머니접기 기본형	* 삼각주머니접기 기본형을 익힌다. * 공접기에서 응용된 튤립접는 방법을 익히고 화분에 튤립을 꽂아서 장식한다.	색종이, 가위, 풀, 파일
	6	여러가지 상자들 방석접기	* 방석접기를 익힌다. * 기본상자를 기준으로 변형되는 긴 상자와 가방 등 다양한 상자 만들기를 경험 시킨다.	색종이, 가위, 풀, 파일
	7	2장 상자 대문접기	*가로, 세로, 정사각형 비율로 접어 본다. * 끈을 달아 가방으로 만든다.	색종이, 가위, 풀, 파일
	8	빙글 빙글 모빌 사각주머니 기본형	* 사각주머니접기 기본형을 익힌다. * 모빌로 달아 보거나 철사를 넣어 빙글 빙글 돌리는 놀잇감으로 만든다	색종이, 가위, 풀, 파일

월	주	학습주제	지도내용	준비물
셋째달	9	여러 가지 문양구성 문양접기 기본형	* 문양접기 기본형을 익힌다. * 프뢰벨 교육의 제 15작업에서 다양한 문양의 종이접기가 시작되었음을 알게 한다. * 다양한 문양을 접어서 여러가지 방법으로 구성해본다.	다양한 색종이, 가위, 풀, 파일
	10	팽이장미 학접기 기본형	* 학접기 기본형을 익힌다. * 핀셋을 사용해서 팽이장미를 돌리는 방법을 익히고 장식으로 사용한다.	다양한 종이, 핀셋, 파일
	11	꽃모빌 꽃접기 기본형	* 꽃접기 기본형을 익힌다. * 꽃모빌을 활용하여 여러가지 모양의 인형을 만들 수 있는 것을 알게 한다. * 꽃모빌을 반구나 구로 만들어 여러가지 장식으로 활용한다.	다양한 종이, 목공용 본드, 파일
	12	지혜지 3등분접기	* 삼등분접기를 익힌다. * 종이접기를 통하여 기하학적인 등분을 할 수 있는 점을 알게 한다. * 지혜지(딱지)를 활용해서 여러가지 생활용품을 만든다.	다양한 종이, 목공용 본드 가위, 파일
넷째달	13	다각형자르기 교육용 종이접기	* 정삼각형, 정오각형, 정육각형, 정팔각형 자르는 방법을 익히고 여러가지 모양을 구성해 본다.	다양한 종이, 가위, 풀, 파일
	14	창포꽃 꽃접기 기본형	* 꽃접기 기본형을 익힌다. * 정삼각형, 정오각형, 정육각형으로 자른 종이로 접어 꽃잎 수를 비교 해 본다.	다양한 종이, 목공용 본드 가위, 파일
	15	칠교놀이 교육용 종이접기	* 칠교놀이 접는 방법을 익히고, 종이의 비율을 알아본다. * 하나 하나 조각판을 맞추다 보면 어느새 형태를 꾸미는 능력과 그 과정에서 문제를 해결하고 추리하는 인내력을 키우게 되는 점을 알게 한다.	색종이, 가위, 풀, 자석, 파일
	16	12띠 동물 얼굴 접기 교육용 종이접기	* 쥐, 소, 호랑이, 토끼, 용, 뱀, 말, 양, 원숭이, 닭, 개, 돼지 12 띠 동물 얼굴을 접는다. * 전해져 내려오는 우리 문화를 알게한다.	색도화지, 가위, 풀 색종이, 파일

여름방학 특강 지도안(예)

날짜	강의내용	기본영역	지도내용	준비물
	물고기 1, 2, 3	삼각접기 삼각주머니접기 기본형	* 여러 종류의 쉬운 물고기를 접어본다.	다양한 종이, 가위, 풀, 파일
	새우, 게	아이스크림접기	* 새우와 게를 접는 방법을 배운다.	다양한 종이, 파일
	바닷속 꾸미기	꾸미기	* 지난 시간에 접었던 물고기와 게, 새우 등을 이용하여 바닷속 풍경을 구성한다.	다양한 종이, 목공용 본드, 파일
	자동차	방석접기	* 방석접기 기본형을 익히고 기본상자를 이용하여 자동차를 만든다. * 골판지로 바퀴를 만들어 자동차가 움직이도록 한다.	다양한 종이, 목공용 본드가위, 파일
	지혜지(딱지)	3등분접기	* 변의 3등분접기를 익히고 지혜지와 날개달린 지혜지를 접는다.	다양한 종이, 가위, 풀, 파일
	지혜지를 이용한 꽃병	3등분접기	* 지난 시간에 접은 지혜지와 날개달린 지혜지를 이용하여 꽃병을 접는다.	다양한 종이, 목공용 본드, 가위, 파일
	나팔꽃, 수국	사각주머니접기 기본형	* 사각주머니접기 기본형을 익히고 나팔꽃과 수국을 접는다.	색종이, 가위, 풀, 자석, 파일
	부채	꾸미기	* 지난 시간에 접은 꽃들을 이용해서 부채 위에 잎사귀와 울타리도 접어서 꾸며본다.	색도화지, 가위, 풀 색종이, 파일
	공, 한장으로 접는 정육면체	삼각주머니접기 기본형	* 55쪽 공 접기로 응용 캐릭터를 상상해서 만들어 본다. *공접기에서 접기선을 추가해서 한장으로 접는 정육면체로 만든다.	색도화지, 가위, 풀 색종이, 파일

겨울방학 특강 지도안(예)

날짜	강의내용	기본영역	지도내용	준비물
	1월 달력 만들기	꾸미기	* 그 해에 상징되는 십이지 동물을 이용하여 달력을 구성한다.	달력종이, 색종이, 가위, 풀
	한복입은 여자아이 한복입은 남자아이	여러가기 기본형	* 새해를 맞이하여 우리나라 전통의상인 한복을 접어서 구성한다.	여러가지 종이, 가위, 풀
	복주머니	3등분접기	* 3등분접기를 익히고 복주머니를 접는다.	한국적인 무늬의 포장지
	딱지	우리나라 전래 놀이	* 딱지를 여러 장 접는다.	흰색, 검정색 종이
	펭귄	입체만들기	* 지난 시간에 접은 딱지로 입체펭귄을 만든다.	풀
	겨울풍경 꾸미기	꾸미기	* 눈싸움하는 모습, 눈사람 등을 접어서 겨울풍경을 구성한다.	색지, 색종이, 가위, 풀
	편지봉투 만들기	대문접기	* 편지봉투를 만들어 보고 싶은 선생님께 편지를 보낸다.	포장지
	삼각기둥	대문접기	* 삼각기둥을 여러 장 접어서 자동차나 사자 등을 만든다.	색지
	상자접기	방석접기	* 기본상자, 3등분상자를 접어 마음을 전하는 선물상자로 만든다	색지, 색종이, 가위, 풀

일일 학습지도안 A, B

수업일시	년 월 일 요일		지도강사	

학습주제	3등분접기를 이용한 선물가방 만들기			
학습목표	종이접기에는 일정한 규칙이 있어 변의 등분, 각의 등분 등의 기하학적인 감각을 기를 수 있음을 알게 한다.			

학습흐름	학습활동	시간(분)	자료 및 유의사항
동기유발	1. 여러가지 종이의 크기에 대하여 알아본다. 2. A4용지를 이용해서 90°의 3등분접기를 익히고, 90°, 60°, 30°가 되는 삼각자의 각을 알아본다.	10분	종이는 주변에서 쉽게 구할 수 있는 A4용지를 이용한다.
학습활동	1. 3등분접기로 모자, 코끼리, 모자 쓴 아이를 접는다. 2. 입체 복주머니를 접어 변의 3등분을 익힌다. 3. 입체복주머니를 몸으로 이용하고, 얼굴 모양을 다양하게 꾸며서 선물 가방을 만든다.	35분	1. 여러 가지 색의 색종이를 사용하여 자연스럽게 색채감각이 길러지도록 한다. 2. 초등학생들이 어려워 하는 3등분 접기를 쉽게 익히도록 연습한다.
정리	1. 배색의 느낌을 서로의 작품을 통해서 알아 본다. 2. 상자의 다양한 활용법에 대하여 이야기 나누어본다. 3. 주위를 깨끗이 정돈한다.	5분	선물가방에 찍찍이를 사용하여 열고 닫을 수 있게 한다.

수업일시	년 월 일 요일		지도강사	

학습주제	마술셔츠을 접으면서 배우는 연변대비			
학습목표	1. 대문접기를 익힌다. 2. 명도가 다른 색을 배색했을 때 서로의 영향을 주는 연변대비에 대해 알게 한다.			

학습흐름	학습활동	시간(분)	자료 및 유의사항
동기유발	1. 색의 대비에 대해서 이야기 해본다. 2. 색의 대비에는 무엇이 있는지 알아본다.	10분	색의 대비에 대해서 찾아본다.
학습활동	1. 명도가 다른 종이가 무엇이 있는지 골라본다. 2. 대문접기 기본형을 이용하여 마술셔츠를 명도가 다른 배색으로 접는다. 3. 여러 장의 마술셔츠를 접어서 움직일 수 있도록 조립한다. 4. 넥타이를 어울리는 색으로 접는다.	35분	1. 무채색은 명도를 나타내는 기준이 되며 가장 밝은 색을 흰색, 가장 어두운 색을 검정색으로 한다. 2. 밝기의 정도에 따라 고명도, 중명도로 구분한다.
정리	1. 서로의 작품을 감상하고, 이웃한 두 색의 경계면에서 느껴지는 색의 느낌을 비교해 본다. 2. 마술셔츠가 모두 몇 벌이나 있는지 서로 맞추기 놀이를 해본다.	5분	연변대비를 참고 한다.

초등학생을 위한 년간 수업계획안(예)

월	주	내 용
3월 (시작 그리고 봄)	1주	기본기호와 약속 및 기본접기와 기본형 익히기
	2주	사탕꽃 (꽃다발)
	3주	내 친구를 소개해요
	4주	봄이 왔어요. (병아리, 봄에 피는 꽃 접기)
4월 (봄소풍)	1주	개구리의 한살이
	2주	시간표 만들기
	3주	하트로 여러 가지 문양 만들기
	4주	마술셔츠 (구구단, 고사성어, 육대륙의 나라들 등)
5월 (감사)	1주	사랑이 듬뿍 담긴 카네이션 (어버이날)
	2주	감사한 마음을 전하는 카드 (스승의 날)
	3주	사랑의 봉투
	4주	한국의 색 _오방색 액자 만들기
6월 (우리나라)	1주	태극기, 무궁화 꾸미기 (나라 사랑하는 마음)
	2주	탱크
	3주	장난감 접기 (가지고 놀 수 있는 것)
	4주	활짝 웃는 나팔꽃 구성
7월 (여름)	1주	부채 만들기
	2주	시원한 여름풍경 (돛단배, 게 등을 이용해서 구성)
	3주	곤충탐구(무당벌레, 사슴벌레, 벌, 메뚜기 등)
	4주	여름방학 계획표 만들기
8월 (여름방학)	1주	곤충을 이용한 입체 또는 평면구성
	2주	도형 돌리기 (테셀 레이션)
	3주	알록달록 무늬가 예쁜 열대어
	4주	정육면체 매직 큐브 만들기
9월 (가을)	1주	햇님 닮은 해바라기 메모꽂이
	2주	가을 향기가 나는 코스모스와 잠자리
	3주	가을풍경 꾸미기
	4주	문양구성에 의한 색의 대비로 색과 형태의 조화를 느끼기
10월 (가을 소풍)	1주	가을 들판 허수아비
	2주	인형 (아이스크림접기 기본형을 이용한 인형 또는 꽃모빌을 이용한 인형)
	3주	풍성한 과일 바구니 (사과, 감, 밤)
	4주	다람쥐와 밤 그리고 도토리
11월 (낙엽)	1주	긴 선물 상자
	2주	여러가지 모양의 낙엽
	3주	동시를 지어서 동시집 만들기
	4주	노트북 만들기
12월 (크리스마스)	1주	기쁨을 알리는 트리 꾸미기 (나무, 종, 초, 양말, 장갑, 별, 하트 등)
	2주	마음을 전하는 카드만들기 (산타, 별, 포인세티아, 종 등)
	3주	산타할아버지
	4주	눈내리는 날 (눈사람, 겨울나무, 굴뚝집, 천사 등)
1월 (겨울방학)	1주	나만의 달력 만들기
	2주	행운이 담긴 복 주머니
	3주	우리 멋 한복
	4주	겨울나라 펭귄 신사
2월 (새학기준비)	1주	겨울잠 자는 동물
	2주	상자접기 (선물상자)
	3주	한글 종이접기, 숫자 종이접기
	4주	우주구성 (로켓)

창의영재지도사 자격 취득 안내

아이들에게 창의력 증진 프로그램을 지도하는 창의영재지도사(민간자격등록번호 2015-001363) [역사북아트] ,[교과북아트], [종이접기] 자격 취득 과정을 소개합니다.

2급(초급 과정)	1급(지도자 과정)	강의 활동
인젠교육컨텐츠개발원 회원가입 2급 과정 이수 실기평가(사진 제출) 서류제출	1급 과정 이수 실기평가(사진 제출) 서류제출	자격신청 세미나 참여 컨텐츠 개발

[역사북아트] 과정

 어렵게만 느껴지는 역사를 북아트로 쉽고 재미있게 배울 수 있는 과정입니다. 역사로 시작하는 한국사 북아트, 인물 한국사 북아트, 신분 한국사 북아트 등을 교재로 하여 한국사를 머리에 쏙쏙 들어가게 해 줍니다.

  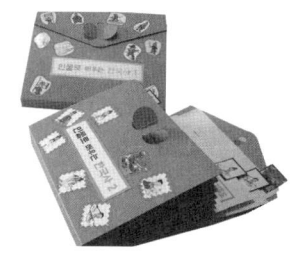

[교과북아트] 과정

 초등학교 교과과정에 적용될 수 있는 다양한 북아트를 배우는 과정입니다. 간단한 내용을 담을 수 있는 것부터 많은 내용을 체계적으로 담을 수 있는 것까지, 여러 분야에서 활용할 수 있는 북아트를 알찬 내용과 함께 배울 수 있습니다.

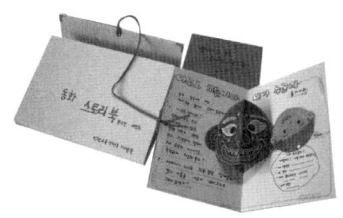  

[종이접기] 과정

종이접기는 교육적으로 무궁무진하게 활용할 수 있는 분야입니다. 현재, 혹은 미래에 어린이와 함께 생활할 꿈을 가지고 계신 분들에게 우리 주변에서 쉽게 접할 수 있는 종이(특히 색종이)를 가지고 어린이들에게 주의집중 및 흥미유발, 관찰력, 상상력 등을 기를 수 있는 종이접기 과정입니다.

※ 자세한 내용은 인젠교육컨텐츠개발원(www.ingenedu.com)에서 보실 수 있습니다.

창의영재지도사 2급 과정 작품 스크랩 (Portfolio) 방법

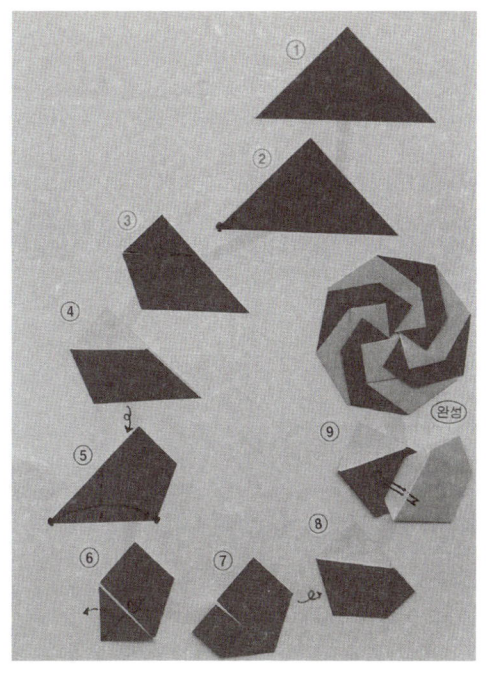

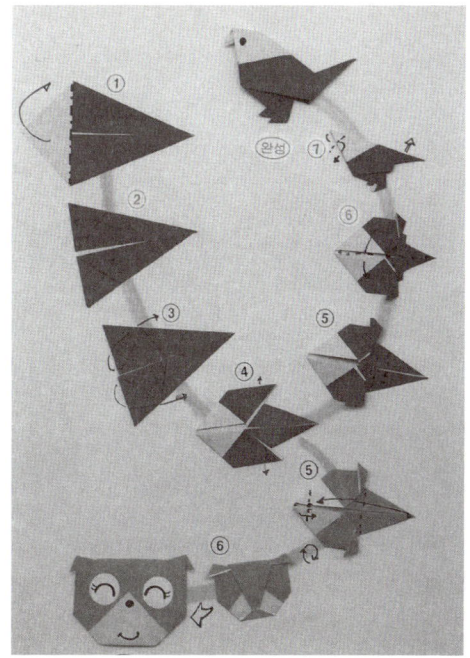

별표 작품 30개 중 20개를 선택하여 위와 같은 방법으로 스크랩하고, A4나 A3 파일에 붙여서 제출하세요.

인젠교육컨텐츠개발원

창 의 영 재 지 도 사 2 급

종 이 접 기　과 정
Portfolio

1. 종이를 접기 전 손을 깨끗이 씻습니다.

2. 먼저 도면을 주의깊게 살펴본 다음 접기 시작합니다.

3. 한 단계가 완전히 끝난 다음 단계로 넘어갑니다.

4. 건너뛰는 일이 없이 도면의 순서대로 차례차례 접어나갑니다.

5. 도면이 이해되지 않으면 이전 과정과 다음 과정을 비교하여 유추해 봅니다.

6. 잘 접히지 않는다고 포기하지 말고 시간이 지난 다음 다시 한번 도전해 보세요.

이름	
수업기간	
지도강사	

www.ingenedu.com

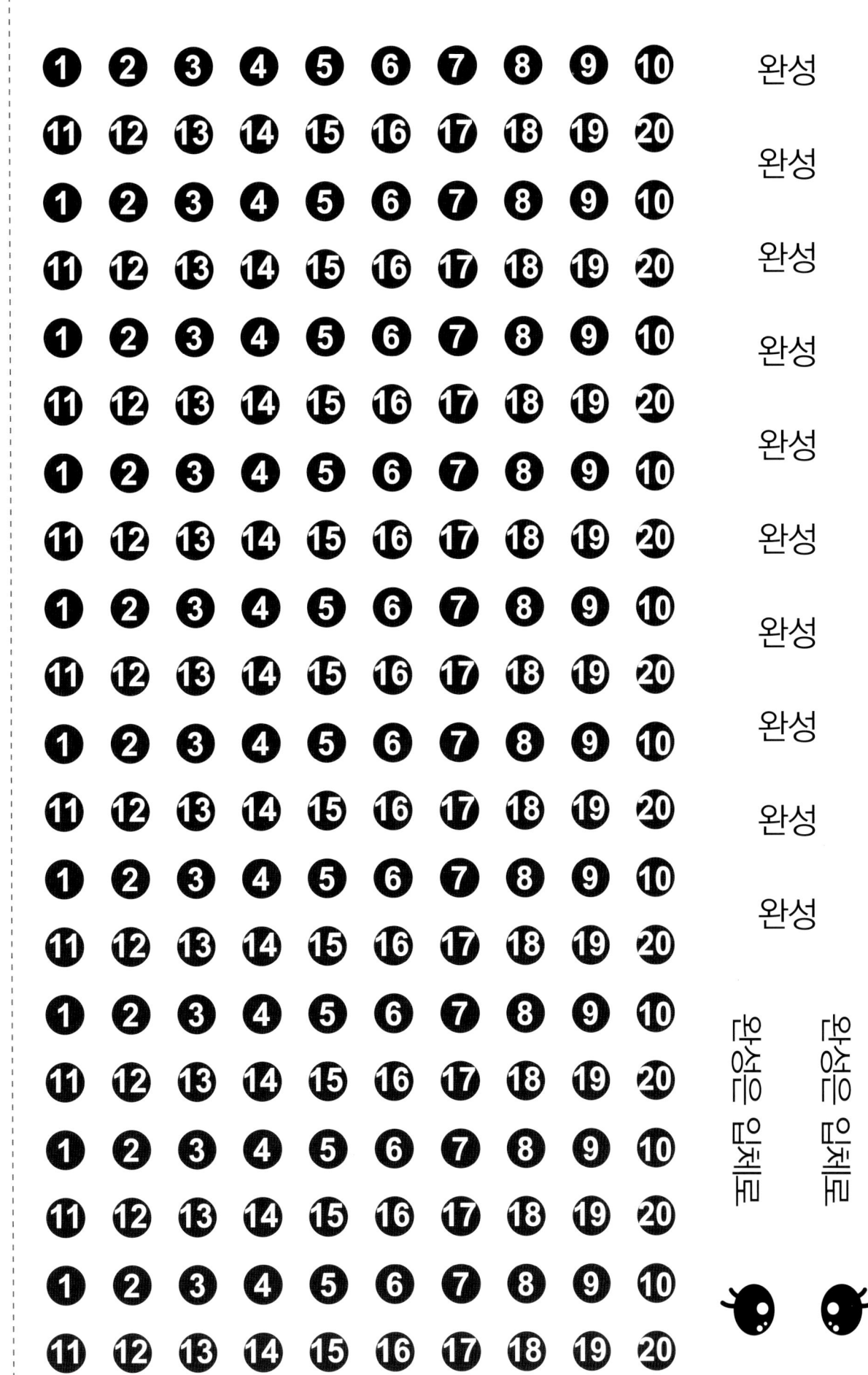

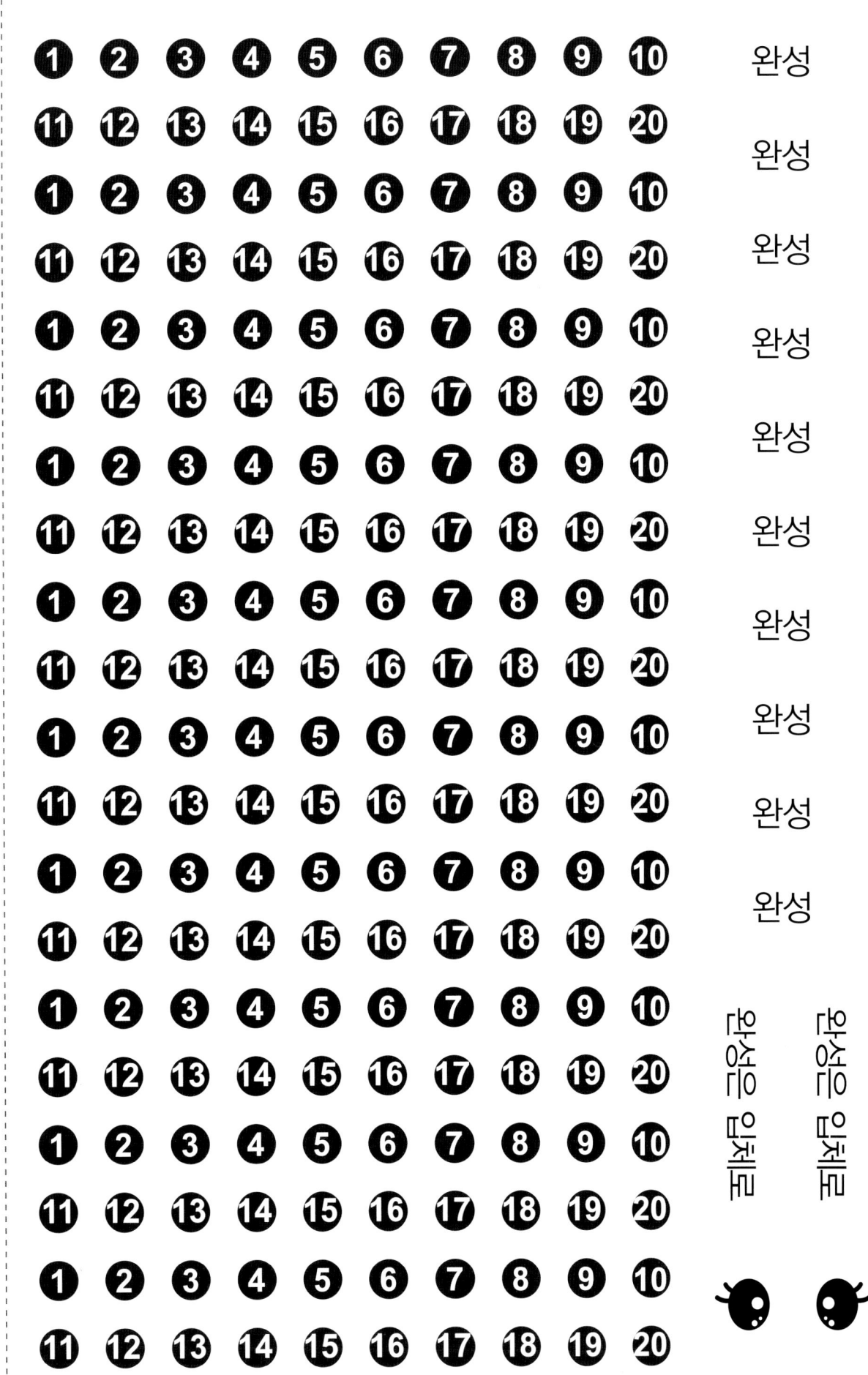